Amanhã seremos mais bonitos

Ursula Nuber

Amanhã seremos mais bonitos

Tradução
HILDEGARD HERBOLD

EDITORA CULTRIX
São Paulo

Título do original:
Schöner werden wir Morgen

Copyright © 1997 Scherz Verlag, Berna, Munique, Viena.

Todos os direitos reservados. Nenhuma parte deste livro pode ser reproduzida ou usada de qualquer forma ou por qualquer meio, eletrônico ou mecânico, inclusive fotocópias, gravações ou sistema de armazenamento em banco de dados, sem permissão por escrito, exceto nos casos de trechos curtos citados em resenhas críticas ou artigos de revistas.

O primeiro número à esquerda indica a edição, ou reedição, desta obra. A primeira dezena à direita indica o ano em que esta edição, ou reedição, foi publicada.

Edição	Ano
1-2-3-4-5-6-7-8-9	00-01-02-03-04-05

Direitos de tradução para a língua portuguesa
adquiridos com exclusividade pela
EDITORA CULTRIX LTDA.
Rua Dr. Mário Vicente, 374 — 04270-000 — São Paulo, SP
Fone: 272-1399 — Fax: 272-4770
E-mail: pensamento@cultrix.com.br
http://www.pensamento-cultrix.com.br
que se reserva a propriedade literária desta tradução.

Impresso em nossas oficinas gráficas.

Sumário

Prefácio 9

Capítulo 1: "Mude!"
Os conselhos insistentes da consciência negativa 13
A voz da consciência negativa tem muitos assuntos 14
Auto-aprimoramento: a caça a um fantasma 17

Capítulo 2: "Assim você se transforma numa pessoa forte"
Os caminhos sedutores para a perfeição 23
Uma pequena história — pessoal — de auto-aprimoramento 25
"Repentina e inesperadamente"
Histórias maravilhosas de mudança 29
"A caminho da perfeição"
Auto-aprimoramento com o auxílio de técnicas psicológicas 33
"A felicidade por via oral"
Os psicofármacos e o auto-aprimoramento 39
"A felicidade está nos livros"
A auto-ajuda impressa 41

Capítulo 3: "Como *vocês* me querem?" "Como *eu* me quero"
Um convite à resistência 49
"Você está se descuidando!" — "E daí?"
Não precisamos sofrer pela beleza 52
"Segunda-feira começo meu regime" — "Mas com *chantilly*, por favor!"
Bons motivos para continuar "gordo" 68
"Não quero me queixar" — "E por que não?"
Estratégias contra a tirania do bom humor 89
"Estou sem vontade de fazer sexo" — "Então não faça!"
Por que você não precisa se sentir mal quando diz "não" 104
"Juntos somos imbatíveis"
Discurso em defesa de uma certa dependência 115
"Não se deve beijar os festeiros"
Um elogio da timidez 130

"Você é neurótico!" — "Quem não é?"
Atenção: psicoterapia em excesso pode ser prejudicial à saúde 145
"Cada um cria sua própria felicidade"
Descanse um pouco 155

Capítulo 4: "Se eu pudesse escolher, gostaria de ser — eu!" 164
A última palavra
É de Puff, o urso 170

Agradecimentos 170

Bibliografia 171

Fontes 174

O Senhor K. encontrou um homem que não via havia muito tempo e que o cumprimentou com as palavras: "O Senhor não mudou nada." — "Oh!", disse o Senhor K., e empalideceu.

Berthold Brecht

Prefácio

Peço desculpas por começar fazendo perguntas incômodas:
Mas não foi você quem me contou alguns meses atrás que descobriu o regime perfeito e que finalmente atacaria aqueles quilos a mais? E não foi você também quem decidiu que passaria a combater o *stress* na sua vida e a cuidar melhor de você mesmo, e menos do seu trabalho? Estou enganada ou você até mesmo começou a fazer um curso de Tai Chi? (ou era ioga?) Você disse que reservaria vinte minutos por dia para relaxar.

E o que aconteceu com a terapia em grupo para aumentar sua auto-estima? E como ficaram as tentativas de melhorar seu relacionamento?

Ah, quase me esqueço: você ainda tem aquele vídeo de ginástica com Cindy Crawford? Você ainda o usa todas as manhãs para fazer seus exercícios?

Tenho certeza de que você ficou esguio, em excelentes condições físicas, sereno e relaxado. Você realmente mudou.

O que há, por que você não responde? Está pensando que eu não tenho nada a ver com isso e que talvez seja o caso de pôr este livro de lado?

Não faça isso! De qualquer forma já sei o que aconteceu. A gordura continua acumulada nos seus quadris, você continua estressado e tão pouco determinado como antes. Boas condições físicas e relaxamento — claro que seria bom, mas simplesmente não há tempo para isso.

A longo prazo, você não consegue realizar suas boas resoluções. Sofre com a consciência pesada porque sua cabeça vive remoendo pensamentos do tipo "eu deveria", apontando-lhe suas falhas: eu *deveria* fazer exercícios pelo menos três vezes por semana durante no mínimo trinta minutos. Eu *deveria* me controlar melhor. Eu *deveria* ter mais disposição para o sexo. Eu *deveria* comer menos. *Deveria* me alimentar de maneira mais saudável. *Deveria* beber menos. *Deveria* parar de fumar. Não *deveria* ficar deprimido. *Deveria* fazer alguma coisa para combater as rugas...

Este livro quer enxotar todos estes "eu deveria" e livrá-lo de sua permanente consciência negativa. Quer encorajá-lo a realizar uma pequena revolta, aumentando o aborrecimento que certamente está sentindo há muito tempo, e ajudá-lo a livrar-se da pressão de ter de mudar. Na verdade, você não agüenta mais ouvir o tempo todo o que há de errado com você. No momento em que abre uma revista, entra numa livraria, ou simplesmente conversa com uma amiga ou com seu parceiro, começa a ladainha: gordo demais, flácido demais, impaciente demais, egoísta demais, mal-humorado demais, baixo demais, velho demais, feio demais, neurótico demais, estressado demais, não suficientemente perfeito — você deixa muito a desejar em comparação com aquilo que hoje parece ser possível e deve ser feito.

Todos nós, sem exceção, estamos cercados por imagens de homens e mulheres ideais e por alegres mensagens que pregam a mudança. A cada momento nos dizem o que não sabemos fazer, o que nos falta, o que ainda deveríamos trabalhar e melhorar. Não há nenhum aspecto da vida onde não se intrometam os que se arvoram em especialistas. É por causa deles que agora também nós estamos nos transformando em pequenos especialistas. Sabemos tudo. Sabemos como manter um bom casamento e, se mesmo assim não der certo, como nos divorciar da maneira mais "amigável" possível. Sabemos qual é a melhor maneira de dar satisfação sexual ao nosso companheiro, como conciliar profissão e família, como ficar magro e em boas condições físicas, como fazer um bom relaxamento, como educar nossos filhos, como nos livrar das neuroses, o que fazer contra o mau humor, como ser feliz.

Os peritos em auto-ajuda controlam a nossa vida.

Tenho de admitir que sou psicóloga e, como tal, também faço parte desse sistema de especialistas. Mas trabalhando exclusivamente como jornalista e escritora, consegui guardar uma certa distância que me possibilita olhar criticamente para os acontecimentos nessa área. Nos últimos anos, meu olhar ficou mais aguçado. Observei, primeiro com preocupação, depois com crescente aborrecimento, que estamos ficando cada vez mais insatisfeitos com nós mesmos e com a nossa vida. E constatei que quem nos puxa ainda mais para o fundo do poço da insatisfação são exatamente aqueles que supostamente deveriam nos livrar dela. Especialistas de todos os tipos se pronunciam em revistas, programas de entrevistas e livros, mostram empatia, não economizam os "bons" conselhos e nos cumulam de receitas para a felicidade. Esta é sua promessa: se fizermos o que *eles* acham certo, ficaremos satisfeitos e felizes.

Movidos pela nossa fé nos especialistas, tentamos pôr seus conselhos em prática — e fracassamos. Não importa o que queiramos mudar para melhor, mais cedo ou mais tarde ficamos frustrados e desistimos. Em vez de dizer: "Este conselho não era bom, não podia mesmo funcionar!", procuramos a culpa dentro de nós mesmos. *Nós* fracassamos. Não conseguimos levar as coisas até o fim. Nem o regime, nem a terapia, nem o programa de condicionamento físico. Mas nem por isso vamos abandonar a esperança. Quem sabe, na próxima vez tudo será diferente.

Quero encorajá-lo a pensar muito bem se realmente deveria haver uma "próxima vez" para você. Este livro o convida a suavizar o olhar implacável com o qual você olha para si mesmo, e a ver suas supostas fraquezas e falhas de um ponto de vista menos crítico.

Se você pretende saber o que fazer para se tornar melhor, mais bonito, mais bem-sucedido, mais equilibrado, mais feliz, este livro não é para você. Se você ainda não acha que chega de bons conselhos, se ainda acredita que existem especialistas que sabem mais sobre você do que você mesmo, então não vai acreditar que estará mais satisfeito se continuar exatamente como é.

Este livro não quer despertar falsas esperanças; ao contrário: quer livrá-lo delas e mostrar quanta energia, quanto tempo e dinheiro você desperdiça com esforços inúteis para mudar, enquanto continua acreditando que um dia poderá ser uma pessoa diferente, que basta se esforçar com a necessária obstinação.

Mas se você já tiver passado por inúmeras tentativas inúteis, se realmente estiver cansado de sofrer com sua consciência negativa, então permita que eu o leve para um mundo no qual as pessoas não precisam ser perfeitas e onde os "especialistas" são colocados em seu devido lugar. É um mundo

- no qual não precisamos viver nos preocupando com nossa aparência e nosso corpo;
- onde temos permissão para ficar mal-humorados e irritados;
- onde não precisamos dissimular as depressões;
- onde podemos nos lamentar e nos queixar quando as coisas vão mal;
- onde podemos ficar desanimados e cansados;
- onde pessoas tímidas são respeitadas;
- onde não precisamos fazer terapias para eliminar os traços que os outros consideram neuróticos.

Você acha que esse mundo seria negativo e tedioso? Pois ficará surpreso! Quero lhe mostrar que o supostamente "negativo" dentro de nós (ou dos outros) que freqüentemente combatemos com tanta veemência, é muito mais interessante do que a perfeição e o estado imaculado que almejamos.

Como já disse, o motivo principal para escrever este livro foi a preocupação com a influência que sofremos com as constantes solicitações para o auto-aprimoramento. Mas, apesar disso, não o escrevi movida pelas minhas emoções.

Felizmente, pude corroborar minha preocupação com as mais recentes descobertas científicas, de modo que, ao ler este livro, você ficará sabendo mais, não apenas sobre você mesmo, mas também sobre os avanços da pesquisa psicológica. Por isso, tenho certeza de que, depois de ler este livro, você se livrará de alguns de seus desejos de mudança e decidirá: "Amanhã ainda haverá tempo para ficar mais bonito!"

Ladenburg, verão de 1997

PS.: Há vários anos trabalho como jornalista. Tenho consciência do quanto a linguagem pode influenciar o leitor, e concordo com os cientistas e minhas colegas psicólogas em que deveríamos fazer um esforço no sentido de usar uma linguagem neutra em relação a homens e mulheres. Tentei fazê-lo neste livro, mas confesso que para mim é muito difícil usar sempre as duas formas, a masculina e a feminina (amigos e amigas). Também não considero uma boa solução a proposta de usar apenas a forma feminina. Tudo isso interrompe o fluxo da leitura. Sei que eu deveria mudar nessa questão. Ou será que deveria aprender com o meu próprio livro e dizer: "Vou escrever do jeito que eu quero"?

Capítulo 1

"Mude!"

*Os conselhos insistentes da
consciência negativa*

Quando olho para a bicicleta ergométrica no meu quarto, sinto a consciência pesar.
Quando devoro um tablete inteiro de chocolate no espaço de quinze minutos, sinto desprezo por mim mesma.
Quando estou com falta de libido, fico preocupada, desconfiando de que possa haver algo errado comigo ou com meu relacionamento.
Quando interrompo uma colega, porque naquele momento não tenho tempo para escutar o relato de todas as suas preocupações, sinto vergonha.
Quando reclamo de um motorista mal-educado, usando palavras mais rudes, logo em seguida censuro a mim mesma: "Você devia ter um pouco mais de autocontrole!"
Quando me levanto com o pé esquerdo, ranzinza e mal-humorada, tento pelo menos não deixar transparecer nada disso.
Quando tenho saudades do meu marido, embora ele esteja longe de mim há apenas um dia, sinto-me imatura e infantil.
Se eu não freqüentar a academia de ginástica ao menos duas vezes por semana, considero-me preguiçosa.
Se começo um regime na segunda-feira e na quarta desisto, não gosto de mim mesma.
Quando me defendo contra as exigências dos outros e finalmente digo "não", quase sempre sinto remorsos logo em seguida.

A consciência negativa tornou-se uma companheira constante em minha vida. Aparece sem avisar, quando não consigo estar à altura de minhas próprias exigências. Odeio a voz da minha consciência negativa e, apesar disso, não encontro o botão para desligá-la. Ela me critica e comenta meu comportamento a cada passo.

Se sou de opinião que pedalar dez minutos na bicicleta ergométrica é o suficiente, ela logo diz: "Você não tem persistência." Quando me olho no espelho com um mínimo de benevolência, minha voz interior acaba logo com minha satisfação: "Olha só essa barriga! Hoje você não vai comer mais nada", "a celulite piorou", "seu cabelo parece uma palha de aço".

Nem mesmo no supermercado posso fazer o que eu quero. "Esse iogurte tem muita gordura!", "Salame? O que aconteceu com suas boas resoluções?" Sua voz fala mais alto diante da prateleira com aqueles doces maravilhosos: "Vá já para o caixa pagar! Nada de passar pelo corredor dos tamanhos gigantes ou das guloseimas!" E se eu insisto em ir até lá, minha consciência negativa me tortura até a hora de pagar. "Devolva isso. Você não precisa disso! Engorda! Faz mal à saúde! Você não disse que queria emagrecer?"

Se minha voz interior limitasse seus comentários a esses assuntos superficiais, talvez fosse possível acatá-la. Mas ela se preocupa não só com meu condicionamento físico e meu peso, mas também com meu comportamento, e até meus estados de espírito lhe servem de pretexto para se intrometer. "Seja mais espontânea!", "Você não tem nenhum motivo para ser depressiva", "Faça mais esforço!", "Você é muito pessimista!", "Não seja tão impaciente!", "Você não pode dizer isso!", "Controle-se", "Sorria!", "Não se preocupe!"

A voz da consciência negativa intervém na minha vida com sua fala incessante e eu lhe dou permissão para fazer isso. Não me defendo contra ela, porque lhe dou razão. Não sou tão esbelta e bela, não sou tão serena e controlada, nem tão otimista e bem-humorada como gostaria de ser. A voz da minha consciência negativa se encarrega de fazer com que eu não me esqueça disso.

Será que sou a única que "sofre" desse mal específico de ouvir vozes? Aposto que não. Certamente há muita gente que ouve a voz crítica de sua consciência que diz: "Você não pode continuar desse jeito", e que os pressiona, "Trate de mudar".

A voz da consciência negativa tem muitos assuntos

Mudar. Transformar-se numa pessoa diferente e melhor. A voz crítica da consciência negativa é sinal de que ainda não atingimos o objetivo proposto. Para calar essa voz, temos de fazer das tripas coração. Não resta outra escolha para quem almeja a perfeição e não quer abandonar a luta por um eu melhor. Aqueles que estão dispostos a mudar ficam animados pela esperança de que um belo dia vão conseguir se livrar de sua consciência negativa.

A luta do "não quero continuar sendo do jeito que sou" é travada em diversas frentes, dependendo de quais e quantos "pontos fracos" achamos que devam ser melhorados.

Annalena, por exemplo, luta contra seu temperamento. Muito agitada e apressada, costuma tomar decisões pelos outros, age antes que os outros tenham começado a refletir sobre o assunto, e diz tudo o que lhe passa pela cabeça. Sem pensar nas conseqüências, sem qualquer diplomacia. Isso já lhe causou muitos problemas. Annalena sonha em ser uma "pessoa calma e refinada". Cada vez que "leva na cabeça" porque assustou ou irritou alguém com sua espontaneidade, sente remorsos e pensa seriamente em consultar um terapeuta que possa lhe ensinar como agir da maneira desejada: "Pensar primeiro, agir depois."

Erika tem um casamento feliz, mas não está satisfeita. Acha que é dependente demais do marido e que não cuida o suficiente de seus próprios interesses. Preza seu relacionamento acima de tudo. É exatamente isso, entretanto, que ela considera pouco normal. Quer ter mais independência interior, mais autonomia.

Ana vive fazendo regime. Não há programa de emagrecimento que ela não conheça. Às vezes alimenta-se exclusivamente de pudim dietético comprado na farmácia, outras, só de abacaxi, papaia e manga, às vezes se dá ao trabalho imenso de compor suas refeições grama por grama, outras, só toma água, chá e sucos. Embora há muito tenha se tornado especialista em regimes, corre às bancas de jornais cada vez que uma revista feminina anuncia um novo regime milagroso. Vive cheia de esperanças, pensando que finalmente encontrará receitas capazes de livrá-la definitivamente de suas preocupações com o peso, e que possam evitar que acabe sempre abandonando suas próprias decisões a respeito da alimentação.

Melanie também luta para ter um corpo mais bonito. Mas ela, com seus 41 anos, se preocupa mais com uma aparência "jovial". Todos os meses gasta somas imensas em cosméticos e sessões no cabeleireiro. Já fez até mesmo uma pequena cirurgia plástica. Mas a euforia durou pouco. Algumas semanas mais tarde, seu medo das rugas estava de volta. E esse medo era reforçado pela consciência negativa de não estar fazendo tudo que podia para retardar o processo de envelhecimento. Melanie fuma sem parar e não consegue abandonar esse vício. Todas as noites antes de se deitar, quando conta os cigarros que fumou naquele dia, sente-se fraca e infeliz, pois tem certeza absoluta de que cada um daqueles cigarros não só é prejudicial a sua saúde, mas faz com que sua pele envelheça mais rapidamente.

Gerd luta numa outra frente. Há seis meses, recebeu uma promoção na empresa em que trabalha. O peso das responsabilidades aumentou e com isso também o *stress*. Para não fracassar, para estar fisicamente bem-disposto e dar conta das novas exigências, há algum tempo se inscreveu numa academia de ginástica perto de sua casa. "Noventa marcos por mês não é muito caro se eu treinar no mínimo três vezes por semana", disse aos seus amigos, entusiasmado. Nas primeiras semanas realmente manteve a disciplina e ia religiosamente à academia. Mas agora, quando seu contrato acabou de completar meio ano, o dono da academia recebe suas mensalidades em dia, mas encontra Gerd apenas esporadicamente. "Todos os meses, quando vejo o valor da mensalidade descontado da minha conta bancária, a consciência negativa me tortura", Gerd confessa. Há pouco tempo, um anúncio no *Süddeutsche Zeitung* (1-2/2/1997) chamou sua atenção: "Treinamento de Condicionamento Físico. A coragem para o movimento — vida com nova força. Um seminário de fim de semana para mobilizar suas energias." Gerd se inscreveu. Os temas oferecidos o convenceram: "Persistência: exigir algo de si mesmo, mas sem exigir demais. Energia: tensão e relaxamento físicos. Condicionamento mental: mais motivação e autogerenciamento. Alimentação correta: o combustível para o corpo e para a alma." Gerd espera obter neste fim de semana a boa disposição física necessária para desempenhar seu cargo.

Monika luta para ficar mais otimista. Leu que pensamentos pessimistas deixam a pessoa insatisfeita e depressiva. Para se lembrar de pensar positivamente logo ao acordar, fixou vários daqueles papeizinhos amarelos autocolantes no espelho do banheiro, com dizeres animadores tais como: "Sinto-me melhor a cada dia que passa", "Consigo fazer tudo o que quero", "Sou uma pessoa realmente fantástica". Como, apesar desses encorajamentos, o otimismo ainda não funcionou, Monika quer participar de um seminário para obter a ajuda de um dos gurus no campo do pensamento positivo.

Há cinco anos, Klaus faz terapia individual. De início queria apenas combater sua timidez e o medo que sentia antes de exames, o que impediu que ele terminasse a faculdade de Direito. Mas sua terapeuta o convenceu de que o medo de exames era apenas um dos sintomas de um desequilíbrio de infância, e que ele precisava de um tratamento mais profundo para trabalhar essa fase de sua vida e, com isso, os problemas de sua personalidade.

A voz da consciência negativa conhece muitos assuntos. Raramente se cala. E por causa desta voz, quase sempre insuportável, estamos dispostos a eliminar da nossa vida tudo o que é desagradável e aparentemente inadequado. Não queremos continuar tendo fraquezas, imperfeições e problemas! Queremos estar sempre de bom humor! Ser gentis e equilibrados! Viver de modo espontâneo e criativo! Ter uma aparência de sucesso e juventude! Ser esbeltos e estar em boas condições físicas! Em resumo — queremos ser felizes. Mas acontece conosco como com Tântalo: quanto mais nos esforçamos para realizar esses objetivos, tanto mais longe eles ficam do nosso alcance. Não importa quantas boas resoluções tomemos, não importa quantas vezes já tenhamos tentado mudar, não conseguimos nos aproximar do nosso objetivo do "auto-aprimoramento".

Todos esses esforços têm algo em comum: os sucessos são sempre passageiros. As boas resoluções têm um prazo de validade muito limitado. Durante algum tempo elas nos mantêm em movimento, mas normalmente não demora muito até que desistamos dos nossos esforços, frustrados e com a consciência pesada. Depois do regime, os quilos voltam rapidamente, depois do seminário anti-*stress*, ficamos serenos e equilibrados por pouco tempo, e logo a impaciência reaparece. Depois da leitura de não importa quantos livros "sábios" que nos ensinam que existem mudanças fáceis e rápidas, ficamos ainda mais insatisfeitos. E apesar da terapia e do treinamento psicológico, aquilo que aprendemos e treinamos não nos ajuda nos momentos decisivos. É verdade que sabemos o que devemos fazer para nos transformarmos numa nova pessoa, mas quanto mais sabemos, menos sucesso temos.

O que há de errado conosco? Por que não conseguimos fazer o que pretendíamos? Por que sempre temos aquela mesma convicção inicial de que desta vez realmente conseguiremos implementar nossas resoluções e logo depois não logramos fazer o que parecia uma simples brincadeira: mudar?

Somos então acossados pela suspeita de que fracassamos, de que somos fracos, incapazes de levar algo adiante; não temos fôlego, logo desistimos. Que outro motivo poderia existir para o nosso fracasso? Realmente não faltam programas de aprendizagem e ajuda ao alcance de nossas mãos. As ofertas são tão variadas, tão interessantes e prometem tanto sucesso... trata-se apenas de aproveitar e escolher o que nos parece ser mais útil para solucionar nossos problemas específicos. "É só querer" – "Querer é poder" – "Você constrói sua felicidade" – frases como essas nos passam pela cabeça e determinam o que pensamos a respeito de nós mesmos.

Por isso (e porque, é claro, não queremos ser um fracasso) procuramos justificativas plausíveis quando mais uma vez nossa decisão não deu em nada e a consciência negativa desperta novamente. Não era a hora certa para começar um regime. Se não vivêssemos sob um *stress* tão grande por causa do chefe, poderíamos ter parado de fumar. Foi culpa do terapeuta se a terapia não ajudou em nada. Então nos convencemos de que outra hora qualquer, com um outro método, um outro especialista, certamente conseguiremos controlar nossas áreas problemáticas e nossa insatisfação. Desistir e ficar contentes com aquilo que temos, está fora de cogitação. Afinal, não queremos continuar do jeito que somos.

Auto-aprimoramento: a caça a um fantasma

Estamos tão ocupados com as tentativas de nos criar novamente que nem encontramos tempo para refletir sobre o nosso desejo de mudança. Por que estamos tão insatisfeitos com nós mesmos? Por que acreditamos que não estamos "em ordem"? E podemos realmente mudar tanto quanto querem nos fazer acreditar?

Não formulamos nenhuma dessas perguntas. Falam alto demais as vozes interiores que nos criticam, e são numerosas demais as mensagens em favor da mudança que chegam aos nossos ouvidos, vindas de fora. São mensagens insistentes, despejadas sobre nós, vindas das mais diversas direções e que interferem em todas as áreas da nossa vida. Começam com nosso peso e não poupam sequer nosso estado psíquico. Chegamos a pensar que essas mensagens são óbvias demais e nem notamos que aos poucos, mas seguramente, somos submetidos a uma espécie de lavagem cerebral. Revistas, livros de conselhos e auto-ajuda, programas de televisão e seminários, consultórios de terapeutas e grupos de discussão emitem sempre a mesma mensagem: mude!

"Quero continuar como estou." Esse pensamento parece quase rebeldia numa época que já foi chamada de "era do auto-aprimoramento". Quem diz que quer continuar do jeito que está, logo levanta a suspeita de ser superficial, achar-se infalível, ser egoísta ou simplesmente teimoso. Hoje conhecemos bem demais nossos déficits, atrasos de desenvolvimento e fraquezas para que possamos descansar, satisfeitos conosco. Não, não podemos continuar do jeito que estamos!

Talvez você possa objetar que há um grande número de coisas que trazem sofrimento às pessoas e que estas querem e devem modificá-las para o bem de sua saúde física e psíquica. É claro que há uma série de situações na vida nas quais o desejo de mudança é não apenas compreensível, mas até mesmo necessário para a sobrevivência da pessoa. Alguém que é paralisado por ataques de pânico, profundamente depressivo ou viciado em alguma substância química; quem vive num relacionamento marcado pela violência ou quem é, ele mesmo, uma pessoa violenta; alguém que tem alucinações ou rouba compulsivamente; alguém que perdeu um ente querido e cai no desespero por causa dessa perda, alguém que foi maltratado psíquica ou fisicamente, alguém que vive num relacionamento infeliz — essa pessoa deve realizar mudanças em sua vida. Deve se defender contra o excesso de exigências e contra os demônios das sombras que a torturam. Nesses casos, a incapacidade de agir e a falta de disposição para mudar podem ter conseqüências desastrosas sobre a saúde física e psíquica e sobre a vontade de viver.

Nesses casos, o desejo de mudança é mesmo necessário. Quando as pessoas sofrem de depressão profunda, são torturadas por medos inexplicáveis ou se sentem solitárias, é realmente vital que lutem contra essas situações e que, nessa luta, procurem a ajuda de especialistas sérios.

Este livro não trata desses esforços de mudança sensata. Quero deixar isso bem claro, pois tenho plena consciência do perigo de que minha crítica dos desejos por auto-aprimoramento possa ser generalizada indevidamente. Minhas explicações referem-se exclusivamente à insatisfação das pessoas que são levadas não pela necessidade de se livrarem de tormentos psíquicos, mas pura e simplesmente pelo desejo de se aperfeiçoarem. Estou falando do desenvolvimento que, nesses últimos anos, fez com que ficássemos cada vez mais insatisfeitos com nossa vida e suas pressões absolutamente normais, sua infelicidade normal e sua imperfeição também absolutamente normal.

A revista norte-americana *Psychology Today* mostra de modo impressionante como esse desenvolvimento se apresenta concretamente . À pergunta "Se você pudesse mudar algo em você mesmo, o que mudaria?", leitores de ambos os sexos deram as seguintes respostas:

"Se eu pudesse mudar algo, seria o meu peso. Sempre que tento emagrecer, acontece o efeito sanfona. O peso sobe, o peso desce. Seria bom se eu não precisasse mais me preocupar com isso."

"Eu queria ser menos covarde. Sempre estou preocupado em fazer outras pessoas felizes e em nadar com a correnteza. Queria ser menos acomodado."

"Eu gostaria de ser mais paciente. Por exemplo, quando o motorista à minha frente anda mais devagar do que é permitido naquele trecho, eu quase enlouqueço."

"Se eu pudesse mudar algo, provavelmente ia querer ficar menos preocupado. Tenho um emprego fantástico, uma esposa maravilhosa, um filho — por que tanta preocupação? Eu queria ser capaz de sentir mais alegria com as coisas. E também gostaria de me sobressair num dos meus passatempos — por exemplo, no esqui —, ser capaz de arriscar mais e não pensar exclusivamente na minha segurança."

"Eu gostaria de ser mais inteligente. Queria saber mais sobre as ciências e falar várias línguas. Talvez até pudesse fazer um doutorado."

"Gostaria de ser menos impulsivo. Quem é impulsivo, pula de uma coisa para a outra. Não consegue usufruir o momento presente."

"Queria ser capaz de viver mais o presente. Deve ser maravilhoso estar simplesmente feliz e não viver pensando no objetivo seguinte."

"Gostaria de poder controlar minha raiva. Às vezes fico tão aborrecido que digo coisas das quais me arrependo mais tarde. Queria muito ser mais sereno e não perder mais o controle da situação."

Dentro desse coro de desejos de mudança, uma única voz foi positiva: "Eu não saberia o que mudar. Sou realmente feliz. Não há nada na minha vida que eu queira que seja diferente."

Quero, preciso, gostaria, deveria: somos os nossos críticos mais severos, e somos impiedosos em nossa autocrítica. Se outra pessoa nos fizesse as mesmas acusações que nos fazemos durante nossas conversas negativas com nós mesmos — seria o fim de nossa amizade com essa pessoa. A nós mesmos, entretanto, permitimos essa constante diminuição do nosso próprio eu. Não gostamos de nós mesmos. Não nos respeitamos. Enquanto não realizarmos nada além do que já fizemos, nada melhor, maior, mais satisfatório, não nos damos a absolvição. Enquanto não estivermos perfeitamente felizes, não desistiremos da caça à felicidade.

John Lennon disse numa ocasião: *"Life is what happens while you are making other plans"* ("A vida é o que acontece enquanto você está fazendo outros planos"). Essa frase descreve muito bem a situação na qual muitos de nós se encontram hoje. Fazemos planos a respeito de tudo que poderíamos ser no futuro, tomamos resoluções de como podemos mudar para melhor. Pensamos: "Quando eu estiver mais magro...", "Quando eu for menos medroso...", "Quando não for mais tímido...", "Quando eu tiver superado minha depressão..." — Sim, e depois?

De tanto fazer planos, não temos tempo para viver. Pensamos incessantemente naquilo que assumimos que será muito melhor no futuro, tanto que negligenciamos o presente. Corremos atrás de uma pessoa que acreditamos seja nosso verdadeiro eu. Essa pessoa é uma verdadeira obra de arte, sem falhas nem defeitos. Mas ela não existe e nunca existirá. Essa pessoa é um fantasma.

Desperdiçamos tempo, energia e também dinheiro correndo atrás desse fantasma. Nunca poderemos estar satisfeitos enquanto não reconhecermos que muitas de nossas decisões não têm valor nenhum porque perseguimos os objetivos errados.

Psicólogos norte-americanos descobriram que um rosto perfeitamente bonito exerce menor atração sobre um observador do que um rosto com pequenas imperfeições. O olhar ligeiramente vesgo, a boca um pouco torta, um pequeno desvio da norma, conferem a uma pessoa aquele charme individual e lhe dão uma irradiação que é só dela. O que vale para o aspecto externo, também se aplica aos valores interiores. Nossa vida seria muito tediosa se tivéssemos sucesso nos nossos esforços de auto-aprimoramento. Vamos seguir até o fim aquela idéia que os apóstolos da mudança apresentam como a "felicidade":

Como seria o mundo no qual

- ninguém se comporta de modo errado,
- agressão é uma palavra desconhecida,
- todos conseguem controlar seu *stress*,
- ninguém fica mal-humorado,
- existem apenas pessoas esguias e atraentes que nunca comem ou bebem em excesso,
- não existem mais relacionamentos simbióticos e apaixonados porque todos são autônomos e auto-realizados?

Como esse mundo seria tedioso, monótono e unidimensional. Como as pessoas seriam destituídas de interesse, já que não teriam mais nada de imprevisível.

E, apesar disso, todos nós, com maior ou menor intensidade, desejamos criar esse mundo, querendo transformar-nos em pessoas desinteressantes e padronizadas. Lutamos contra a manipulação genética nos alimentos, e suspeitamos, com toda a razão, dos tomates de formato maravilhoso, de um vermelho intenso, que não apodrecem e não têm gosto. Quando se trata de nós mesmos, entretanto, almejamos exatamente essa perfeição sem gosto. Tanto o corpo quanto a mente devem ser livres de arestas e quinas, sem rugas nem dobras. Ai de nós se descobrimos alguma imperfeição! Aclamaríamos em nós mesmos o que nos assusta tanto nos tomates que passaram por manipulação genética. Se tivéssemos escolha, permitiríamos de boa vontade nossa manipulação genética, desde que com isso pudéssemos eliminar da nossa vida o envelhecimento, a dor e o sofrimento. Estaríamos dispostos a trocar nossa vivacidade incômoda por uma suposta felicidade eterna.

É isso mesmo que queremos? O filósofo Robert Spaemann pergunta se realmente "Gostaríamos de trocar de lugar com uma pessoa que tivesse fios elétricos no cérebro que a manteriam num estado de ininterrupta euforia e felicidade até o fim da vida"? Não, não pode ser que queiramos isso. Pois quanto mais perfeitos nos tornamos, quanto menores as nossas "fraquezas", mais monótona se torna a nossa vida, mais insossas as nossas amizades, menos apaixonados os nossos relacionamentos amorosos.

Será que temos consciência de que tudo isso pode acontecer quando concordamos com a tirania das vozes interiores? Desconfio que não. Temos a firme convicção de que as mudanças são necessárias para lidarmos melhor com a vida. Como o Senhor K., de Berthold Brecht, também empalidecemos quando encontramos alguém depois de muito tempo e este nos assegura que não mudamos em nada. Podemos aceitá-lo apenas se ele está falando de nossa idade e nos bajula com um "você não envelheceu nem um pouco!" Em todas as outras situações, gostamos de ouvir mentiras gentis: "Você emagreceu!", "As férias lhe fizeram bem!", "O novo penteado fica muito bem em você!".

Gostamos de ouvir esses elogios porque nos confirmam que não continuamos os mesmos, que mudamos — para melhor, é claro. E reagimos com profundo desconcerto, portanto, quando alguém não segue esse ritual bem-educado e diz honestamente o que pensa.

"Não me chame de imbecil!", grita Otto, o irmão de Wanda, na comédia *Um peixe chamado Wanda*, diante de todos os que dizem a verdade. Ele perde as estribeiras toda vez que ouve a palavra "imbecil".

Normalmente, não perdemos o controle quando os outros nos confrontam com características das quais não gostamos. Mas sentimo-nos pegos em flagrante quando a imagem que oferecemos ao mundo à nossa volta não corresponde à norma prescrita pela perfeição. Impacientes, apressados, explosivos, aborrecidos, coléricos, depressivos, gulosos, barulhentos, pessimistas, irritados — quando essas características (ou outras, igualmente negativas) nos são atribuídas, elas têm sobre nós o mesmo efeito que a palavrinha "imbecil" sobre Otto. Gostaríamos de gritar: "Não me chame de ...", mas essas explosões emotivas são tão estigmatizadas quanto a característica criticada, ou até mais. Assim, nada nos resta a não ser a conclusão: temos de mudar.

Temos mesmo?

Temos de ser seguros de nós e plenamente realizados? Insegurança e desejos de dependência não fazem também parte da nossa vida?

Temos de ter o peso ideal? Será que alguns quilos a mais não podem ser bonitos e talvez até mais saudáveis do que a extrema magreza?

Temos de estar sempre bem-humorados e dispostos? Será que humores sombrios não têm também sua razão de ser?

Será que temos de aspirar à serenidade em todas as situações da vida? Às vezes perder o controle não seria até um ato inteligente?

Será que sempre e constantemente temos de estar sexualmente potentes e ativos? Não seria bem normal se nos permitíssemos também umas "férias" do sexo?

Não seria maravilhoso se pudéssemos continuar exatamente do jeito que somos?

Nos últimos anos, tenho questionado se é realmente sensato tudo aquilo que realizamos em nome do auto-aprimoramento. Quanto mais fortes se tornaram minhas dúvidas, mais fraco se tornou o desejo de continuar participando da ciranda do "Se pelo menos eu fosse diferente ..." Estou farta da minha voz interior que me persegue com críticas constantes, ameaçando roubar minha alegria de viver. Estou farta de pensar incessantemente "Eu deveria..", "Eu teria de ...", "Não posso ...". Estou farta de sentir minha consciência pesar simplesmente porque não consigo seguir minhas próprias "boas" resoluções. Quero finalmente dar a mim mesma a permissão de ser como sou: bem-humorada e mal-humorada, com boa disposição física e às vezes indolente, otimista e depressiva, paciente e descontrolada, agressiva e meiga, feliz e infeliz, modesta e desmedida, independente e apegada, gentil e mal-educada. Não quero mais esconder nem trabalhar meus lados sombrios e minhas fraquezas, não quero ser perfeita. Resumindo: quero continuar sendo do jeito que sou.

"Quero continuar sendo do jeito que sou." Compartilho esse desejo com a mulher jovem, atraente, esbelta, animada daquela propaganda de produtos dietéticos. No caso dela, da moça perfeita, acreditamos na autenticidade desse desejo. É claro que ela pode continuar do jeito que é. Para mim e todas as demais pessoas comuns, no entanto, é muito mais difícil estarmos satisfeitos com nós mesmos e sermos aceitos pelos outros. Quando dizemos: "Quero continuar sendo do jeito que sou", nenhuma voz invisível nos responde: "É claro que pode!" Acontece exatamente o contrário...

Capítulo 2

"Assim você se transforma numa pessoa forte"

Os caminhos sedutores para a perfeição

Mary é diferente. Ela chama a atenção. O longo cabelo rebelde, de cachos pretos, lhe dá um ar indomável. Ela não consegue se lembrar de quando foi sua última visita a um cabeleireiro. Deve ter sido quando ainda vivia em sua pátria, a Escócia. Há vinte e dois anos, veio para a Alemanha e, desde aquela época, é ela mesma quem corta seu cabelo, de vez em quando.

Mary gosta de roupas confortáveis com as quais não precisa se preocupar. Sua cor predileta é o preto. Seus produtos de beleza consistem em água, sabonete e — como única concessão ao processo de envelhecimento — um creme para bebê. ("Chega uma hora em que se tem de cuidar da pele.") Imperturbável, recusa qualquer outra medida de embelezamento, seja cosmética ou de outra natureza. Nunca gastou um centavo sequer com máscara, batom e base, e não compreende por que outras mulheres usam maquilagem. "Você tem olhos de um azul tão bonito, por que precisa colocar mais azul em volta deles?", pergunta à colega que se sente nua sem sua sombra azul.

Mary não conhece a palavra "regime", na língua materna ou na língua estrangeira, que aprendeu com perfeição. Come chocolate sempre que sente vontade de fazê-lo (o que acontece com bastante freqüência), e conta sem o mínimo sinal de constrangimento que é capaz de consumir sozinha, numa só noite, uma lata de sorvete tamanho família, enquanto assiste à televisão. Na rua, quando vê crianças pulando alegremente, deixa-se contagiar pela alegria delas e passa a pular também. Não importa que as pessoas digam: "Ela é louca" — Mary nunca se importou com o que os outros possam pensar a seu respeito. Quando tem algum problema, resolve-o sozinha. Não gosta dessa história de "Vamos conversar sobre isso". Só fala quando já sabe o que vai fazer. Mary está em paz consigo mesma.

Mas as pessoas à sua volta não acreditam nisso. "As pessoas não conseguem admitir que eu seja do jeito que sou", queixa-se ela. Há aquela colega bem-intencionada que lhe traz catálogos de confecções para convencê-la a usar roupas mais "favoráveis". A amiga que quer levá-la ao cabeleireiro para que ele possa domar o cabelo "selvagem" de Mary e magicamente fazer desaparecer seus cabelos brancos cada vez mais numerosos. Seu consumo de chocolate é tido como "vício" e julgado como indício de alguma deficiência. Sua recusa em conversar sobre seus assuntos mais íntimos é motivo de preocupação: "Você reprime tudo!" E seu hábito de falar sozinha de vez em quando, dizem os sabichões, é um indício de perturbação psíquica. Para os colegas, amigos e vizinhos de Mary é difícil aceitar que ela seja diferente, pense de modo diferente, se vista diferente, e tenha valores diferentes da média das pessoas. Para eles, é problemático que ela queira continuar do jeito que é. A recusa de Mary em participar do jogo do "auto-aprimoramento" desconcerta profundamente as pessoas à sua volta.

Seu contentamento com ela mesma nos faz refletir. Talvez o desejo de parecer melhor, mais bonito, mais inteligente não seja tão sensato assim? Não, não podemos permitir esse tipo de pensamento. Sabemos muito bem que os outros nos olhariam com desconfiança se passássemos a não ouvir mais nossas vozes interiores e simplesmente continuássemos do jeito que somos.

O que, por exemplo, acontece quando perdemos o controle e ficamos mal-humorados? Quais são as reações das pessoas à nossa volta quando nos defendemos energicamente contra qualquer exigência excessiva? Qual é o tratamento que recebemos quando estamos tristes ou até mesmo deprimidos? O que os outros pensam quando damos pulos na rua como se fôssemos crianças, simplesmente porque sentimos vontade de fazê-lo? Quais são os olhares que nos seguem quando pedimos dois pedaços de torta com *chantilly* de uma vez numa confeitaria — não importa se somos magros ou mais cheinhos? Poucas pessoas conseguem se regalar tranqüilamente ao lado de seus amigos, como faz a jornalista Christa Damkowski. "Diante de seus olhares reprovadores, justifico-me dizendo sem mostrar nenhuma preocupação: 'Eu já sou um caso perdido, mesmo.' Na verdade, nunca tentei passar fome para chegar ao corpo ideal, mas eles não sabem disso. Há muito tempo, fiz as pazes com meu corpo, que as vendedoras chamam de 'mais cheio' e amigos e amigas, de "fofinho" ou 'balofo'. Mais tarde, meu marido simplesmente passou a chamá-lo de 'gordo'."

As pessoas são impiedosas quando cometemos enganos e mostramos fraquezas. São impiedosas porque hoje todos acham que sabem como eliminar defeitos e fraquezas. Sabe-se tudo. Conhecemos os caminhos que levam à felicidade — todos eles. Por isso, não há perdão para pessoas como Mary que conscientemente se recusam a trilhar esses caminhos. Por isso não podemos concordar em ser como Mary. Pode até ser que secretamente tenhamos inveja de sua desenvoltura e coragem em assumir sua maneira de ser. Mas isso é algo que não admitiríamos publicamente. Pois, há tempos, perdemos nossa "inocência". Acreditamos não poder mais viver sem o auto-aperfeiçoamento. "Trabalhe a si mesmo. Melhore cada vez mais." Essas são as palavras da campanha publicitária de uma empresa metalúrgica que mostram como a idéia do auto-aprimoramento está profundamente arraigada em nossa sociedade.

Uma pequena história — pessoal — de auto-aprimoramento

A idéia de que temos de trabalhar a nós mesmos é relativamente nova, e se alojou em nossa cabeça apenas nestas últimas décadas. O que se sabia antigamente sobre alimentação correta, calorias e índice de massa corporal? Quem freqüentava academias de ginástica, sofria na bicicleta ergométrica ou corria na esteira? Apenas os desportistas faziam exercícios físicos e não o chamavam de *cooper*, mas de corrida na floresta; não de aeróbica, mas de ginástica. As pessoas do passado também nada sabiam a respeito do auto-aprimoramento psíquico, da auto-realização, da auto-afirmação, da estrutura básica pessimista ou otimista. Gerações passadas certamente ficariam perplexas se pudessem observar quanto esforço investimos em tudo isso.

Às vezes me pergunto o que pensariam minhas tias-avós Rosa e Anna, que nasceram em 1896 e 1898, respectivamente.

Rosa e Anna eram as irmãs do meu avô paterno, que morreu muito jovem. Elas assumiram o lugar dele e tentaram, como avôs substitutos, passar para mim seus ensinamentos a respeito da vida. As duas irmãs moravam numa casa antiga no Allgäu, sem calefação central e sem água encanada no banheiro, mas em compensação tinham uma vista idílica de prados e montanhas. O caminho que levava do vilarejo até sua casa era muito íngreme e cansativo, mas até uma idade bastante avançada as duas não deixavam de fazer a descida de quase uma hora até o vilarejo para fazer as compras ou para ir à igreja e, em seguida, voltavam a subir, devagarinho, com muitas pausas para descansar. Conheciam todos os detalhes da trilha sinuosa, pois desde a infância a percorriam todos os dias, ano após ano. A velha casa em que viviam era a casa paterna e, com exceção de raros passeios até a cidade grande, por ocasião de visitas a seus parentes em Munique, nunca saíam de seu vilarejo natal. Rosa e Anna não tinham aparelho de televisão, apenas um pequeno rádio. Hoje ele está comigo, eu o herdei — juntamente com um maravilhoso binóculo — depois que Rosa morreu aos 95 anos de idade, alguns anos depois da irmã.

Numa época, Rosa, a mais velha das duas, chegou a ficar noiva. Mas infelizmente o casamento planejado não se realizou, pois o noivo não voltou da Primeira Guerra Mundial. Até onde sei, Anna teve muitos pretendentes, mas nunca aceitou nenhum deles. Desde que me entendo por gente, as duas irmãs viveram juntas. Davam aulas de trabalhos manuais e eram famosas por seus bordados. Alguns deles ainda hoje embelezam o altar da igreja católica de seu vilarejo.

Do meu ponto de vista naquela época, as duas levavam uma vida marcada pelo tédio e pela monotonia. Não havia nenhum divertimento, nada de imprevisto acontecia, os dias eram exatamente iguais. Eu ficava surpresa com sua modéstia e seu contentamento e, quando fiquei mais velha, fazia-lhes perguntas com um misto de curiosidade e pena: "Vocês não se arrependem por nunca se terem casado?", "Vocês não gostariam de passar férias em algum lugar?", "Não querem remodelar a casa?", "Vocês não estão interessadas no que está passando no cinema?", "Vocês não se incomodam com o banheiro sem água encanada?", "Não seria mais cômodo morar no vilarejo?" Não, Rosa e Anna não queriam mudar nada. Estavam satisfeitas com a vida exatamente como era. Todas as informações necessárias elas as obtinham através do rádio e do jornal diário. Era tudo que precisavam saber. E tenho de admitir que em geral eram mais bem informadas do que muita gente a respeito dos acontecimentos políticos do nosso país. Algumas vezes ficavam muito aborrecidas com as ações dos políticos e, se tivessem tido possibilidade para isso, certamente teriam mudado muita coisa. Com suas próprias vidas, todavia, estavam satisfeitas. É claro que se queixavam de dores e doenças próprias da idade. E provavelmente teriam preferido que sua sobrinha-neta lhes tivesse feito visitas mais freqüentes. Mas de resto? Não me lembro de jamais terem desejado que algo fosse diferente, que tivessem ficado insatisfeitas consigo mesmas e com a vida.

Eu certamente teria achado engraçado se Rosa tivesse me perguntado se um corte de cabelo mais curto lhe ficaria bem, ou se Anna, um pouco mais cheinha, de repente tivesse comprado uma balança e tivesse se alimentado exclusivamente de pão sueco e queijo branco. As irmãs não paravam para pensar em sua aparência, não se comparavam com qualquer outra mulher. Elas constituíam seu próprio padrão.

Por que o pensamento "Se eu fosse diferente..." nunca lhes passou pela cabeça? Por que elas possuíam algo que hoje temos de conquistar a muito custo: a satisfação com nós mesmos e a serenidade?

Rosa e Anna estavam mais protegidas do que nós, nos dias de hoje. Estavam protegidas contra aquele excesso de dúvidas a respeito de si mesmas, não só porque não tinham nenhum aparelho de televisão e não liam aquelas revistas glamourosas, mas porque dispunham de orientações muito claras na vida. Essas direções lhes haviam sido passadas pela família burguesa que determinava inexoravelmente o que "senhoritas" solteiras podiam esperar da vida, e quase não lhes deixavam margem nenhuma para tomar as próprias decisões. Eram passadas também pela Igreja Católica que lhes permitia distinguir entre o "bem" e o "mal". Até uma idade muito avançada, Rosa e Anna ouviam com grande entusiasmo os sermões do padre do vilarejo (que, pensando bem, na verdade passava tempo demais na casa das duas velhas senhoras), e mesmo quando não podiam mais sair de casa, não perdiam nenhuma das missas transmitidas pelo rádio. Rosa e Anna sabiam exatamente que caminho seguir em sua vida. Quando acontecia de não conseguirem viver segundo os preceitos da doutrina cristã (o que certamente não ocorria com muita freqüência), tinham a confissão para aquietar a consciência, e seu mundo voltava a ficar em ordem.

Nós, por outro lado, nos livramos das obrigações familiares e religiosas. Nossa vida não é mais dirigida por orientadores de fora. Vivemos de modo mais livre e autônomo do que minhas tias-avós, que viveram sua juventude no início deste século. Provavelmente Rosa e Anna teriam sentido vertigens se naquela época tivessem tido de decidir sozinhas a respeito de tantos assuntos, como nós fazemos hoje. Nem a família, nem a Igreja, nem a comunidade determinam mais o que temos de fazer ou deixar de fazer.

Isso é algo relativamente novo. Quando comparo a história de minha vida (nasci em 1954) com a da minha irmã que é dez anos mais velha do que eu, fica evidente quanta coisa mudou neste espaço de tempo relativamente curto.

Minha irmã, por exemplo, não teve a possibilidade de escolher livremente sua profissão. "Não vale a pena, ela vai casar mesmo" — era o argumento da minha família contra o desejo de minha irmã de fazer o colegial. Quando, em meados dos anos sessenta, aos vinte anos de idade, engravidou sem querer, foi um escândalo. O vilarejo inteiro na Baviera, onde morávamos, ficou em polvorosa — as fofocas corriam de casa em casa. Minha irmã estava na berlinda. Para evitar que o escândalo assumisse proporções ainda maiores, meu pai, o patriarca da família, decidiu: "Você tem de se casar!" Minha irmã não teve escolha.

Quando *eu* deixei de ser criança, a situação havia mudado completamente. A revolução estudantil havia deixado suas marcas, as famílias não exerciam mais tanta influência. E tampouco outras instituições, até então detentoras da verdade, como a Igreja ou a sociedade, já não desempenhavam mais papéis tão importantes. Não pedi permissão a ninguém quando, aos dezoito anos, decidi morar com meu namorado; não pedi permissão nem informei a ninguém quando naquele mesmo ano, como ato de protesto, desliguei-me da Igreja Católica porque ela proibia o controle da natalidade; não pedi o conselho de ninguém quando, aos dezessete anos, me demiti do meu emprego depois de apenas nove meses de trabalho porque decidira concluir o colegial e entrar numa faculdade. Era eu quem decidia o que era bom para mim. Sem qualquer influência exterior e absolutamente sozinha. Em comparação com minha irmã, minhas possibilidades de escolha foram infinitamente maiores.

Apesar disso, minha vida era mais fácil apenas na aparência. Se minha irmã sofria com a pressão da moral e dos bons costumes que caracterizavam a sociedade dos anos 50 e 60, eu sofria o *stress* de ter de tomar as decisões corretas sem nenhuma ajuda ou orientação exterior. Todos aqueles preceitos de vida que tinham sido objeto da gratidão das minhas tias-avós Rosa e Anna, e que provocaram a rebelião da minha irmã, para mim não existiam mais. Minha geração sofria a tortura de ter de escolher sozinha e arcar sozinha com a responsabilidade de uma decisão errada.

Tivemos problemas imensos com a nossa "liberdade". Constatamos que nós mesmos — nossa personalidade, nosso eu — não conseguíamos acompanhar as rápidas mudanças sociais. Tivemos a dolorosa sensação de que nossa psique — ainda profundamente enraizada nas tradições — não era forte o suficiente para enfrentar os novos desafios e vencê-los — para manter a orientação certa num mundo sem preceitos preestabelecidos.

Essa era uma descoberta extremamente desagradável. Ela nos deixava inseguros e fazia com que procurássemos algo a que nos agarrar. Mas não havia nada. Não acreditávamos em Deus nem nos seus representantes na Terra, e a união familiar havia sido desmascarada como limitadora e insalubre. Cada um contava apenas consigo mesmo. Para pilotar o barco instável de nossa vida de volta a águas seguras, teríamos de encontrar a segurança em nós mesmos. Mas logo reconhecemos que, para sermos bem-sucedidos, era imprescindível fortalecer nosso *self* e equipá-lo com tudo que o espírito da nossa época exigia. Isso significava que devíamos nos levar mais a sério do que todas as gerações anteriores, tínhamos de trabalhar a nós mesmos, controlar nossos impulsos — nossos desejos, necessidades, nosso corpo — e moldar a nós mesmos de um modo que correspondesse às exigências dos tempos modernos.

Tínhamos de emagrecer e continuar magras, porque o padrão de beleza vigente determinava que as pessoas fossem esguias.

Tínhamos de ser bem-sucedidos, porque o espírito da época identificava sucesso com felicidade.

Tínhamos de controlar nossas emoções, porque nesta sociedade pessoas descontroladas rapidamente caem no isolamento.

Tínhamos de permanecer jovens pelo máximo de tempo, porque em nossa sociedade os velhos não têm mais nenhuma função verdadeira.

Tínhamos de ser atraentes, porque pessoas atraentes são mais queridas e mais bem-sucedidas.

Tínhamos de estar em boa forma física, porque um corpo musculoso e bem-estruturado é um sinal de sucesso.

Tínhamos de pensar positivamente, porque as pessoas chamadas negativas não têm prestígio.

Tínhamos de ser confiantes e abertos, porque a reserva e a timidez não estavam "em alta".

Tínhamos de ser autônomos e independentes, porque a dependência era considerada imaturidade psíquica.

A adaptação às normas nos parecia — e hoje nos parece mais do que nunca — o caminho certo para a felicidade. O que não cabe dentro da norma da felicidade deve ser cortado, eliminado por meio da terapia, mudado. E qualquer meio que nos apóia nesse empreendimento era e continua a ser bem-vindo. Qualquer apóstolo que nos prometa mudança, encontra-nos de ouvidos abertos e — às vezes tenho essa impressão — de inteligência desligada.

"Repentina e inesperadamente"
Histórias maravilhosas de mudança

"Médicos do Hospital Happy Days em Nirvana, Nova York, desenvolveram um novo método de cirurgia que em poucas horas proporciona saúde psíquica e perfeição. A nova técnica consiste em eliminar do cérebro do paciente, com um bisturi a *laser*, todos os elementos incômodos: idéias fixas, expectativas negativas, características indesejadas. Os primeiros pacientes que se submeteram a esse processo relataram entusiasmados que, depois da cirurgia, ficaram livres de depressões, preocupações, aborrecimentos e sentimentos de culpa. Ao mesmo tempo, sua auto-estima teria aumentado enormemente. Em cerca de dez anos, essa nova técnica deverá estar tão desenvolvida que estará ao alcance de todos."

É claro que eu inventei essa notícia. Mas suponhamos que ela fosse publicada numa revista científica: será que não nos sentiríamos tentados a querer saber mais sobre essa nova arma milagrosa contra a infelicidade? Se pudéssemos nos livrar de uma só vez de tudo o que é negativo, pesado e incômodo em nossa vida, se do dia para a noite fosse possível alcançar a felicidade, quem não gostaria de agarrar essa chance?

O desejo de se transformar numa nova pessoa num piscar de olhos sempre exerceu uma fascinação especial. Já na escola ouvíamos, cheios de admiração, que Saulo, o homem mau, transformou-se num Paulo piedoso, por meio de uma compreensão repentina. Quando era criança, fiquei incrivelmente impressionada com a mudança milagrosa de Ebenezer Scrooge, que deixou de ser um comerciante avaro e se transformou em um filantropo beneficente, na história tão maravilhosamente contada por Charles Dickens em seu "Um conto de Natal".

Ebenezer Scrooge é um comerciante de sucesso, mas como ser humano é um fracasso. Prefere manter as pessoas a distância. Nem mesmo a festa de Natal consegue comover seu coração. Friamente recusa quando seu sobrinho o convida para a festa natalina, friamente expulsa de sua casa dois senhores que estão angariando fundos para os necessitados, e friamente desconta um dia do salário de seu escrivão porque este deseja festejar o Natal junto com a família. "Seguir sozinho seu caminho através das trilhas estreitas da vida, dizer a qualquer sentimento humano: 'Fique longe de mim'; era isso que Scrooge queria."

Assim, ele fica absolutamente satisfeito na véspera de Natal por poder tomar sua refeição sozinho, sem ser incomodado por ninguém. Mas de repente, sua tranqüilidade é perturbada. No decorrer da história, três fantasmas aparecem a Ebenezer Scrooge: um fantasma o leva de volta ao passado e mostra-lhe a criança feliz que havia sido. Lembra-o das coisas boas que Ebenezer recebeu das outras pessoas quando era adolescente, e mostra-lhe quanta felicidade perdeu por causa de sua avareza. O segundo fantasma leva-o ao presente e mostra-lhe a penúria das pessoas e sua responsabilidade por essa situação, já que nada faz para amenizar a miséria alheia. Scrooge vê a família de seu empregado Bob Cratchit. O filho mais jovem de Bob, Tiny Tim, está morrendo porque a família não tem dinheiro para comprar os remédios que poderiam salvar-lhe a vida. Se Scrooge tivesse um mínimo de interesse pelas pessoas à sua volta, conheceria a situação desesperadora em que vive seu empregado.

O terceiro fantasma leva-o ao futuro – ao seu próprio enterro – e mostra-lhe a imensa solidão na hora de sua morte, ele que havia afastado todas as pessoas de seu convívio. Ele ouve os comentários das pessoas a seu respeito: "O velho avarento finalmente morreu", "Certamente vai ter um funeral bem barato, pois não conheço ninguém que queira acompanhá-lo", "Por que ele tinha de ser tão avarento? Não fosse isso, alguém teria ficado junto dele na hora de sua morte, em vez de se ver absolutamente sozinho no momento de seu último suspiro".

Ebenezer Scrooge fica completamente transtornado e assustado, e implora ao fantasma que lhe devolva a vida, totalmente desperdiçada até aquele momento, como agora reconhece. E Scrooge recebe uma segunda chance, não precisa morrer ainda. Mas o comerciante tem plena consciência de que o futuro lhe é dado apenas para que "ele possa melhorar". E Scrooge melhora, e mais do que isso, ele passa por uma completa transformação. O comerciante avarento transforma-se num benfeitor venerado e amado por todos.

Será que não temos também a esperança de que bons espíritos ou um poder superior possam nos ajudar a melhorar? Será que não acreditamos que podemos ter um estalo e nos transformar numa nova pessoa?

Temos certeza disso. Modernos contadores de histórias reforçam essa nossa convicção. Eles fazem relatos tão fantásticos sobre as possibilidades de mudança que é praticamente impossível não sentir o desejo de experimentá-las por nós mesmos.

O que acontece quando as pessoas mudam repentina e profundamente? Trata-se de mudanças reais? Estas foram as questões levantadas pelos psicólogos William R. Miller e Janet C'deBaca, da New Mexico Psychology Clinic, em Albuquerque, EUA. Com um anúncio no jornal local, procuraram pessoas que haviam experimentado "uma mudança profunda em seus valores, sentimentos e comportamento". Das 89 pessoas que responderam ao seu chamado, 55 foram entrevistadas mais detalhadamente. A maior parte dos entrevistados podia determinar o dia preciso no qual a mudança acontecera. Lembravam a data exata, às vezes até mesmo a hora. Todos foram unânimes em contar que foram surpreendidos pela mudança provocada por algum acontecimento externo: experiências terapêuticas, doenças ou acidentes haviam provocado nos entrevistados uma mudança drástica e imediata de vida.

"Angie descreve a mudança repentina que experimentara quatro anos antes, depois de participar de um seminário sobre a melhor maneira de lidar com a raiva. 'De repente parei para pensar: Meu Deus, passei minha vida inteira sentindo vergonha. Esse é o motivo pelo qual sinto tanta raiva.' Ela começou a chorar e não parava mais: 'Fui invadida por sentimentos acumulados durante anos.' Em seguida sentiu-se como que livre de um grande peso, livre da 'responsabilidade de ter de ser sobre-humana'. 'Foi uma cura fora do comum. Minha auto-estima aumentou, e minha raiva desapareceu completamente. Agora posso seguir minha vida.'"

"Barbara teve de se submeter a uma cirurgia que a manteve acamada por dois meses. 'Lá estava eu, olhando para as montanhas, refletindo sobre minha vida. Vi que não havia realizado nada daquilo que era realmente importante para mim.' Em seguida passou por mudanças profundas: deixou seu emprego e voltou a estudar. 'Eu passara muito tempo trabalhando para os outros; parei de dizer *sim* sempre que alguém me pedia alguma coisa; em vez disso, comecei a me concentrar mais em mim mesma e na minha família, e a passar mais tempo com os meus amigos.'"

"Carl estava fazendo terapia para se livrar do alcoolismo quando teve seu momento da verdade. Havia tido uma briga séria com a mulher, e agora estava sentado diante de um cartaz dos Alcoólicos Anônimos que falava dos doze passos. 'Parei na palavra Deus, e de repente vi que poderia ser feliz, ser uma pessoa saudável e inteira. Foi uma sensação física muito intensa. Eu era de um jeito, mas podia mudar.' Carl conta que esse momento, há quatro anos, o transformou: sua maneira de ver as coisas, seu comportamento, seus amigos e, sobretudo, sua sinceridade."

"Edward era um homem atlético que nunca imaginou que um dia teria de trabalhar sentado a uma mesa de escritório, como conseqüência de um acidente em que sofreu ferimentos graves. Ficou paralisado da nuca para baixo. No pronto-socorro 'senti como se Deus estivesse falando comigo, dizendo: Você trata da parte física, que eu cuidarei de todo o restante'. Edward teve a impressão de que sua vida estava começando pela segunda vez. Em seguida fala sobre as mudanças bem visíveis que aconteceram: ficou mais paciente e confiante diante das outras pessoas, começou a desfrutar a beleza do mundo e sua fé em Deus aumentou."

O que devemos pensar dessas mudanças instantâneas? Até que ponto podem ser generalizadas? Podemos deduzir que existe uma capacidade fundamental para a mudança? Nós também podemos mudar as coisas que nos incomodam e pesam sobre nós? As mudanças ficam restritas a assuntos externos (mudança de endereço, de profissão, de relacionamentos), ou podemos mudar características pessoais, modos de comportamento, pontos de vista?

Os psicólogos norte-americanos Miller e C'deBaca afirmam que essas histórias devem ser analisadas "com cautela". Em primeiro lugar, os entrevistados são pessoas que decidiram responder ao anúncio e com certeza não podem ser considerados representativos. Em segundo lugar, determinadas características pessoais poderiam ter levado esses voluntários a supervalorizar determinados acontecimentos, ou sua lembrança poderia ser distorcida.

É verdade que os psicólogos norte-americanos consideram que experiências-chave (como um acidente, uma doença, uma experiência espiritual) podem exercer uma grande influência — como os fantasmas que apareceram a Ebenezer Scrooge. Podem provocar uma mudança na percepção e, conseqüentemente, uma mudança dos valores e das atitudes. Mas, segundo eles, a psicologia ainda não sabe o suficiente a respeito de tais mudanças, ainda há um número demasiadamente grande de perguntas em aberto, tais como: Quem experimenta tais mudanças? Quais são os pré-requisitos para tal? Por quanto tempo se mantêm as transformações? Medidas psicoterapêuticas podem despertar mudanças positivas de personalidade?

Normalmente, não ficamos muito interessados em perguntas desse tipo. Não queremos saber tantos detalhes, pois as histórias de mudanças despertam dentro de nós a esperança de que talvez nós também possamos efetuar mudanças para melhor quanto às situações desagradáveis, maus hábitos, características negativas de nossa personalidade. Como uma serpente, queremos trocar nossa "pele", que não combina (mais) conosco. Por isso, acreditamos nessas histórias de mudança, não importa quão fantásticas possam ser. Por isso, agarramo-nos às promessas sedutoras de mudança, como aquelas feitas, por exemplo, pelo mercado psicológico que fica cada vez mais intricado.

"A caminho da perfeição"
Auto-aprimoramento com o auxílio de técnicas psicológicas

Os psicólogos dos anos 70 nos livraram do medo da psicoterapia. Nas décadas de 80 e 90, ficamos cada vez mais desembaraçados no trato com as técnicas e terapias psicológicas. Se décadas atrás o fato de procurar a ajuda de um psicoterapeuta ainda era considerado algo vergonhoso, hoje encara-se como sinal de uma inteligência e consciência especiais quando alguém diz: "Estou fazendo terapia." Quem se submete a um processo terapêutico realiza o "trabalho no eu", correspondendo assim às exigências desta "época do auto-aprimoramento".

Tomaremos, por exemplo, a técnica psicológica PNL, a "Programação Neurolingüística". Essa técnica teve um sucesso fora do comum, entre outros motivos por causa de sua ênfase especial à promessa do auto-aprimoramento.

Nos últimos anos surgiram inúmeros institutos e escolas para difundir esse método o mais rapidamente possível. O matemático e psicoterapeuta Richard Bandler e o lingüista e pedagogo John Grinder são considerados os fundadores da PNL. Seu ponto de partida foi a proposta de analisar o segredo do sucesso de três psicoterapeutas renomados – Virginia Satir, Milton H. Erickson e Frederick Perls – e observá-los durante seu trabalho terapêutico. Bandler e Grinder reconheceram como especialmente eficientes certos modos de procedimento e estratégias, e os reuniram numa nova terapia, a PNL.

Esse nome contém o próprio programa: com a ajuda da comunicação, da língua (lingüística), pretende modificar certas programações do cérebro (neuro), adquiridas no decorrer da vida. A terapia ajuda a pessoa, segundo a instrutora de PNL Alexa Mohl, a compreender "no tocante a seu modo de pensar, sentir e agir, que ela não precisa continuar sendo para sempre a mesma pessoa, forjada por sua história de vida e de suas características naturais, mas que tem possibilidades consideráveis de mudança, e na sua maneira de lidar com determinadas situações pode se libertar de estratégias que a incomodam". E o lado maravilhoso da PNL seria que a mudança profunda acontece num piscar de olhos. É considerada uma terapia rápida, algumas poucas horas supostamente bastariam para efetuar as reprogramações.

Os instrutores de PNL observam a postura corporal, a entonação, a direção do olhar, e se "sintonizam" com tudo isso. Esse passo da terapia é chamado de *pacing*, e serve para estabelecer um bom *rapport*, uma relação emocional entre o cliente e o instrutor. "Quando, com a ajuda do *pacing*, tenho acesso à experiência do meu cliente", explica Alexa Mohl em seu livro *O aprendiz de feiticeiro*, "posso ajudá-lo a modificar essa experiência. Por exemplo, um estado de luto que se reflete na postura corporal do meu cliente pode ser amenizado se, ao me dirigir a ele, eu endireito meu corpo e relaxo os músculos. Ele imitará a mudança do meu comportamento expressivo."

Quando esse *rapport* está estabelecido, o instrutor pode reprogramar o cliente, oferecendo-lhe diversas e novas maneiras de pensar e agir. Os objetivos principais são: tornar-se bem-humorado, ter sucesso, livrar-se de medos. Sentimentos negativos devem ser eliminados com a ajuda da programação, por exemplo, por meio da lembrança de eventos positivos.

Quando, muitos anos atrás, entrevistei uma instrutora de PNL, que deveria me apresentar o novo método, ela tentou aplicar a técnica da reprogramação comigo, pedindo: "Lembre-se de um bom artigo que você tenha escrito. Traga-o de volta à memória. O que você sentia? Você estava orgulhosa? Quem a elogiou?" Como não queria ser um desmancha-prazeres, fiz-lhe esse favor. "E agora", ela continuou, "pense na nossa entrevista e no artigo que você vai escrever sobre a PNL. Vincule o sentimento de sucesso a este artigo." Infelizmente, a técnica de PNL falhou comigo. Enquanto conversávamos tive a impressão de que aquela instrutora se encontrava em areia movediça com sua "doutrina", e que eu nunca conseguiria redigir um artigo realmente sério e informativo com base em suas declarações.

Comigo, portanto, o método fracassou. É uma pena, pois "a PNL abre a possibilidade para que a pessoa não só passe a ser quem ela poderia ter sido, mas que passe a ser a pessoa que ela desejaria ser", escreve Alexa Mohl. Alguns títulos de livros da área da PNL elucidam as promessas: *Mantenha o bom humor, mesmo quando tudo dá errado. O caminho para a perfeição. Mude agora!. A mudança da experiência subjetiva. Manter a serenidade. Treinamento de sucesso para executivos. Palavras mágicas. A eliminação instantânea de bloqueios.*

Parece não haver comprovação científica para os supostos efeitos milagrosos da PNL. Alexa Mohl diz: "É difícil explicar o que significa o aprendizado da PNL a uma pessoa educada na tradição cultural do Ocidente. Parece mágica."

Como todos nós queremos aprender fórmulas mágicas para chegar rapidamente à felicidade, o sucesso da PNL não causa nenhuma surpresa. Tanto, que essa terapia conquistou uma sólida posição nos seminários para executivos. Eles estão entre os que sofrem com a pressão de ter sucesso, e por isso têm uma motivação muito forte para melhorar suas vendas, aprender a dirigir seus colaboradores ou entender melhor seus clientes. Parece que a PNL é especialmente indicada para essa área, pois trata-se de uma "manipulação", como os instrutores francamente admitem. Thomas Rückerl escreve em seu livro *PNL em verbetes*: "Quando um cliente procura o instrutor, ele espera uma influência benéfica — portanto, uma manipulação dirigida." Não é à toa que a PNL é especialmente interessante para todas as profissões que visam despertar novas necessidades dentro das pessoas a fim de vender seus produtos. Assim, um dos institutos de PNL anuncia: "Com este método de negociação você estará utilizando estratégias alternativas para influenciar as pessoas. É sua porta de entrada para despertar maiores habilidades em sua maneira de lidar consigo mesmo e com os outros. Dr. Richard Bandler ensina o que a PNL pode fazer quando você tiver de lidar com grupos de pessoas. Sinta-se finalmente à vontade em todas as apresentações. Dez dias para seu *Performance State* pessoal. Transforme-se no instrutor que você sempre quis ser."

Além do fato de que a PNL tomou de empréstimo algumas técnicas desenvolvidas por outros métodos terapêuticos já estabelecidos, de efeito comprovado, as promessas feitas de boca cheia pelos instrutores da PNL até agora não foram comprovadas. Os poucos estudos a respeito dos resultados da PNL são decepcionantes e não conseguem confirmar a possibilidade de realizar mudanças amplas e rápidas. Qual foi mesmo a expressão de Alexa Mohl? Afinal, é "mágica"!

Os representantes da PNL não se incomodam com essa crítica. Não sentem nenhuma necessidade de legitimar seu trabalho enquanto continuam atraindo um grande público, enquanto não diminui o número de pessoas à procura da felicidade, enquanto conseguem atrair clientes com a promessa de mudança rápida.

Anthony Robbins é um dos treinadores de personalidade que trabalham com as técnicas da PNL e tiram proveito da nossa fé em milagres. Ele apresenta a sua "doutrina" diante de milhares de participantes. "Com que rapidez você pode mudar sua vida?" é a pergunta que costuma fazer ao público. E é ele mesmo quem dá a resposta: "Num piscar de olhos." Em um artigo sobre um seminário realizado em Bruxelas, a revista *Der Spiegel* (28/96) escreve que Robbins promete a seu público "que depois do seminário, a vida deles não será mais a mesma".

As pessoas aparentemente acreditam nisso, pois cada um dos três livros que publicou até agora atingiu uma tiragem mundial de mais de um milhão de exemplares. O *Spiegel* estima que foram vendidas 25 milhões de unidades de suas fitas de áudio.

Treinamentos de personalidade à maneira de Robbins "estão na moda", anuncia *Focus* (29/1996), uma revista sobre estilo de vida. Que quem quiser crescer e ter sucesso não pode mais fugir a essas ofertas de mudança, segundo uma análise da rubrica "Miscelâneos" numa edição de domingo do jornal *Süddeutschen Zeitung*: "Treinamento de personalidade — aconselhamento. Reencontrar a alegria de viver e a serenidade, a coragem de ter sucesso, realizar seus objetivos..." tudo isso é oferecido por um anúncio nesse jornal diário. Outra oferta é anunciada com as palavras: "*Power Mind Business*. O seminário para desenvolver a força mental, a criatividade e o sucesso...", e um "Instituto para o desenvolvimento da personalidade" promete: "O sucesso profissional e/ou pessoal pode ser aprendido..." Um outro concorrente, a "Conversa, Sociedade para o Desenvolvimento da Personalidade Ltda." faz o seguinte convite ao leitor: "Realize seus objetivos e desejos. Conte com a ajuda dos nossos seminários."

A maioria dos treinamentos de personalidade consiste numa mixórdia de técnicas terapêuticas bastante diversificadas e todos, sem exceção, incluem as técnicas da PNL. Uma pesquisa realizada pela revista *Focus* mostrou que um típico "Treinamento da personalidade em cinco dias" desenvolve-se, por exemplo, dentro do seguinte esquema:

"1º Dia: à tarde, chegada ao local, anúncio da lei do silêncio, auto-apresentação dos dez participantes, exercício de caminhar, questionários a respeito de experiências, etc. Conversa com um colega durante um passeio a pé. Exercício do tipo 'O que você realmente quer', pular para um espaço desconhecido com os olhos vendados, meditação 'A percepção dos sentidos'.

2º Dia: despertar às 7h15, bioenergética, exercícios para tonificar os músculos, viagem imaginária de relaxamento, exercícios em duplas, redação de um "currículo emocional", oferecer/aceitar ajuda, reencenar "experiências traumáticas" numa sessão de psicodrama, lembrar de notícias e censuras "graves" por parte dos pais, confrontá-las com sentenças que se gostaria de ter ouvido naquela época, "viagem imaginária à morte", medo da morte – medo da vida.

3º Dia: exercício de respiração Feldenkrais, técnica Alexander, imagem do eu – imagem do outro, trabalho respiratório interativo de *rebirthing*, exercício 'Eu quero' (segurança pessoal, ser capaz de exigir), passeio com os olhos vendados para treinar a confiança (o problema de dirigir e ser dirigido), exercício sim/não, trabalhar com obstáculos interiores: uma redação de trinta páginas explicando quais são as resistências às boas resoluções e, em seguida, queimá-la num pequeno ritual.

4º Dia: descrição perspectiva de uma torre, jogo de animais em dupla: aproximação, simpatia, despedida, escolha imaginária de um animal e, em seguida, análise da escolha junto com o colega, fingir-se de louco, dançar, experiência de treinamento em duplas, dança do dervixe, na qual a maioria das pessoas vai até a entrega total, questionário sobre a sexualidade, exercício de 'expor-se ao ridículo', desejo e pedido, massagem, 'noite da realização de desejos' bastante erotizada.

5º Dia: passos grandes, passos pequenos, livrar-se de objetos e cacarecos inúteis, andar descalço sobre cascalho, olhar no espelho e perguntar: Como meu rosto mudou?, resposta do grupo, escrever uma carta a si mesmo, viagem imaginária ao futuro daqui a cinco anos, desenhar um quadro, dançar ao som de uma música de sua escolha, informações a respeito do treinamento, despedida, saída à tarde.

Não é necessário saber em que consistem concretamente os diversos métodos para reconhecer que os participantes do seminário se ocupam deles mesmos durante cinco dias e acreditam firmemente que esses cinco dias acabarão mudando sua vida. Eles precisam acreditar nisso, afinal não querem que um investimento de 3.450 marcos alemães tenha sido em vão.

Os participantes de um outro treinamento dispõem de dois dias a mais para a renovação profunda de sua personalidade. Em sete dias podemos transformar-nos em pessoas novas, contanto que estejamos dispostos a investir cerca de 4.500 marcos alemães e, durante uma semana, trabalhar conosco "honesta e impiedosamente". O *Processo Hoffmann da Quadrinidade* é uma mistura de diversas técnicas psicológicas que prometem a todos os interessados que poderão livrar-se de seus problemas "rápida e profundamente e de uma vez por todas", afirma uma jornalista, uma das participantes entusiasmadas, em seu artigo publicado numa brochura de propaganda. O "processo", contudo, exige uma decisão. "A decisão de lutar e de se levar a sério, com todos os seus medos e problemas. De dizer a si mesmo que seu desespero e sua raiva são justificados. Eu fui fraudado em muita felicidade na minha vida; mereço algo melhor. É a decisão de reconquistar uma grande parte da vida que se perdeu ou nunca se teve, e conquistá-la exclusivamente porque a pessoa tem o direito de possuí-la."

Essa jornalista é um bom exemplo do sucesso da manipulação dos pregadores da mudança. Eles martelam em nossa cabeça que merecemos uma vida melhor, fazem com que creiamos que existe o direito de ser feliz, afirmam que sofremos muitas injustiças – e em seguida se oferecem como agentes da mudança. Robert Hoffmann, o fundador do "Processo", pessoa de grande tino comercial, não se cansa de anunciar seus ensinamentos repetidas vezes. Na brochura de propaganda já mencionada diz: "Vivemos numa sociedade completamente neurótica" – "Recebemos uma programação negativa de nossos pais" – "No caminho rumo à verdade temos de limpar o chiqueiro da nossa própria vida. Só depois dessa limpeza podemos mudar o comportamento negativo em positivo. E assim vivenciar a vida em amor e paz, em toda a sua riqueza."

Segundo o próprio Hoffmann, seu método se distingue de outros processos terapêuticos por sua rapidez e eficiência. Em muitos tratamentos, diz Hoffmann, as mudanças terapêuticas são "passageiras". Tão duradouras, aproximadamente, como as boas resoluções de Ano Novo. O *Processo Hoffmann da Quadrinidade*, no entanto, modificaria a pessoa para sempre. É verdade que quatro meses após a participação no "Processo" a jornalista admitiu que certos padrões "persistem". "Mas a atitude básica mudou, e é isso que importa."

Na brochura publicitária dos organizadores da Quadrinidade, um outro participante conta entusiasmado que "este Processo é exatamente aquilo que eu procurava havia muito tempo sem encontrá-lo em lugar nenhum. Tenho a impressão de não só ter sido erguido momentaneamente, mas de ter encontrado uma chance, talvez mesmo a grande chance da minha vida". Uma outra pessoa diz: "Depois de ter passado pela limpeza das escovas de aço do Processo, sinto-me completamente novo. Uma verdadeira renovação em todos os aspectos." E um suposto especialista, que escreve na área da psicoterapia, declara: "O *Processo da Quadrinidade* possibilita o amadurecimento, oferecendo às crianças desta sociedade, entrincheiradas medrosamente nas mais variadas posições adultas em todos os níveis possíveis, a chance de crescer e de finalmente se tornarem adultos — mesmo que isso aconteça em idade avançada."

Não devemos ficar impressionados com as notícias sobre os sucessos dos apóstolos da mudança. Do ponto de vista psicológico é fácil entender que raramente as pessoas colocam em dúvida suas próprias decisões. Quanto maior foi o investimento (em termos de tempo, dinheiro e fé), menor é a possibilidade de uma avaliação objetiva da decisão. O psicólogo Leon Festinger observou, já nos anos 50, que temos a tendência de evitar as "dissonâncias cognitivas". Uma "dissonância cognitiva" surge quando, após termos tomado uma decisão, obtemos informações que nos fazem duvidar da validade dessa decisão. Já que a "dissonância cognitiva" é sentida como desagradável, tentamos justificar nosso ato e, com isso, diminuir a dissonância. Quando, por exemplo, um fumante inveterado é confrontado com o fato de que fumar pode causar câncer de pulmão, talvez vá tentar amenizar esse contexto: "Conheço fumantes de mais de oitenta anos de idade que estão em perfeita saúde" ou "Fumo apenas cigarros com baixo teor de nicotina". É semelhante o comportamento de pessoas que participaram de seminários de mudança. Seus esforços devem valer a pena e, por isso, muito poucos dentre eles confessarão a si mesmos que as mudanças foram apenas passageiras, se é que de fato ocorreram.

"A dissonância cognitiva cria a motivação de fazer com que o comportamento discrepante pareça mais racional, como se surgisse 'naturalmente' a partir das próprias posições. Se você não consegue negar que realizou um determinado ato, você pode mesmo assim insistir que foi coerente com suas próprias posições... A mudança de atitude é interiorizada para tornar aceitável algo que de outro modo poderia parecer um 'comportamento irracional'". É assim que o renomado psicólogo Philip Zimbardo explica o fenômeno de que as pessoas insistem em defender um determinado ato ou uma decisão, muitas vezes contra suas próprias convicções.

PNL, Quadrinidade, treinamento da personalidade — são apenas três exemplos dentro de uma quantidade imensa de ofertas que visam à mudança. O mercado psicológico está em alta graças ao nosso descontentamento e à nossa fé inabalável na possibilidade do auto-aprimoramento.

"A felicidade por via oral"

Os psicofármacos e o auto-aprimoramento

As histórias de sucesso são impressionantes, mas os sucessos reais dos psicotécnicos continuam modestos. As grandes esperanças que depositamos nas medidas psicoterapêuticas muitas vezes não se realizam. Freqüentemente, o processo de auto-aprimoramento não acontece com suficiente rapidez, fica estagnado logo de início ou nem chega a ocorrer. Por isso, nestes últimos anos, observamos o sucesso de um outro método que oferece soluções rápidas e simples para o fortalecimento do próprio eu: a indústria farmacêutica. Embora há tempo saibamos dos efeitos colaterais nocivos dos psicofármacos, ficamos fascinados pelo desenvolvimento de novas drogas que prometem facilitar nossa vida. Por exemplo, o *Prozac*, a "droga da felicidade" que causou grande exaltação primeiro nos Estados Unidos e depois também na Europa.

O *Prozac* (na Alemanha comercializado com o nome de *Fluctin*) transformou-se em sucesso considerável para a indústria farmacêutica e para os psiquiatras que o prescrevem. Milhares de pessoas depressivas, medrosas, abatidas e infelizes correm ao médico, querendo participar dessa felicidade por via oral. Dentro de pouquíssimo tempo, os pacientes que tomam *Prozac* supostamente se sentem "pra lá de bem", segundo o relato do psiquiatra norte-americano Peter Kramer em seu livro *A felicidade receitada. O sucesso inquietante de Fluctin, a pílula da felicidade*. "Fiquei surpreso ao constatar que uma pílula podia fazer em poucos dias o que psiquiatras freqüentemente — e às vezes sem sucesso — tentam realizar por outros meios durante anos: devolver à pessoa sua liberdade de ação." A auto-imagem de muita gente mudou para melhor, segundo a experiência de Kramer. "Hoje parece ser possível que medicamentos como o *Fluctin* façam aquilo que antigamente apenas uma psicoterapia podia fazer — chegar ao âmago de uma pessoa e mudar determinada parte de sua personalidade." Notícias de sucesso como essa despertaram grandes esperanças, não só naqueles que sofrem de depressão, mas também entre as pessoas com preocupações bastante normais.

A idéia de poder engolir, junto com uma pílula, todas as preocupações, eliminar qualquer desgosto e, como efeito secundário, ainda moderar o apetite, era sem dúvida muito atraente. Mesmo pessoas que nunca consultaram um psiquiatra ficaram interessadas neste produto milagroso — pelo menos teoricamente. Há dez anos o *Prozac* está sendo comercializado e nos Estados Unidos chegou ao primeiro lugar da lista dos mais vendidos entre os psicofármacos, tornando-se o antidepressivo mais receitado. Segundo o noticiário do jornal *U.S. News & World Report* (9/12/96), esse medicamento passou a ser usado por 24 milhões de pessoas em 107 países no mundo inteiro. Só nos Estados Unidos há 18 milhões de usuários de *Prozac*. No ano de 1995, a indústria farmacêutica Eli Lilly, que desenvolveu e comercializou o *Prozac*, obteve um lucro de mais de dois bilhões de dólares com essa droga milagrosa. A forte vontade de melhorar nossa personalidade proporciona lucros imponentes à indústria farmacêutica. Mas qual é o balanço para os usuários?

Chegamos à fase da desilusão. Em muitos casos, a felicidade prometida não se concretizou, e os efeitos colaterais, às vezes consideráveis, diminuíram a euforia dos psiquiatras alemães. Muitos pacientes que vêm tomando o *Prozac* há muito tempo, perderam a libido e a criatividade, e sofrem de náuseas, vômitos, nervosismo, insônia, dores de cabeça, tremores, medos, vertigens, transpiração excessiva, alergias ou diarréia.

O preço da felicidade psíquica é alto demais. Mas essa mensagem negativa não faz diminuir a procura pela droga da felicidade.

Questionado sobre quais seriam as explicações por que, apesar dos efeitos colaterais agora conhecidos, um número tão grande de pessoas não abre mão do *Prozac*, Peter Kramer responde: "Acredito que se trate de uma procura motivada por causas sociais. O comportamento introvertido, o ser-voltado-para-dentro, não é apreciado na nossa sociedade... Existe uma analogia um pouco inquietante entre os efeitos do *Prozac* e as exigências da sociedade. Para explicá-lo melhor eu poderia dizer que nossa sociedade exige que se tenha uma certa dose de espírito do mais forte, de agressividade e capacidade de se impor — e com o *Prozac* tudo isso se torna possível."

E não apenas o *Prozac*, acrescenta o farmacologista alemão Gerd Glaeske. Há outros medicamentos que também são receitados para que as pessoas se adaptem ao padrão estabelecido. Embora o exemplo do *Prozac* mostre que ainda não podemos fazer milagres, não perdemos a esperança. Uma prova indireta disso é o número elevado de drogas com as quais nos automedicamos, sem consulta médica. Em 1995, foram vendidas 1,7 bilhão de caixas de remédio, o que corresponde a aproximadamente 1.100 pílulas por pessoa ao ano, segundo os cálculos de Gerd Glaeske. Mais de 40% desse 1,7 bilhão de embalagens são vendidos sem receita médica, ou seja, foram "auto-receitados". Tomamos soníferos, porque a insônia impede que possamos realizar nossas tarefas; tomamos vitaminas porque lemos que vitaminas são importantes para a saúde; receitamos a nós mesmos calmantes para que possamos manter a calma em qualquer situação; dos remédios fitoterápicos de leve efeito antidepressivo esperamos que melhorem nosso humor; acreditamos que remédios para aumentar a potência podem transformar-nos em amantes sempre dispostos.

Nestes últimos tempos, grandes esperanças foram despertadas por um remédio milagroso contra o processo de envelhecimento. A droga milagrosa chama-se *Melatonina*, e supostamente proporciona eterna juventude, boa forma física e saúde, sem que tenhamos de que nos esforçar para isso. Numerosos livros foram publicados a respeito da nova "fonte da juventude", mas a euforia inicial está cedendo lugar à realidade (como acontece com todas as drogas milagrosas). Não apenas o efeito milagroso da *Melatonina* foi posto em dúvida, mas também há advertências contra os efeitos prejudiciais à saúde: distúrbios do ritmo cardíaco, problemas oftalmológicos, depressão e falta de libido podem ser causados até mesmo por doses pequenas de *Melatonina*.

Nada disso diminui a crença nos remédios milagrosos. Nas palavras de Glaeske: "Nessa 'euforia das pílulas' temos de ter consciência de que as empresas farmacêuticas estão servindo ao sonho de muitas pessoas que acreditam na possibilidade de ingerir a felicidade e gerar a saúde — e por isso oferecem sempre novos remédios milagrosos. O mercado para os supostos remédios milagrosos é criado essencialmente pela procura que chamamos de induzida pela oferta, na qual a farmácia oferece diretamente ao comprador certos remédios que respondem às necessidades das pessoas — por exemplo, a necessidade de beleza, juventude ou força mental."

"A felicidade está nos livros"
A auto-ajuda impressa

Beleza, juventude, força mental — como realizar tudo isso e muito mais ficamos sabendo não por meio dos treinadores de personalidade e dos farmacólogos. Existe mais um ramo que tira proveito da nossa insatisfação com nós mesmos e da procura de "bons" conselhos: livros e revistas não se cansam de afirmar e comprovar com exemplos e "receitas" extremamente criativas que o auto-aprimoramento é possível — não importa que área da nossa vida desejemos mudar.

Em fevereiro de 1997, recebi um prontuário de nutrição norte-americano que acabava de ser publicado. O tom de comando usado pelos autores mostra que alguém resolveu pensar por nós.

"Aqui está a nova fórmula Fitonics para uma saúde natural que você usará daqui em diante: cada semana é dividida em dias nos quais você comerá seus alimentos preferidos nas refeições principais. Em alguns dias, você poderá comer carne, em outros, laticínios. No verão, teremos dias de sucos e frutas para garantir um sucesso rápido no emagrecimento; no inverno, você desintoxicará seu organismo com uma sopa e legumes refogados. Aos domingos, comerá alimentos crus (chamamos este dia de *funday*) e descansará." E todas as manhãs, segundo as recomendações dos autores, deve-se iniciar o dia com um programa de dozes minutos de exercícios chamado *Bodytonics*. "Dessa forma, você começa o dia cheio de energia, contribui para o seu emagrecimento e combate a flacidez e todos os achaques que tantas pessoas associam ao 'envelhecimento' ..."

Isto me fez lembrar Karl Valentin* que, para resolver os problemas do trânsito, propôs que em determinados dias deveriam circular apenas os carros com placas de números ímpares, e nos demais dias seriam os motoristas com números pares que poderiam sair com seus veículos. Nesse esquete, Valentin ridicularizava a mania dos alemães de estabelecer regras para tudo. Por que então não caímos na gargalhada diante da proposta de comer aos domingos isto, nos dias frios aquilo e no calor algo diferente? Em vez de achar ridículos esses conselhos, tomamos conhecimento deles, já com a consciência pesada. Sabemos que em nosso dia-a-dia seria difícil ou impossível aplicar o que nos propõem, mas acreditamos que deveríamos ser *capazes* de fazê-lo.

O livro a seguir também encontrará seus compradores, pois tem o título sedutor de *Como posso mudar meu marido?* O *release* da editora a respeito do livro afirma: "No fundo, 'ele' é o melhor, mais bonito, mais querido, mais bem ... Às vezes, porém, 'ela' gostaria de modificá-lo. Mas como? Em geral as mulheres ficam sem saber o que fazer, pois depois de várias tentativas e muitos fracassos, elas sabem que é impossível mudar uma pessoa, muito menos contra sua vontade. Mas não é verdade, é possível sim! A partir de agora, nada de se resignar: a persistência feminina será finalmente recompensada. No seu novo prontuário psicológico (as autoras) mostram como seu marido pode ser remodelado sob medida."

Da nutrição ao relacionamento entre as pessoas, da vida sexual à espiritual — os "especialistas" regem nossa vida. Quer mais exemplos?

Você gostaria de se tornar uma pessoa "serena"? Então este é o livro certo para você, recomendado pela editora com as seguintes palavras: "A serenidade: remédio contra qualquer agitação. Em vez de tomar calmantes podemos desenvolver firmeza e segurança... A serenidade interior cresce quando abrimos espaço para ela, quando conseguimos nos desapegar, enxergar a totalidade, quando não ficamos presos a detalhes."

Você está à procura de "caminhos para sair do medo da vida"? Em sua livraria você encontra a orientação de que precisa!

Você quer saber se é possível mudar? Leia abaixo a opinião da autora de um *best-seller*:

"Todos nós queremos que nossa vida mude, que as circunstâncias fiquem melhores e mais fáceis, mas nós mesmos não nos dispomos a mudar. Preferimos que *as circunstâncias* mudem. No entanto, para que isso aconteça temos de mudar interiormente. Temos de mudar nossa maneira de pensar, nossa maneira de falar, nossa maneira de nos expressarmos. Só então as mudanças exteriores também acontecerão."

---

* Humorista alemão, que viveu de 1882 a 1948. (N.T.)

Você quer "mudar sua vida profundamente"?
Então o livro *Um ego forte* foi escrito para você. Afirma que "você é o seu próprio psicoterapeuta. Com a aplicação desse programa simples e prático, você pode aprender a realizar os seguintes objetivos 'difíceis' ou até mesmo 'impossíveis' com seu *próprio esforço*:

🍀 Livrar-se das dúvidas sobre si mesmo e da autocrítica negativa;
🍀 Definir para si mesmo objetivos pessoais e profissionais mais elevados e mais amplos;
🍀 Ter mais sucesso financeiro;
🍀 Ter uma vida amorosa mais satisfatória e mais saudável;
🍀 Superar a falta de determinação, a timidez exagerada e os medos irracionais;
🍀 Sentir-se mais seguro nos relacionamentos pessoais e profissionais;
🍀 Integrar à sua personalidade os elementos que o transformarão numa pessoa bem-sucedida;
🍀 Encontrar a profissão ideal para você mesmo ou, se necessário, inventá-la;
🍀 Superar as resistências a qualquer tipo de mudança;
🍀 Diminuir o nível de *stress* em sua vida;
🍀 Transformar seus sonhos em planos concretos para a auto-realização;
🍀 Lutar com eficiência contra vícios como o fumo, distúrbios alimentares e comportamento agressivo;
🍀 Curar as cicatrizes de velhos ferimentos emocionais."

Mais alguma pergunta? Não citarei outros exemplos para poupar a você e a mim mesma. Se você desconfia que eu esteja tentando manipulá-lo com a escolha de exemplos extremos entre os livros, basta visitar uma livraria bem sortida. Nas prateleiras de "Psicologia/Auto-ajuda/Esoterismo" você encontrará facilmente o que procura. Verá fileiras inteiras de livros do tipo "Aprenda a fazer" que lhe ensinam como você pode e deve mudar o quê e por que motivo.

Basta querer! Você pode criar a felicidade com o próprio esforço! Pare de fugir de você mesmo! Mude sua maneira de pensar! Mude seu humor! Torne-se sereno e calmo! Desenvolva suas capacidades! Fique mais inteligente! Transforme-se em quem você realmente é! Otimize seus desempenhos! Os autores dos livros de auto-ajuda nos bombardeiam com histórias que culminam todas numa mesma mensagem: Se você não está feliz, o problema está em você. Mude, e encontrará a felicidade.

Convites como esse reforçam nossa fé de que muita coisa dentro de nós mereceria ser mudada. Se não fosse assim, todos aqueles livros de conselhos não seriam escritos ou então ficariam encalhados nas prateleiras.

E também as bancas de jornais provavelmente estariam menos abarrotadas de publicações. Pois a maioria das revistas em papel reluzente vive daquela multidão de pessoas que tem uma vontade inabalável de mudar. Se estivéssemos satisfeitos com nós mesmos, será que acreditaríamos que "estar em forma" nos torna "alegres", e compraríamos a revista que leva esse nome? Será que estaríamos interessados em tudo o que ela promete numa única edição (1/97)?

"Novos métodos para o sucesso. Emagrecer sem *stress*" — "Emagrecer de modo saudável e definitivo — sem regime. Finalmente, existem caminhos para sair do beco sem saída dos regimes. Com os novos métodos, o sucesso é programado nos níveis mais profundos da consciência. Você emagrece sem nenhum esforço — com acupuntura, hipnose e treinamento mental." — "A receita para ter uma personalidade forte." — "Como se abrir para a felicidade."

Será que sairíamos correndo para comprar a revista feminina *Für Sie* (1/97) que anuncia "O sucesso psicológico dos Estados Unidos. O regime de 4 minutos"? É claro que desconfiamos que nenhum regime do mundo conseguirá nos dar o corpo dos nossos sonhos em apenas 4 minutos. Mas estamos curiosos. E ficamos mais curiosos ainda quando batemos o olho na manchete no interior da revista: "Parar de contar calorias, comer de tudo o que é gostoso — e mesmo assim emagrecer? Será possível? *É* possível, sim, afirmam cientistas norte-americanos. Funciona da seguinte maneira: Comer devagar, deixar algo no prato, usar pratos pequenos, relaxar depois das refeições — é isso aí. Azar de quem se sentir enganado!

O *release* de uma grande editora alemã, destinado ao mercado editorial, anunciava em janeiro de 1997:

"O jornal para a mulher. O caderno 1, com o tema principal 'Regime de sucesso', e a edição especial 'Magra para sempre', apesar do curto período de oferta (Natal e Ano Novo caem no meio da semana), tiveram uma procura especialmente grande e nitidamente melhor em comparação com o número anterior."

E segundo os dados desse mesmo serviço de informações, também a *Bild der Frau* com seu primeiro número (Regime de emagrecimento 97/O Superespelho da Sorte), "registrou um expressivo aumento de vendas em comparação com a semana e o ano anteriores".

Compramos, acreditamos e esperamos. É verdade que ainda sabemos, pela experiência do ano anterior, que todas aquelas receitas maravilhosas publicadas nas revistas femininas e de saúde não nos transformam em gazelas esbeltas e tampouco provocam qualquer outra mudança essencial. Mas isso não nos impede de voltar a estender a mão para essas publicações coloridas: Quem sabe desta vez os conselhos sejam melhores?

Por que agimos assim? O psicólogo francês Jean-Claude Cohen está convencido de que "estar em boa forma", tanto psíquica quando fisicamente, transformou-se hoje no "primeiro mandamento". "O mundo do trabalho exige pessoas que estejam sempre em boa forma, dispostas e capazes de enfrentar qualquer desafio. Sinais de fraqueza não são admitidos", concorda Edouard Zarifian, analista social e psiquiatra parisiense. O mercado psicológico, os livros de auto-ajuda, revistas de moda, revistas femininas e masculinas, nos abastecem com as "formas". Mostram-nos qual é, hoje em dia, a aparência de pessoas que estão "em forma": esguias, belas, em boa condição física, positivas, dinâmicas, bem-sucedidas, sensuais. E mostram como se comportam: seguras de si, serenas, livres de *stress*, felizes.

A comparação constante com essas imagens ideais e a pressão social no sentido do auto-aprimoramento geram uma procura enorme: Como eu faço para também ficar em boa forma? Quem e o quê pode me ajudar? Essa procura criou, nesses últimos anos, toda uma indústria da mudança, que obviamente tem um interesse fundamental em que a procura não termine. Nunca poderemos ficar satisfeitos com aquilo que temos pois, nesse caso, algumas profissões deixariam de existir. Por isso, com ofertas de mudança sempre novas, cuidam de criar sempre novas necessidades de mudança.

Como psicóloga formada, também faço parte de uma profissão que, ao lado de muitos outros "ramos comerciais", divulga todo tipo de mensagens de mudança e se oferece como agente de apoio. Estou convencida de que os psicólogos e psicoterapeutas — ao lado de muitos outros — têm um papel essencial no nosso descontentamento. Quanto mais aprendemos por seu intermédio sobre as limitações da vida humana e sobre as supostas possibilidades que existem de anulá-las, mais forte se torna nosso desejo de aprimoramento. Por meio de seus "esclarecimentos", a psicologia cuida para que não lhe falte clientela. Incessantemente alimenta nosso descontentamento e em seguida se oferece para remediá-lo. Se estivéssemos satisfeitos com nós mesmos, se quiséssemos continuar do jeito que somos, se houvesse mais pessoas como Mary, muitos dos consultórios de psicologia teriam de fechar suas portas, seminários de psicologia deixariam de acontecer por falta de participantes e numerosos livros de auto-ajuda permaneceriam empoeirados nas prateleiras das livrarias.

Como, entretanto, acreditamos na possibilidade básica do auto-aprimoramento; como, a qualquer preço, queremos ficar "em forma" , todos aqueles "bons" conselhos despertam nosso interesse. Desse modo, não nos distinguimos em nada das gerações das minhas tias: da mesma forma que elas no passado, abrimos nossos corações e ouvidos aos pregadores que se propõem a nos ajudar a encontrar a segurança da qual tanto precisamos. Porém, diferentemente dos tempos passados, os pregadores de hoje não estão (mais) no púlpito das igrejas. Mas não é por nenhuma coincidência que esse seria o lugar mais indicado para muitos deles, se consideramos sua formação profissional.

O *talkmaster* Jürgen Fliege, pastor por profissão, é um desses que perceberam que as pregações feitas diante das câmaras de televisão encontram um público muito mais ávido do que, no passado, suas pregações na igreja. Seu lema "Cuide bem de si mesmo!" é difundido também em livrinhos — com poucas páginas e pouco conteúdo — garantindo assim às suas "ovelhas" um abastecimento de sabedoria edificante de grande cobertura geográfica.

Peter Hahne, o âncora sempre sorridente do programa "Heute" do ZDF, também é teólogo formado, e, na verdade, estudou para ser pastor. "Quando se deu conta, todavia, de que as igrejas eram freqüentadas sobretudo por mulheres idosas, o protestante engajado fez o que muitos profetas já fizeram antes dele: foi trabalhar nas instituições de direito público, como conta um artigo da *Stern* (8/97). Segundo essa revista, Hahne vende ao público as notícias mais terríveis com seu olhar brilhante de "tudo terminará bem". Como em sua função de âncora de televisão pode atuar usando apenas a linguagem corporal, a mensagem do pastor Hahne de que a vida é um assunto positivo do começo ao fim é divulgada em livros com títulos como *Não há motivo para resignação*, *Boas notícias* e *Boas perspectivas*.

Os pregadores modernos reconheceram que as pessoas não querem mais ouvir as boas novas vindas da Igreja, mas que a necessidade de ouvir palavras e conselhos edificantes continua existindo. Eles encontraram meios mais atuais de divulgar a "boa nova".

Nossos pregadores escrevem livros e artigos de jornal, organizam seminários e cursos, trabalham como psicoterapeutas e consultores psicológicos, oferecem-se como treinadores, vendem pedras preciosas e florais de Bach, fazem consultas de tarô, elaboram eneagramas e consultam o pêndulo a respeito da nossa vida, desenvolvem pílulas milagrosas que nos prometem uma vida feliz e livre da depressão, ou que nos ajudam a emagrecer. Não obstante a diversidade de seus métodos de trabalho, todos os pregadores divulgam a mesma mensagem maravilhosa: Você não precisa continuar a ser como é. E afirmam: "Qualquer esforço que você possa fazer visando ao auto-aprimoramento reverterá em seu próprio benefício."

Aos pregadores do auto-aprimoramento realmente não faltam idéias nem conselhos. Há uma receita para cada um dos problemas do nosso eu. Quanto mais simples é a formulação dessa receita, quanto mais rapidamente a mudança desejada possa ser atingida, mais ávidos ficamos por experimentá-la. Como definitivamente não queremos continuar do jeito que somos, freqüentemente abrimos mão de uma análise crítica dos pregadores e de suas promessas. Essa falta não tem conseqüências graves enquanto se trata apenas de receitas de mudança publicadas em revistas glamourosas. Não é difícil reconhecer que elas não passam de bons artifícios. Tudo fica mais complicado quando queremos verificar o nível de verdade e sentido dos sermões dos outros ramos do negócio. O que devemos pensar de todas aquelas histórias maravilhosas de mudança que nos contam os autores de livros, os farmacólogos, os treinadores de personalidade e muitos outros?

Minha passagem rápida por alguns ramos da indústria da mudança mostra, à guisa de exemplos, que o desejo do "Se ao menos eu fosse diferente..." proporciona uma renda razoável, às vezes até considerável, a todo um segmento de profissionais. Psicólogos, psicoterapeutas, esotéricos tiram proveito do descontentamento amplamente difundido. Esses segmentos certamente mudam para melhor em função da busca do auto-aprimoramento. Mas, ... e nós?

Mudamos?

Realizamos o objetivo da nossa procura?

Tiramos algum proveito do fato de ler e seguir os bons conselhos das revistas e dos livros? Acrescentamos algo à nossa vida quando procuramos nosso verdadeiro eu nas psicoterapias ou quando nos dispomos a trabalhar nossa infância, quando nos convertemos ao budismo ou andamos descalços sobre o fogo? Diante de toda essa riqueza de ofertas de mudança, não deveríamos, há muito tempo, ter avançado muito mais dentro do nosso desenvolvimento?

Se fosse verdadeira apenas a metade daquilo que os agentes de mudança nos prometem, não deveríamos a esta altura ter um corpo ideal e uma psique perfeita? Não deveríamos ser mais bem-sucedidos, felizes e hábeis nas relações sociais? Em resumo: não deveria ter acontecido há muito tempo uma mudança profunda da nossa personalidade?

Sabemos a resposta a essa pergunta, mesmo que não queiramos admiti-lo. A maioria das pessoas está tão distante dos objetivos almejados quanto no início de seus esforços de mudança. Todos provavelmente já tiveram de passar pela experiência, ao menos uma vez, de que, apesar de enormes esforços, as mudanças esperadas não aconteceram, e que nossa força de vontade também nos abandonou muitas vezes. Num dos meus seminários, perguntei o que as pessoas gostariam de mudar nelas mesmas, e uma das participantes respondeu: "Se eu pudesse escolher, gostaria de ser *mais magra. É um desejo que tem me acompanhado a vida toda; mas embora seja tão forte, não consigo realizá-lo.*"

Não apenas nos afastamos mais e mais do corpo ideal, como também em outras áreas da vida — mais cedo ou mais tarde — fracassamos em nosso esforço de mudança. Frustrados, interrompemos terapias, fazemos romarias de uma conferência a outra, lemos um livro de auto-ajuda após outro, e já acumulamos toda uma coleção de desapontamentos.

Mas que conclusão tiramos dessas experiências? Aparentemente, a conclusão errada: quando não temos sucesso em nossos esforços de mudança, atribuímos a culpa a nós mesmos. Fracassamos, não temos força de vontade, somos fracos, falta-nos disciplina. Poderíamos mudar, tudo depende de nós mesmos, mas repetidamente nos decepcionamos com nós mesmos. Apesar disto, entretanto, não queremos desistir.

Dessa maneira, entramos num círculo vicioso que, a longo prazo, pode ter conseqüências perigosas para nossa estabilidade psíquica e também para nossa saúde física. Quanto mais desesperados formos em nossas tentativas de mudar, mais descontentes ficaremos e menos saudável será a nossa vida.

Infelizmente não formulamos as questões mais importantes que poderiam nos livrar desse círculo vicioso:

As promessas de mudança realmente podem ser levadas a sério? Será que existe realmente a possibilidade de mudar aquilo que queremos modificar? Ou será que nossas possibilidades de mudança são muito mais limitadas do que desejaríamos?

O filósofo Reinhold Niebuhr há muito tempo reconheceu a importância de saber quais são nossas margens de ação. Formulou a prece muito conhecida: "Ó Deus, dê-me a serenidade para aceitar as coisas que não posso mudar, coragem para mudar as coisas que posso mudar e sabedoria para distinguir umas das outras."

Coragem para mudar, esta temos de sobra. O que nos falta é a serenidade para aceitar o imutável, e a sabedoria para diferenciar aquilo que pode ser mudado daquilo que não pode. Estamos num estado de confusão mental no qual escutamos exclusivamente os pregadores de mudança de todas as espécies que nos arrulham com promessas do tipo: "Tudo é possível", "Tudo pode ser mudado". Contam-nos contos de fada sobre um "maravilhoso mundo novo" no qual só existem pessoas bem-sucedidas, serenas, esbeltas e otimistas. Falam das forças e habilidades que com sua ajuda podemos descobrir e desenvolver dentro de nós. Apresentam a ilusão de que nós também podemos nos realizar e modificar, basta querê-lo. Não nos contam, todavia, que grande parte de nossos esforços é inútil porque desde o início estamos lutando em campo perdido.

Muito daquilo que nos incomoda e que gostaríamos de modificar *nem precisa* ser mudado. Queremos mudar apenas para agradar aos outros, não a nós mesmos.

Muito daquilo que nos incomoda e que gostaríamos de modificar nem *pode* ser modificado. Se quiséssemos mudá-lo, fatalmente fracassaríamos. A sentença "você não precisa continuar a ser como é" em muitos casos é um engano ou uma mentira. Temos de nos conformar com muito daquilo que não nos agrada. Há áreas de nossa personalidade, características ou particularidades físicas que são parte de nós e que não podem ser modificadas — ou somente à custa de esforços imensos.

Os pessimistas tiram disso a conclusão "Eu *tenho* de continuar a ser como sou!"

Os otimistas, no entanto, constatam, aliviados: "Eu *posso* continuar a ser como sou!"

Capítulo 3

"Como *vocês* me querem?"
"Como *eu* me quero"

Um convite à resistência

"Se não houvesse a palavra 'se', meu pai seria milionário." Minha mãe, uma mulher nascida na Westfália, de grande senso de humor e de respostas prontas para tudo, possuía um grande tesouro de ditados que usava na minha educação, de maneira mais ou menos intencional. O ditado acima era aplicado sempre que eu ficava zangada ou insatisfeita. *Se* eu não tivesse caído da bicicleta, *se* o meu cabelo fosse mais comprido, *se* eu possuísse patins, *se* eu não tivesse de fazer a lição de casa... Eram desejos inocentes de criança que estavam vinculados à palavrinha *se*.

Quanto mais eu crescia, mais os desejos do tipo *se* perdiam sua inocência. Então eu passei a dizer, se eu tivesse outros pais, se eu fosse mais rica, se eu fosse mais inteligente e bonita, se eu tivesse uma formação melhor, se, se, se. A voz de deboche de minha mãe perdeu sua força, ninguém mais colocava meu descontentamento em seu devido lugar, ninguém questionava o que seria *se*. Sem encontrar obstáculos, o pensamento do tipo *se* crescia e me levava à crença de que eu seria mais feliz e mais satisfeita, *se*...

Se eu pudesse... A grande maioria de nós conhece bem esse tipo de pensamento. Num seminário de fim de semana que realizei há algum tempo numa instituição educacional na Áustria, pedi aos participantes que completassem por escrito e de modo espontâneo a seguinte frase: "Se eu pudesse escolher,

eu gostaria de ser..." Recebi 68 respostas anônimas. Uma seleção dessas frases mostra que os desejos de mudança são bastante diversificados:
"Se eu pudesse escolher, eu gostaria de ser...

- mais magro (um desejo que sempre tive; mas embora ele seja muito forte, não consigo realizar esse ideal);
- menos complicado na minha maneira de lidar com as pessoas; gostaria de agir de modo mais espontâneo, ser mais extrovertido, dizer o que penso;
- mais seguro de mim mesmo, ter mais senso de humor, ser mais querido, satisfeito, bem-sucedido, esportivo, menos autocrítico, mais ativo sexualmente" — etcetera, etcetera até "gostaria de ser uma pessoa despreocupada", "filho de pais ricos".

Semelhante ao resultado da pesquisa de opinião da *Psychology Today*, apenas uma minoria estava satisfeita consigo mesma. Duas das 68 respostas entregues eram positivas. Uma pessoa escreveu: "No decorrer dos meus cinqüenta anos de vida cheguei à conclusão de que não quero ser outra pessoa." E uma outra completou a frase da seguinte forma: "Se eu pudesse escolher, eu gostaria de ser... eu."

Será que esse grupo era formado por pessoas especialmente descontentes? Não acredito nisso. Entre os presentes havia jovens e velhos, homens e mulheres.

O único ponto no qual o grupo se distinguia da média da população era quanto à religiosidade. Como realizei o seminário numa instituição educacional católica, pode-se supor que a Igreja tenha um papel importante na vida dos participantes. Mas esse ponto seria antes um argumento a favor de um maior contentamento dessas pessoas em comparação com a média, pois eventualmente poderiam encontrar apoio na fé. Isso é apenas uma suposição, pois não indaguei a respeito do seu grau de religiosidade. Mas tenho certeza de que esse grupo não era mais descontente do que todos nós. Muitos de nós querem ser mais esguios, mais queridos, mais serenos, mais bem-sucedidos; muitos gostariam de ter uma visão mais positiva da vida em todos os seus aspectos.

Como o Professor Higgins que ensina Elisa, a pobre vendedora de flores, a eliminar seu sotaque de pobre e a falar de modo correto, nós também esperamos por um "Professor Higgins" que nos ajude a realizar as mudanças desejadas. Dependendo do desejo de mudança, nosso professor particular tem "faces" bem diversas: Ele (ou ela) pode ser cirurgião plástico, nutricionista, psicoterapeuta, conselheiro sexual, astrólogo... Como foi mostrado no capítulo anterior, os apóstolos da mudança se apresentam em papéis muito diversos.

A pesquisa feita entre os participantes do meu seminário mostra que, em todos os nossos esforços de mudança, o objetivo principal é o de ser mais feliz. Quatorze das frases entregues anunciavam de modo lapidar: "Se eu pudesse escolher, gostaria de ser — *feliz*." Mas quando nos sentimos felizes? Quando somos percebidos pelos outros de modo muito positivo. Somos felizes quando os outros nos amam, aceitam, quando não há atritos. Também queremos ter uma aparência bonita e não ser uma pessoa complicada. Não queremos chamar a atenção; não queremos incomodar, nem irritar; não queremos ser um peso para os outros. Queremos ser do jeito como pensamos que são todos os outros. Muitos dos nossos desejos de mudança visam afinar-nos com o padrão aceito pela maioria, para o nosso próprio bem, e na maioria dos casos não temos consciência nenhuma de que, na verdade, se trata de uma acomodação. "Como vocês me querem", é esse nosso lema, e não "Como eu me quero". Em muitas situações, quando supostamente pensamos no nosso próprio bem, na verdade são "os outros" que temos em vista:

- o parceiro que nos quer mais magro ou sexualmente mais ativo;
- as modelos anoréxicas, mas supostamente atraentes, das revistas de moda;
- o colega que aparentemente é mais bem-sucedido do que nós;
- a amiga que é tão querida quanto gostaríamos de ser;
- o membro da família ao qual queremos agradar...

Quando fazemos um esforço para mudar, não importa em que área, deveríamos perguntar a nós mesmos: por que e para quem o faço realmente? Faço-o por minha própria vontade? Faço tudo isso apenas para mim? Veremos que isso raramente acontece. Entre os desejos de mudança há muitos que queremos realizar porque estamos convencidos de que "a gente" tem de ser desta ou daquela maneira para continuar sendo aceito pela sociedade. "A gente" é bonita, "a gente" é magra, "a gente" é controlada, "a gente" é independente, "a gente" é sensual, "a gente" não é tímida, "a gente" tem a obrigação de ser feliz. São sobretudo aqueles pregadores mencionados no capítulo anterior que manifestam um grande interesse em que não duvidemos dessas "verdades". Eles só ganham um bom dinheiro enquanto duram nossos esforços para realizar nossa autonomia, auto-realização e auto-aprimoramento, e enquanto não reconhecemos que não passamos de marionetes num teatro de metamorfoses habilmente encenado.

Nos trechos que seguem, cito alguns exemplos escolhidos para demonstrar o que fazemos para agradar aos outros sem perguntar qual é o preço que temos de pagar por isso. Beleza, magreza, humor, sexualidade, auto-estima — estes são provavelmente os principais campos de batalha de nossa luta por uma mudança positiva, e onde somos torturados por nossa consciência negativa quando não o conseguimos.

- Quanto esforço fazemos para nos aproximar do atual modelo de beleza?
- Quantos regimes estamos dispostos a experimentar?
- Por que consideramos o mau humor, o aborrecimento e outras emoções negativas como motivo de vergonha?

⚜ Por que acreditamos que somos um fracasso sexual, apenas porque nossa freqüência não corresponde àquilo que supomos seja normal?
⚜ Por que nos sentimos autônomos e adultos apenas quando temos a máxima independência em relação às outras pessoas?
⚜ Por que achamos desejável ter um comportamento sempre autoconfiante e sem qualquer dúvida a respeito de nós mesmos?
⚜ De onde vem nossa crença de que os especialistas, os psicoterapeutas, por exemplo, podem resolver nossos problemas e tornar nossa vida mais fácil?
⚜ Por que acreditamos que a felicidade pode ser fabricada?

As respostas a essas perguntas talvez o levem a enxergar seus próprios esforços de aprimoramento sob uma luz diferente. Talvez daqui em diante você não pergunte mais o que "a gente" espera de você, mas procure aquilo que faz bem a você. Aí suas ações não serão mais orientadas pela noção do "Como *vocês* me querem", mas do "Como *eu* me quero".

"Você está se descuidando!" — "E daí?"
Não precisamos sofrer pela beleza

"Estou horrível, hoje!" Logo pela manhã, o primeiro olhar ao espelho já foi o suficiente para acabar com o meu bom humor. O cabelo não cai bem, as rugas estão mais acentuadas do que nunca, a balança enlouqueceu e indica um peso que não pode estar certo de jeito nenhum, o armário está cheio de roupas, mas parece que nenhuma delas me serve, nada combina, tudo fica apertado no quadril ou cai como se fosse um saco molhado. Um horror! Como foi que isso aconteceu? E aí vem ela de novo, a consciência negativa, dizendo que é óbvio que não cuidei da minha aparência.

"Em que situações você não se sente bem no seu corpo?" Uma pesquisa de opinião norte-americana fez essa pergunta a mais de 3 mil mulheres e a mais de 500 homens. As respostas nos são surpreendentemente familiares: depois de ter engordado, disseram 66% das mulheres (37% dos homens); quando não pratico esportes regularmente (44% das mulheres, 36% dos homens); quando vejo minha barriga no espelho (44% das mulheres, 33% dos homens); quando vejo meu rosto no espelho (16% das mulheres, 15% dos homens). E 29% das mulheres vêem-se como pouco bonitas pelo menos uma vez por mês, na época da menstruação.

Não são apenas os números acusados pela balança que têm influência maior sobre as mulheres do que sobre os homens, mas também a opinião do parceiro é mais importante para elas: 44% das mulheres pesquisadas, contra apenas 29% dos homens, se sentem mal quando seu parceiro critica sua aparência.

"Você está se descuidando, você está se descuidando." São sobretudo as mulheres que lembram o texto acusador da canção de Charles Aznavour, quando estão insatisfeitas com sua aparência. As pesquisas mostram claramente que as mulheres se preocupam mais com sua aparência do que os homens e, por isso, são especialmente suscetíveis às promessas de mudança. Não poupam esforços para se embelezar: uma visita à esteticista para fazer limpeza de pele, um regime austero, um novo penteado ou roupas novas — alguma coisa, afinal, tem de ser capaz de transformar este patinho feio num belo cisne. Situações como essas são perigosas, tanto para nossa carteira (quantas peças sem uso se amontoam no nosso armário?) quanto para nossa auto-estima. A revista norte-americana *New Woman* constatou, numa pesquisa realizada com 600 homens e mulheres, que quase a metade de todas as mulheres, mas apenas um terço dos homens, possuía baixa auto-estima. Entre as mulheres, o fator preponderante para uma auto-estima saudável era a satisfação com o próprio corpo e aparência; entre os homens, no entanto, a "satisfação com a boa aparência" não se encontrava entre os quatro fatores mais importantes.

"Isso não pode ser verdade!"
O culto à beleza torna a pessoa tola?

Dizem que, para ser bela, é preciso sofrer, e certamente são poucas as mulheres que não passaram pessoalmente por essa experiência. Uma estratégia popular para combater a aflição de estar insatisfeita com a aparência é uma visita ao cabeleireiro. Um novo penteado certamente levantará a auto-estima abalada. Se temos um cabeleireiro sensato, podemos escapar "ilesas". Caso contrário, a crise de nervos já fica programada de antemão. Não era assim que queríamos ficar, mas como Sharon Stone nesta fotografia!

Não é por acaso que menciono Sharon Stone, pois devo apenas à sensatez da minha cabeleireira ter continuado fiel a mim mesma. Numa fase do tipo "você está se descuidando" marquei um horário com ela, sem saber exatamente o que eu queria. A única coisa que eu sabia era que desejava mudar minha aparência. Queria ficar mais bonita, mais atraente, mais jovem. Enquanto esperava para ser atendida, folheei uma revista de moda. Havia uma série de fotografias dessa atriz, tiradas em diversas épocas: Sharon de cabelo comprido, Sharon de cabelo de comprimento médio, Sharon de cabelo extremamente curto. Não importava o penteado, é claro que essa mulher — naturalmente — estava bonita em todas as fotos.

De repente, com minha auto-estima lá embaixo, comecei a me comparar com Sharon Stone. Se aquele cabelo extremamente curto ficava tão bem nela, talvez fosse o penteado ideal para mim também. Olhei no espelho, olhei para a Sharon sorridente, olhei novamente no espelho — e achei que não éramos tão diferentes uma da outra: claro, ela é loira, eu sou castanha; ela é muito mais jovem do que eu e — com certeza — mais bonita. Mas o formato do rosto, e é ele que importa... Então, vamos cortar esses cabelos horríveis! E que tal tingi-los de loiro? Afinal, Hillary Clinton também se deu bem quando de castanha se transformou em loira, e minha amiga Evelyn, loira-acinzentada, também havia sido morena em épocas anteriores de sua vida...

Quando contei essas cogitações à minha cabeleireira, ela deu um sorriso compassivo. Eu tinha idéia de como o meu cabelo sofreria se fosse tingido de loiro? E além do mais, eu tinha um perfil completamente diferente do de Sharon Stone, e um corte tão curto me envelheceria em vez de produzir aquela aparência de juventude radiante de Sharon. A cabeleireira explicou que a fórmula "cabelo curto rejuvenesce" não vale para todas as pessoas. E acrescentou que seu maior problema eram as clientes que chegavam com a foto de uma modelo ou atriz e exigiam: "É assim que eu quero ficar!"

Num trabalho conjunto conseguimos produzir um penteado razoável. Saí do salão como "eu mesma" e não como Sharon Stone — como eu havia fantasiado, num ataque de criancice. Por algum tempo fiquei novamente satisfeita comigo.

Mas sei que não fiquei imunizada. Sei que essas fases de descontentamento voltam. Já vivi muitas delas e nem sempre havia uma voz de advertência que evitava que, em nome da beleza, eu cometesse tolices dolosas ou dispendiosas.

Quando estava chegando perto dos quarenta anos, por exemplo, eu achava que, para minha idade, tinha muitas rugas no rosto. Estava convencida de ter envelhecido repentinamente nas semanas anteriores devido a uma sobrecarga de *stress* e trabalho. Foi quando ouvi falar de uma esteticista que fazia tratamentos rejuvenescedores da pele com um *peeling* químico. Uma pasta feita de ervas era aplicada sobre a pele, o que causava uma espécie de queimadura; a pele descascava dentro de três a quatro dias e em seguida ficava como nova. Maravilhoso, pensei, sem indagar sobre possíveis conseqüências e, confiante, entreguei meu rosto às mãos da esteticista. Depois de meia hora, quando perguntei, com voz sofrida, se era comum a pele queimar daquele modo infernal, recebi a resposta lapidar: "Tem de queimar um pouco. Parece que você é especialmente sensível, pois até agora nunca tive nenhuma queixa." Finalmente, terminou a tortura e recebi um frasco com "gotas de emergência" ("caso você sinta alguma dor") e o conselho de repetir o tratamento depois de algumas semanas: "Então o resultado fica ainda melhor."

Nos dias que se seguiram, entendi o tormento das pessoas que sofrem queimaduras. Meu rosto parecia ter hibernado debaixo de um aparelho de bronzeamento artificial. Estava queimado e vermelho como um tomate. As dores eram tão fortes que tive de consultar um dermatologista. No quarto dia começou o processo de escamação. Grandes e pequenos pedaços de pele se soltaram e transformaram meu rosto numa colcha de retalhos. Tirei férias e me escondi dentro de casa. Tive vontade de cobrir todos os espelhos da casa, pois cada vez que fitava meu rosto de Frankenstein era invadida por uma raiva feroz. Raiva de mim mesma. Raiva de minha burrice e credulidade sem limites.

É claro que toda essa tortura foi inútil: depois do tratamento eu não aparentava menos idade do que antes, minha pele não ficou mais lisa e minhas rugas continuavam presentes em toda a sua glória. Apenas uma coisa mudou: depois do susto, de repente fiquei satisfeita com minha aparência. Em compensação, sentia vergonha de minha burrice: será que eu realmente havia acreditado que podia fazer uma reforma completa, que podia me transformar numa pessoa mais bonita?

Aprende-se com os erros, diz o ditado. Mas eu sei por experiência própria que nem sempre é assim, pois minha aventura do *peeling* não foi a única do gênero. Alguns anos mais tarde eu estava mais uma vez no fundo do poço de uma das minhas crises de beleza. Novamente era uma esteticista (mas não a mesma) que tinha a solução em suas mãos: maquiagem definitiva! Ter olhos expressivos dia e noite, nunca mais ter manchas de lápis nos olhos, acordar de manhã já perfeitamente maquiada — essa idéia me pareceu muito sedutora naquela fase de baixa auto-estima. Dessa vez pelo menos me informei sobre eventuais dores, perguntando: "E isso não dói?" e me contentei com a resposta tranqüilizadora: "Você sentirá apenas algumas picadas." Nem me assustei com o preço bastante alto para um traço na pálpebra de cima e outro na de baixo. Estava disposta a tudo.

No começo realmente senti apenas algumas picadas e fiquei aliviada. Aos poucos, porém, as picadas transformaram-se em fortes ferroadas; era como se todo um enxame de abelhas tivesse pousado sobre minhas pálpebras e os olhos começaram a lacrimejar. Numa dessas picadas especialmente doloridas instintivamente pisquei os olhos, a agulha escorregou e eu fiquei com uma tatuagem colorida onde normalmente não se usa maquilagem.

Tudo isso aconteceu há alguns anos, o traço nas pálpebras já desbotou um pouco, mas o "escorregão" ainda é visível quando se olha de perto. Essa foi a minha última (e espero definitiva) demonstração de que o desejo de ser bonita deixa as pessoas "tolas". O que restou dos meus deslizes foi a surpresa de que nós, mulheres, tenhamos tanta disposição de permitir que sejamos torturadas em prol da beleza. E fico surpresa com nossa ignorância a respeito das possíveis conseqüências. Antes do tratamento que me causou graves queimaduras eu só conhecia reportagens inofensivas de revistas femininas a respeito do *peeling* químico. Só alguns meses após o tratamento encontrei um artigo que dizia que esse *peeling* "aparentemente não era tão suave e inofensivo como inicialmente foi divulgado nos Estados Unidos". Várias pacientes norte-americanas apresentavam feias cicatrizes, embora os especialistas no assunto houvessem recomendado tal mistura como especialmente suave. Parece que eu, afinal, tinha tido sorte! Mas o artigo também não trouxe nenhuma advertência inequívoca contra esse procedimento.

"O que os olhos vêem, o coração sente!"
Exemplos da mídia e da ilusão de que tudo é possível

Em comparação com muitos outros tratamentos de beleza, *peelings* químicos e maquilagem definitiva ainda são intervenções bastante inofensivas. E também o tratamento para combater a celulite ao qual minha amiga Heide se submeteu, que na verdade era apenas caro. A estimulação eletromagnética do tecido "alisaria a laranja", foi a promessa charmosa de seu dermatologista. No fim, a conta bancária de Heide estava alisada em mil marcos, enquanto era preciso muito boa vontade e uma luz especialmente favorável para observar alguma melhora nas suas coxas.

Menos inocente do que tudo isso, no entanto, é o conselho de cirurgiões plásticos de fazer uma pequena plástica já aos 40 anos de idade. Nos Estados Unidos, mulheres (e também homens) parecem estar seguindo esse conselho, pois a média etária das pessoas que se submetem a uma cirurgia plástica diminuiu de 55 para cerca de 40 anos. Entre 1989 e 1994, o número de cirurgias de *lifting* facial aumentou em 178%. Segundo noticiou a American Academy of Facial Plastic and Reconstructive Surgery, 43% dessas intervenções foram realizadas em mulheres entre 30 e 49 anos de idade.

O cirurgião plástico prof. Wolfgang Mühlbauer, de Munique, vê vários aspectos muito positivos na tendência de fazer cirurgias plásticas cada vez mais precoces. "Nesses casos basta uma intervenção pequena, relativamente invisível, que pode ser facilmente repetida cinco ou seis anos mais tarde. Desse modo, pode-se retardar consideravelmente o processo de envelhecimento, pelo menos no que diz respeito à aparência externa."

A cirurgiã plástica dra. Angelika Biewener também declarou à revista *Cosmopolitan* (1/1997) que a idade ideal para um cirurgia plástica do rosto seria por volta dos 40 anos. A todas aquelas que já chegaram a essa idade, a redação da revista dá informações úteis: "Como se reconhece uma cirurgia bem-sucedida? Respostas sérias podem ser obtidas pelas associações de médicos e na Sociedade Alemã para a Cirurgia Plástica e de Reconstituição..." Onde fica a indagação sobre os riscos?

Quando os riscos das cirurgias plásticas são mencionados, a crítica em geral é vaga ou ambivalente. A jornalista Renate Scholz, por exemplo, descreve a cirurgia plástica facial realizada por um determinado cirurgião como um assunto para "mulheres com muita coragem para se tornarem bonitas". Essa cirurgia transforma todo o rosto "e cria uma verdadeira obra de arte (portanto não só estica a pele, mas esculpe cirurgicamente todos os pontos onde a natureza precisa ser corrigida)". Fica a critério do cirurgião e de seus ideais de beleza decidir onde a natureza precisa de correções. Pode até acontecer de criar "um rosto feminino tão atraente que a mulher assim embelezada poderia facilmente trabalhar como dublê de Liz Taylor..."! Com essa afirmação positiva, a cirurgia perde seu horror e ficamos tentadas a também ter nosso rosto esculpido à perfeição, apesar da menção da "coragem" necessária para fazê-lo.

Parece que as mulheres têm coragem demais quando se trata de beleza. A consciência negativa que nos acusa de não cuidarmos o suficiente da nossa aparência nos leva regularmente a perfumarias, a *spas*, academias de ginástica e clínicas de emagrecimento e um número cada vez maior de mulheres também às mesas de operação dos cirurgiões plásticos. Os seios são diminuídos ou aumentados, a gordura é aspirada, narizes são modelados, lábios aumentados e injeções fazem desaparecer as rugas nasolabiais. "É possível chegar à perfeição física", afirma Lily Burana num artigo da *New York Magazine*, "tudo de que se precisa são 20 mil dólares e um sonho!" Aparentemente há cada vez mais mulheres (e também um número crescente de homens) dispostas a esvaziar sua conta bancária para realizar esse "sonho". De espontânea vontade submetem-se a cirurgias dolorosas e freqüentemente arriscadas, impulsionadas pelo desejo de não continuar do jeito que estão. "Diminuiu a resistência em relação a este tipo de cirurgia", explica o prof. Mühlbauer. "Os meios de comunicação fizeram uma ampla divulgação dessa opção e hoje todos conhecem o exemplo de pessoas que se submeteram a uma cirurgia plástica. Isso anima, e há cada vez mais pessoas com as condições financeiras necessárias para se submeter a uma dessas cirurgias."

Um pouco menos otimista é o teor da declaração da supermodelo Beverly Johnson: "Na nossa profissão, as roupas são mais bonitas quando ainda estão penduradas nos cabides. Isso faz com que tenhamos de nos esforçar para ficar parecidas com cabides. Eu mesma tomei medidas extremas para perder peso. Acabei sofrendo de bulimia e cheguei mesmo a ficar anoréxica [...] Dentro de pouco tempo, minha filha de treze anos poderá ser vista como modelo na *Vogue*. Ela pesa menos de 50 quilos e usará um vestido criado para mulheres de 35 anos. Realmente não é justo. A auto-estima das mulheres sofre muito com isso, pois elas se colocam metas que não poderão ser atingidas. Acredito que seja por isso que tantas mulheres estão dispostas a se submeter a cirurgias plásticas."

Por diferentes que sejam as avaliações das cirurgias plásticas nessas duas declarações, há um ponto em que a modelo e o cirurgião concordam. Sem os meios de comunicação que, por um lado, nos mostram o ideal de beleza de hoje e, por outro, nos informam a respeito de métodos para atingi-lo, provavelmente estaríamos mais satisfeitos com nossa aparência. Ficaríamos menos preocupados com as rugas e a gordura se os meios de comunicação não nos mostrassem o tempo todo aqueles corpos e rostos ideais, e com eles os conselhos para nosso aperfeiçoamento. Se não soubéssemos nada sobre as numerosas possibilidades de deter o processo de envelhecimento de nosso corpo, provavelmente nem pensaríamos nisso.

A revista norte-americana *Psychology Today* (2/1997) escreve: "Não se pode mais negar que a aparência das modelos dos meios de comunicação exerce um efeito pernicioso sobre a auto-imagem das mulheres." Numa pesquisa de opinião realizada entre 1996 e 1997 pela revista *Psychology Today*, e, com a participação de 3.452 mulheres e 548 homens, 43% das mulheres (mas apenas 28% dos homens) declararam sentir uma forte insegurança em relação ao próprio peso por causa daqueles modelos "extremamente magros e musculosos". E 48% das mulheres afirmaram que as modelos supermagras despertavam nelas o desejo de emagrecer e de se aproximar desse "ideal".

Todavia, há uma luz no horizonte: 34% das mulheres entrevistadas mostraram-se aborrecidas com os "cabides" magérrimos e a mensagem transmitida por elas.

Não só modelos glamourosas, mas também as mulheres sérias dos meios de comunicação servem de parâmetros em matéria de beleza, mesmo que "no fundo" desempenhem um papel bem diferente. As mulheres da televisão, via de regra, são jovens de uma beleza neutra. Enquanto os homens apresentam uma grande variedade de aparências, as mulheres na televisão geralmente correspondem ao ideal de beleza vigente. Além do mais, os papéis são claramente distribuídos, como foi constatado por um estudo psicológico. Em todas as áreas (filmes de ficção, seriados familiares, programas de perguntas e respostas, documentários e noticiários) as mulheres estão em posições pouco interessantes, de segunda categoria, enquanto os homens estão no comando. Com seu comportamento, as mulheres emitem sinais de submissão e inferioridade, enquanto os homens podem ser ativos, dominantes e mesmo agressivos. Essa distribuição de papéis na televisão já começa com as meninas. "São esguias ou magras, têm cabelos de comprimento médio a longo, raramente usam óculos, têm uma aparência bem-cuidada, mas natural, e são esportivas... Distinguem-se das mulheres pelo fato de serem *mais* jovens", assim se expressa Elke Stolzenburg, a comunicadora de mídia no centro de mídia de Munique, descrevendo as "Girlies" da TV. E as moças, a exemplo das mulheres adultas da televisão, também mostram "inferioridade, submissão e respeito diante dos rapazes e homens, sorrindo, por exemplo, em vez de olhar fixamente, dando passinhos em vez de caminhar a passos largos, desviando-se dos homens quando andam e emitindo sinais visuais e gestuais de admiração".

As mulheres nos meios de comunicação — apesar de toda a emancipação — são, em primeiro lugar, bonitas e adaptadas. Parece, no entanto, que outros valores como a inteligência, a capacidade de se impor e a competência são menos importantes. Isso acarreta graves conseqüências para a auto-estima da mulher mediana absolutamente normal. O psicólogo Alan Feingold da Universidade Yale, em New Haven, analisou a evolução durante os últimos 50 anos, em relação ao tema "Beleza e imagem corporal" e constatou: o número de mulheres que se avaliam como pouco bonitas e estão insatisfeitas com seu corpo aumentou "drasticamente" nos últimos anos. Ao mesmo tempo, houve um crescimento nítido do número de mulheres com graves distúrbios alimentares. É evidente que nos últimos 50 anos, as mulheres sofreram pressões cada vez maiores para se adaptar ao ideal de beleza vigente. Entre os homens, Feingold não constatou nenhum aumento comparável do descontentamento com a aparência.

A aparência faz parte do nosso "dote". Aos gens de nossos pais e demais antepassados devemos o cabelo loiro, os olhos castanhos, os músculos fortes. A aparência, portanto, faz parte daquelas áreas nas quais nossas possibilidades de modificação são muito limitadas. É claro que podemos tingir o cabelo, usar penteados curtíssimos ou longos. Com a ajuda de lentes de contato podemos modificar a cor dos olhos e é possível ficar mais bonita com uma maquiagem bem-feita. Mas se o criador deixou nosso nariz comprido demais, os cabelos muito finos, as pernas curtas em relação ao torso, então não tem muito sentido lutar no campo da beleza. As cirurgias plásticas abrem muitas possibilidades, mas não são a solução para tudo. O preço — financeiro, mas sobretudo relativo à saúde — é alto demais. Quem tem o bom senso de se recusar a pagar esse preço, tem de ficar do jeito que é. Nada podemos fazer quanto à nossa ossatura, o quadril largo, o queixo acentuado e os pés grandes.

"Pessoas bonitas não têm uma vida mais fácil"
Mais vale o respeito que a admiração

Não podemos modificar quase nada que pertença ao nosso dote genético. O que podemos mudar é a visão que temos de nós mesmos. Quem diz que o queixo acentuado e os pés grandes são feios? O fato de não coincidir com a beleza mostrada na mídia não significa absolutamente que sejam feios. Na maioria dos casos, quem decide o que é "não atraente" em nós somos nós mesmos. Ao olhar do observador, o supostamente feio pode ter um encanto especial. Por que não acreditamos, para variar, na pessoa que nos quer bem, quando nos assegura que acha sensual a barriguinha que queremos eliminar de qualquer jeito por meio de exercícios físicos? Por que não confiamos que nosso rosto, chamado de "interessante" por outras pessoas, talvez não seja bonito, mas possui um charme próprio?

Se negamos qualquer atrativo às nossas particularidades físicas, é muito provável que façamos parte do grupo muito grande de pessoas que sofrem do complexo de feiúra. A ciência chama a esse fenômeno de "dismorfofobia" e o Manual Diagnóstico para Distúrbios Psíquicos descreve da seguinte maneira as pessoas acometidas por ele: "A característica principal desse distúrbio é a preocupação constante com algum defeito imaginário da aparência física, mas que não existem na realidade. As queixas mais freqüentes referem-se a defeitos faciais, como rugas, manchas na pele, excesso de pêlos, formato do nariz, da boca, do queixo ou das sobrancelhas." Todas as pessoas acometidas pelo medo da feiúra têm em comum que "a preocupação é altamente exagerada".

Para combater esse "complexo de feiúra" deve-se reconhecer, por exemplo, que por trás do desejo de "ser mais bonito" geralmente há uma falsa esperança. O cirurgião plástico californiano Michael McGuire reconheceu que um número cada vez maior de seus pacientes faz cirurgias corretivas porque espera com elas solucionar outros problemas. "As pessoas acreditam que, se seu nariz for perfeito, podem salvar o casamento ou ganhar uma promoção no emprego."

Parece que não sabemos mais lidar com os nossos problemas. Perdemos o controle da nossa vida e esperamos recuperá-lo com o controle sobre o nosso corpo. "Se eu fosse mais bonito e mais magro, então..."

Muitas vezes nem sequer nos damos conta da esperança concreta que vinculamos a uma aparência atraente. Mas certamente somos influenciados pela velha idéia de que pessoas bonitas têm mais facilidades na vida. Mas na realidade não é assim. Numerosas pesquisas psicológicas dos últimos anos comprovaram que a beleza traz poucas vantagens, além do mais, bastante efêmeras.

- Homens atraentes têm mais facilidade para encontrar um emprego do que os menos atraentes. Para as mulheres, entretanto, uma aparência atraente só é vantagem quando solicitam um emprego que não seja de liderança. Quanto mais alta a posição dentro da hierarquia, menores são as chances das pretendentes bonitas. Elas são classificadas como "femininas" demais e, conseqüentemente, como incompetentes. Preferem-se as mulheres não atraentes, possivelmente consideradas menos femininas e, por isso, mais capacitadas.
- A aparência atraente também exerce um efeito inibidor sobre a promoção profissional das mulheres. Um estudo apresentou a estudantes de economia as comprovações de eficiência e fotografias de diversas pessoas. Os estudantes de sexo masculino e feminino deveriam avaliar se a respectiva pessoa seria indicada para uma promoção. Em casos de desempenhos equivalentes, mulheres atraentes eram indicadas para a promoção com uma freqüência nitidamente menor do que as não-atraentes.
- Quando elas têm a chance de comprovar sua competência, o desempenho de mulheres atraentes geralmente é atribuído a outros fatores, externos, e não às suas capacidades. O desempenho de homens atraentes, no entanto, é exclusivamente atribuído a suas capacidades e seu conhecimento.
- Pessoas bonitas não possuem maior auto-estima, não são mais inteligentes, não têm mais (antes menos) bons amigos, não são mais saudáveis, e não se sentem mais seguras quanto a sua aparência. Por outro lado, pessoas que se consideram atraentes com base numa forte auto-estima (embora não o

sejam segundo parâmetros objetivos), possuem exatamente aquelas características que normalmente atribuímos às beldades. Por exemplo, um estudo psicológico revela que as mulheres que se achavam bonitas, mas não o eram segundo critérios objetivos, mostraram características de personalidade mais positivas do que as mulheres realmente bonitas. Sua auto-imagem positiva lhes proporcionava uma auto-estima elevada, e tinham mais energia e menos medo do que suas colegas objetivamente bonitas. Mulheres bonitas sem a consciência de sua beleza, no entanto, tiravam muito menos proveito de sua aparência.

- Pessoas bonitas não são necessariamente pessoas felizes. Isso foi confirmado pelos estudos do pesquisador da felicidade Ed Diener da Universidade de Illinois. Ele elaborou um questionário para determinar o bem-estar subjetivo de estudantes universitários de ambos os sexos, fotografou-os e examinou eventuais relações entre sua aparência e seu grau de contentamento. Não encontrou o que procurava: pessoas classificadas como atraentes com base nas fotografias não eram mais felizes do que os participantes menos bonitos. Uma entrevista posterior revelou que os participantes pouco atraentes achavam que a aparência tinha pouca importância na realização de suas metas.

- Os resultados desses testes fazem com que as pessoas muito bonitas percam suas ilusões, mas encorajam todas as outras pessoas. E há ainda um outro consolo para os menos favorecidos pela natureza. O ditado alemão segundo o qual "cada pé doente encontra seu chinelo velho" foi confirmado numa pesquisa na qual os retratos de um anuário de colégio foram avaliados segundo o critério da beleza. Cada um dos rostos foi escolhido como sendo o mais bonito por pelo menos um dos participantes! Portanto, ficou confirmado mais uma vez que a beleza está nos olhos de quem a contempla.

- Há um outro estudo psicológico que pode eliminar nosso medo do envelhecimento mostrando que a atração erótica continua existindo, apesar das rugas e dos quilos a mais acumulados nos quadris. Homens e mulheres na faixa etária de 24 a mais de 50 anos foram entrevistados a respeito da atração erótica do cabelo branco, de rugas, óculos, quadris largos e uma aparência madura e decorosa. Como era de se esperar, os entrevistados mais jovens não se sentiam nem um pouco atraídos por tudo isso. Os mais velhos, todavia, achavam bastante eróticos os sinais físicos da passagem do tempo. Sobretudo homens e mulheres que viviam relacionamentos satisfatórios e estáveis, sentiam-se atraídos sexualmente pelas características de um corpo maduro. "O amor não enxerga com os olhos, mas com a alma," disse Shakespeare.

A beleza não é necessária para saber lidar bem com as coisas da vida, segundo a mensagem tranqüilizadora das pesquisas psicológicas. Mesmo assim não é fácil fazer as pazes com nossa aparência. Sobretudo as mulheres guardam a crença profundamente enraizada de que a beleza é uma característica de qualidade. A autora feminista Christina Thürmer-Rohr escreveu: "O objetivo do desenvolvimento não é: torne-se uma pessoa completa, aprenda a agir, conquiste conhecimento e poder, encha-se de vida e do mundo, tome o seu lugar e afirme-se, seja dona de si mesma." Em vez disso, o objetivo do desenvolvimento para as mulheres é o seguinte: "Seja bonita – se for absolutamente necessário, também bem-sucedida – mas sobretudo adaptada."

É verdade que há tempo as mulheres começaram a redefinir a meta de seu desenvolvimento. Passaram a se afirmar e conquistaram o conhecimento (em 1996, pela primeira vez, havia mais moças do que rapazes inscritos nas universidades). O poder, no entanto, continua sendo um ponto difícil. As mulheres ainda não chegaram aos cargos mais importantes – a grande maioria das posições de relevância na direção da ciência, economia e política ainda é ocupada por homens. É possível que um dos motivos – ao lado de muitos outros – seja que desperdiçamos muito tempo e energia cuidando da nossa aparência...

"Ainda bem que conversamos sobre isso!"
Medidas contra o stress *da beleza*

Seria pouco realista supor que abandonemos totalmente a preocupação com nossa aparência, e passemos a cuidar exclusivamente das coisas realmente importantes. Sempre teremos fases de insatisfação com nós mesmas quando nos sentimos feias e pouco amadas. Em situações como essas, não adianta lembrar que somos vítimas da ditadura social da beleza e que pessoas bonitas também sofrem.

Mas o que poderia nos ajudar quando mais uma vez afundamos na fase do "Você está se descuidando"? É muito importante lembrar que não devemos marcar horário no cabeleireiro, fazer compras caras nem tomar qualquer providência drástica em relação à beleza. Espere essa fase passar e verá que geralmente também desaparece o desejo de fazer mudanças radicais. Nessas épocas marcadas pelo desgosto, em vez de ceder a reações apressadas é mais útil ter uma conversa com alguém que sabe o que estamos passando, ou seja, com uma outra mulher.

Durante anos, fui membro de uma academia de ginástica para mulheres. Freqüentemente, exercitávamos não apenas os músculos, mas também a autoestima. Todas se lamentavam de seus problemas de beleza, e nos consolávamos mutuamente a respeito de nossos pontos fracos ou... gordos. A experiência concreta de que inúmeras mulheres sofrem do complexo de feiúra imaginária cria solidariedade e consolo. Solidariedade, porque nos colocamos no lugar da outra e ficamos furiosas que ela se rebaixe tanto. Consolo, porque vemos no exemplo da outra mulher que o problema físico não é tão grave assim. Quando ela se queixa de suas coxas grossas e nós nem conseguimos imaginar do que ela está falando, talvez possamos considerar se realmente é verdade que nossos seios são pequenos demais. "Lamúrias" entre mulheres (veja também o capítulo "Não quero me queixar") nos ajudam a adquirir uma auto-imagem mais realista, muito embora, vários anos atrás, a feminista holandesa Anja Meulenbelt tenha feito a observação crítica de que as mulheres seriam como "um balde de camarões que só se sentem bem quando podem se esconder uns sob os outros". É claro que esse perigo existe, quando as lamúrias não terminam numa reconciliação com nós mesmas. Mas compartilhar as preocupações sobre beleza com "irmãs" benevolentes costuma trazer alívio, algo que Claire Bretécher captou muito bem num dos seus cartuns:

Uma mulher visita uma amiga que está sentada à mesa da cozinha, e lhe conta o seguinte:

Você se reconheceu? Aposto que sim. As mulheres costumam ter conversas desse tipo. Mas raramente têm consciência de que, ao compartilhar seus problemas de beleza, podem livrar-se da ditadura dos padrões de beleza. A primeira pessoa a saber de seus problemas e medos é a sua esteticista, mas ela não é a interlocutora ideal. Ela quer lucrar com essa nossa luta pela beleza e sempre recomendará algum remédio ou método novo. Em vez disso, deveríamos conversar umas com as outras — com amigas, colegas, na ginástica. Juntas podemos reconhecer como são absurdos muitos dos nossos desejos relativos à beleza, e podemos lembrar que há coisas mais importantes a fazer e pensar. Podemos ensinar umas às outras a ter mais respeito pelo próprio corpo. Pois é isso que nos falta na hora das reclamações.

Num estudo norte-americano, 350 mulheres responderam à seguinte pergunta: "Você sabe que é importante praticar esporte. Então, por que não o faz regularmente?" Ao lado de respostas óbvias como "É muito chato" ou "Não tenho tempo", a pesquisa revelou o verdadeiro motivo da "preguiça" feminina: "Não adianta nada mesmo", "Comigo nem vale a pena tentar", responderam muitas das mulheres, mostrando uma auto-estima profundamente corroída. Essas mulheres se comparavam às professoras superesguias dos cursos de aeróbica ou com as Jane Fonda com seus vídeos de ginástica que querem animar as mulheres comuns a fazer mais exercícios. A comparação é frustrante. A idéia de que "Nunca vou ficar igual a ela, não importa o que eu faça" acaba imediatamente com qualquer boa resolução e nos deixa de mau humor.

Expectativas pouco realistas destroem nossa auto-estima. Mostram que carecemos de respeito pelo próprio corpo, por sua individualidade e seu charme particular. Ofendemos a nós mesmas quando elegemos como ideais de beleza aquelas "imagens de raio X" (é assim que, no seu romance *Fogueira das Vaidades*, Tom Wolfe chama as mulheres excessivamente magras), enquanto só temos palavras depreciativas para nós mesmas. Além do mais, estamos ofendendo nossa inteligência. Afinal, o que nos fez acreditar que é desejável ficar tão bem-condicionada e esguia como Jane Fonda ou Kate Moss? Acreditamos realmente que essas mulheres são mais felizes do que nós? A cientista Peg Jordan entrevistou os gurus femininos da beleza e constatou: "Elas admitem que estão deprimidas e insatisfeitas porque não têm uma vida de verdade." Nenhuma das beldades entrevistadas por ela leva uma vida "equilibrada". Todas se queixam da luta constante pelo corpo perfeito. Por exemplo, Jane Fonda: "Quando Ted e eu voltamos para casa depois de uma caminhada de cinco ou seis horas, ele se deita e assiste televisão. Eu, no entanto, continuo treinando durante mais uma hora na esteira ou na bicicleta ergométrica, e depois trabalho mais 45 minutos com pesos." Peg Jordan perguntou a Jane Fonda se isso não era um pouco exagerado. "Sem dúvida, mas tenho de fazer isso."

Queremos ter uma vida assim? Não. Consideramos desejável um corpo como aquele de Jane Fonda? Sim. Portanto, temos de decidir se queremos viver ou sofrer. Querendo uma coisa sem querer a outra, ficamos divididas entre o desejo e a realidade. Podemos resolver esse conflito desenvolvendo mais respeito pela realidade.

Uma pesquisa norte-americana feita entre mulheres jovens, brancas e negras mostra a importância de respeitar a própria aparência. As mulheres brancas entrevistadas pelos psicólogos da Universidade do Arizona não aceitavam o próprio corpo. Estavam insatisfeitas com sua aparência e seu peso: 90% das entrevistadas queriam ser diferentes, sobretudo mais magras; 62% admitiram ter feito pelo menos uma dieta no ano anterior.

As respostas das jovens negras eram totalmente diferentes: 70% se mostravam inteiramente satisfeitas com o próprio corpo. Mesmo moças com peso nitidamente acima do normal descreviam-se como felizes. 64% até mesmo achavam que era melhor carregar alguns quilos a mais nos quadris do que ser magra demais. Uma pessoa era considerada demasiadamente gorda apenas quando ocupava dois assentos no ônibus.

As jovens negras sentiam orgulho de sua aparência e estavam convencidas de que esta podia melhorar mais ainda no decorrer dos anos. Dois terços achavam que as mulheres ficam mais bonitas com a idade, citando o exemplo de suas próprias mães. Suas colegas brancas, no entanto, não viam motivo nenhum para se orgulhar das mães e de sua aparência. Talvez tivessem sido bonitas, mas agora estavam velhas.

O que as jovens entendiam por "bonito"? A resposta das brancas era inequívoca: uma mulher é bonita quando tem aproximadamente 1,70 metro de altura e não pesa mais do que 50 ou 55 quilos. As afro-americanas mostravam um gosto totalmente diferente: uma mulher deve ter quadris cheios e coxas grossas para ser considerada bonita. Mas a beleza verdadeira de uma mulher consistiria na "vibração certa".

Qual é a origem dessas diferenças tão marcantes? Entre os negros, um corpo cheio é sinal de saúde e fertilidade e é encarado como bonito. As brancas, todavia, desde meninas brincam com as bonecas Barbie, supermagras, e já aprendem que "mamãe está de regime". Está plantada a semente que brotará, no mais tardar, na puberdade. E há ainda mais um aspecto: a luta dos negros pela igualdade de direitos, seu grito de guerra *"black is beautiful"* alimentou o respeito dos negros por eles mesmos. Muito cedo eles aprendem que, num mundo dominado pelos brancos, não conseguirão progredir se tiverem uma auto-imagem negativa. Avaliações e pensamentos negativos influenciam a auto-estima e também emitem sinais ao ambiente que dizem: "Não tenho valor nenhum."

Quando sobrevier o próximo ataque de "complexo de feiúra" e quisermos pôr fim a essas conversas negativas com nós mesmas e calar a voz da consciência negativa, deveremos parar de sofrer em silêncio e de cair na sedução dos apóstolos da mudança e de remédios absolutamente inúteis. Nada contra um tratamento cosmético agradável, nada contra uma visita ao cabeleireiro quando estamos mais ou menos em paz com nós mesmas. Quando nossa autoimagem está debilitada, no entanto, precisamos de algo diferente. Precisamos de encorajamento e da confirmação de que a personalidade não consiste num invólucro bonito, mas em características que pouco têm a ver com nossa aparência: coragem, força, auto-estima, conhecimento, competência, empatia e muito mais. Precisamos de uma pessoa que nos sacuda sempre que nos sentimos como uma casa caindo aos pedaços precisando de reformas urgentes. Precisamos de alguém para nos lembrar que temos de ter respeito por nós mesmas.

Depois de uma conversa desse tipo, chegaremos, então — espero —, à mesma conclusão das amigas dos quadrinhos de Claire Bretécher: "No fundo eu não ligo para a minha aparência." Juntas podemos então decidir: "As tentativas de ficar mais bonitas podem esperar até amanhã."

"Segunda-feira começo meu regime" — "Mas com *chantilly*, por favor!"
Bons motivos para continuar "gordo"

"Segunda-feira começo meu regime..." Quantas vezes já ouvi essa frase e quantas vezes eu mesma a pronunciei. Depois de um fim de semana prazeroso, quando perdemos o controle depois de passar fome durante várias semanas, levamos um susto ao subir na balança... ficamos dispostos a tudo. "Daqui em diante, apenas suco — por três dias"; "De manhã abacaxi, no almoço alface, no jantar frango, sem nenhum acompanhamento"; "Duas refeições por dia, à noite nada ou, no máximo, uma maçã"; "Regime de grãos, comprado na farmácia". Quase todas nós temos alguma "maneira milagrosa" para nos livrarmos rapidamente de nossos pecados alimentícios. Joschka Fischer, líder do partido Verde no Parlamento alemão, fez o "Regime Toscana", passando fome até diminuir seu peso de 110 para 83 quilos: durante o dia só comia frutas, à noite, pão branco. Peixe e verduras ou outras delícias sensatas eram permitidas apenas depois de uma penitência antecipada na academia de ginástica.

"Quando de manhã ouvimos um grito no nosso apartamento, ninguém precisa se surpreender ou se assustar: mamãe subiu na balança", relata um estudante de 13 anos na revista *Eltern* (2/97). "Quando minha mãe resolve emagrecer, é pior do que a época da faxina anual. Tudo fica de cabeça para baixo. Quando volto da escola, não tem nenhuma refeição de verdade", completa uma menina de 14 anos.

É claro que "a mamãe" e todas nós, a despeito de qualquer resolução de fazer regime, acabamos comendo. Mais cedo ou mais tarde perdemos o "controle", devorando tudo o que, "no fundo", está expressamente proibido: pãozinho com salame, torta gordurosa de ricota, ovos com *bacon* ou um pacote de balas. É claro que não conseguimos curtir esses "pecados". Como nossas mães no passado, ao ter relações sexuais antes do casamento, "depois do pecado" sofremos a mesma tortura de nossa consciência negativa. Se pelo menos eu não tivesse...!

"Ontem eu fiz algo absolutamente terrível", conta uma de minhas amigas. "Você expulsou seu marido de casa, assassinou alguém, foi pega roubando?", perguntei diante de sua expressão séria. "Oh, não", ela dá a entender que não é nada disso, "muito pior. Você sabe, sou fã de John Travolta e ontem a televisão mostrou quatro de seus filmes um após o outro. O que você acha que eu fiz! Comi uma caixa tamanho família de sorvete de chocolate com *chantilly*!" "E daí?", perguntei, decepcionada. Estava esperando algo mais interessante. "Mas estou de regime. Agora está tudo perdido. Tenho de recomeçar do zero. Tenho raiva de mim mesma quando fico assim, tão descontrolada. Hoje só vou comer frutas, o dia todo." Não escapamos do castigo quando desobedecemos às nossas próprias regras de alimentação.

A voz da consciência negativa fica especialmente sonora e implacável quando se trata do nosso peso. "Os alemães não conseguem ter prazer", constatou uma pesquisa de opinião, realizada pelo instituto londrino de pesquisa de mercado "Harris Research" entre 4 mil adultos. As perguntas giraram em torno dos hábitos relacionados com a comida, com a bebida e com o lazer. Quando nos presenteamos com algo bom, sempre sentimos um peso na consciência, revelaram os resultados do instituto londrino. Nenhum outro povo europeu tem tantos sentimentos de culpa quanto os alemães, afirma o organizador do estudo, prof. David Warburton.

Há pouco tempo, uma jovem contava no "Sportstudio"* que, nos últimos anos, havia emagrecido 33 (!) quilos com a ajuda de um regime alimentar e exercícios físicos. Se tivesse dito que recebera um pedido de casamento de Robert Redford, não teria chamado tanto a atenção de todas as mulheres presentes. "Como conseguiu?" – "O que você comeu?" – "Que regime você fez?" – "Como consegue manter seu peso?" Todas faziam perguntas querendo participar do segredo daquela mulher bem-sucedida. Será que ela sabia algo que nós ainda não descobrimos? Será que ela havia encontrado a chave secreta do peso ideal?

Que decepção quando ela respondeu: "Mil calorias por dia, academia de ginástica três vezes por semana, nada de doces, nada de álcool, muitas frutas, legumes e verduras." Nada de novo, portanto, nenhum código secreto para decifrar o segredo do regime. No fundo sabemos que não existe nenhuma receita secreta. E não obstante nos agarramos à esperança. Estamos obcecadas

---

* Programa de TV dedicado aos esportes.

pelo desejo de ter um corpo diferente. E estamos dispostas a esforços enormes para aproximar nosso corpo desse padrão ideal.

Numa grande pesquisa de opinião de *Psychology Today*, 84% das mulheres e 58% dos homens admitiram fazer regimes regularmente. Dentre os entrevistados, 445 mulheres e 22 homens, sem revelar o nome, confessaram que provocavam vômitos pelo menos uma vez por semana para manter o peso, e cerca de 50% das mulheres e 30% dos homens admitiram usar nicotina para controlar o peso. Aparentemente há muitas pessoas dispostas a arriscar a saúde para emagrecer. E não pára por aí. Para atingir o peso ideal, algumas seriam capazes até de fechar um pacto com o diabo do emagrecimento, trocando o corpo esguio por uma parte do tempo de vida. 15% das mulheres e 11% dos homens sacrificariam cinco anos de sua vida para ter o peso ideal; 24% das mulheres e 17% dos homens poderiam imaginar dar três anos de vida em troca do corpo esbelto.

Melhor morto que gordo — não há modo mais drástico para expressar a loucura da nossa luta pelo corpo ideal.

"Melhor morto que gordo?"
Excessos da obsessão com o emagrecimento

"Procuro pílulas de emagrecimento ou outras alternativas para controle de peso (por exemplo, *bypass* gástrico)", lia-se na seção de classificados de um jornal diário da Alemanha — e infelizmente ele ou ela deve ter encontrado o que procurava. Pois dizem que ela já existe, a pílula de emagrecimento.

Entre 1988 e 1991, o comércio por reembolso postal na Alemanha vendeu um total de 680 mil caixas dessas supostas "pílulas de emagrecimento" a 343 mil cidadãos crédulos. Os textos publicitários garantiam aos interessados que poderiam perder até 15 quilos em poucas semanas com a ajuda das pílulas e sem qualquer ginástica ou regime alimentar. Depois do desmantelamento do embuste, o tribunal descobriu que as pílulas comprovadamente nada mais eram do que uma mistura de cascas de limão e laranja, e eram "totalmente inadequadas" para diminuir o peso.

Nos Estados Unidos, todos os anos são vendidas pílulas de emagrecimento no valor total de 200 milhões de dólares, e a ciência trabalha febrilmente no desenvolvimento da droga definitiva, capaz de derreter a gordura do corpo sem qualquer efeito colateral e com garantia total. Raras são as vozes céticas que advertem sobre os perigosos efeitos colaterais desses produtos (diarréia, sonolência, enjôo). A idéia da pílula emagrecedora é por demais sedutora.

Embora certas partes do corpo resistam a qualquer regime alimentar (por exemplo, coxas "grossas" ou o que se chama de "culote"), para elas também existe um remédio. É extraído da casca da árvore africana Yohimbé, e originalmente era comercializado como remédio para aumentar a potência sexual. Médicos franceses descobriram um efeito colateral muito bem-vindo: a droga *Yohimbine* não só aumenta a libido, mas também emagrece. "Não se pode emagrecer de modo mais prazeroso", proclamou o relato eufórico da revista *Petra* (12/95).

Quem não quiser ir até a França, pode pedir a seu médico que lhe receite uma outra pílula de emagrecimento. *Redux* é o nome do produto que os especialistas consideram como uma nova geração entre as pílulas milagrosas. O agente ativo da pílula milagrosa *Redux* (Dexfenfluramina) provocaria supostamente uma substancial redução do apetite com uma redução de peso de mais de dois quilos por semana. É claro que o *Redux*, como todos os outros "remédios milagrosos", traz graves inconvenientes. Entre os efeitos colaterais conhecidos estão a sonolência, a diarréia, o enjôo, a alta pressão pulmonar. Além do mais, há indícios de que é impossível manter o peso baixo interrompendo o uso da droga.

Parece que ainda não existe a pílula milagrosa, capaz de proporcionar os resultados desejados sem esforço nem fadiga. A indústria farmacêutica, entretanto, não se cansa de emitir novas mensagens de sucesso, ou de fazer pesquisas com o objetivo de continuar apresentando novas drogas milagrosas. Estas ficam em evidência até a apresentação das primeiras experiências — negativas e decepcionantes. Então é hora do aparecimento da próxima pílula a ser ministrada aos crédulos.

Ao lado da indústria farmacêutica, existem inúmeros institutos que tiram proveito dessa nossa obsessão com o emagrecimento. Suas contínuas campanhas publicitárias usam *slogans* como "redução rápida de peso" ou "programa de emagrecimento definitivo". Um anúncio veiculado três semanas antes do Natal de 1996 dizia: "Talvez você já tenha dado uma primeira olhada nas suas roupas de festa e constatado que precisa perder alguns quilos para entrar naquele vestido tão elegante. As gordurinhas estão bem visíveis! Não deixe que isso estrague sua alegria com as festas que se aproximam. Ainda há tempo de eliminá-las. Você ainda pode perder 5, 10 ou 15 quilos contando com uma supervisão médica diária. E lembre-se de que emagrecer significa: Maior auto-estima. Mais energia. Mais vitalidade."

Nessa mesma edição do jornal, uma empresa concorrente atraía nossa atenção com uma história de sucesso: "Em pouco tempo emagreci 41 quilos e perdi um total de 3,22 metros em medidas", alegra-se uma certa "sra. Brigitte Neff, moradora de Limburgerhof, Carl-Bosch-Str. 25" (será que alguém se deu ao trabalho de tentar localizar essa mulher?). Quem quiser emagrecer de "maneira natural, sem passar fome", seguindo o exemplo da sra. Neff, deve telefonar para o instituto no qual a senhora, agora esguia, perdeu seu excesso de peso. "Oferecemos garantia por escrito do emagrecimento em centímetros e a devolução de seu dinheiro em caso de insucesso."

Às pessoas ainda mais crédulas dirigem-se os dois anúncios seguintes: "São 15 minutos que podem mudar a sua vida: uma fita de vídeo mostra-lhe o caminho para o corpo dos seus sonhos e o bom condicionamento físico — sem contagem de calorias! Peça agora a fita de vídeo de 15 minutos..." e: "Emagrecer começa na cabeça! O emagrecimento definitivo sem regime! Tratamento individual ou em grupos..."

Promessas e ofertas como essas invariavelmente despertam o nosso interesse, mesmo que o nosso bom senso nos diga que não existe nenhum método rápido de emagrecimento. A empresa norte-americana que oferece o método *Slim Photo* para uma rápida redução de peso, a exemplo de tantas outras empresas, se aproveita desse desejo e o reforça para atrair clientes. Sob a manchete "Como ficar esbelto em sete dias, sem regime nem esporte", a revista norte-americana de estilo de vida *Self* (6/1995) apresenta a idéia dessa empresa:

"Você já chegou a recortar a cabeça de uma de suas fotografias e colocá-la no corpo de Demi Moore? Então você sabe qual é a filosofia que está na base da Slim Photo. Enviando à Sound Feelings Publishing US$ 39,95 e uma foto de corpo inteiro, nosso especialista em arte computadorizada num passe de mágica elimina toda a gordura de sua foto.

Por que você iria querer uma foto dessas? A idéia é a seguinte: Quando seu *self* real se vê diante do *self* magro (que deve ser posto na porta da geladeira), você se controla nas refeições e mantém seu regime e seu plano de condicionamento físico.

Isso realmente funciona, pois a Slim Photo lhe mostra a aparência que você poderá ter. Levando em consideração sua estrutura óssea, você se vê como pessoa esguia usando suas próprias roupas. E mesmo que você não emagreça um quilo sequer, pode fazer algumas cópias dessa foto e mandá-las para seus ex-namorados."

Como seria bom se pudéssemos lidar com tanto humor com as nossas aventuras de emagrecimento. Mas o desejo de ter um corpo esguio é um assunto muito sério com uma tendência cada vez maior de se transformar em vício. Semelhante ao viciado em drogas, nosso pensamento gira quase que exclusivamente em torno da comida, da contagem de calorias e das quantidades de gordura. Numa pesquisa de opinião bastante representativa, realizada em 1991, 42% da população feminina da Alemanha (portanto quase uma em cada duas mulheres) admitiram ter feito regime de emagrecimento pelo menos uma vez na vida. Naquela época, apenas 16,6% dos homens admitiram passar fome de vez em quando para ter um corpo mais esguio. Hoje esse número deve ser bastante superior. Os homens também se preocupam cada vez mais com sua aparência física. Levemente bronzeado, esportivo, esguio e sem rugas — é isso que se espera do homem moderno. Na França, a venda de produtos de beleza masculinos decuplicou nos últimos dez anos. Agora os franceses vacilam até mesmo diante de seu vinho tão apreciado. Cada vez mais limitam-se a pedir água mineral às refeições, até mesmo em restaurantes três estrelas. "Les Badoits", "Les San Pelegrino" ou "Les Vittel" são os nomes dados pelos proprietários de restaurantes desesperados a essa nova geração de clientes, tão conscientes de seu peso.

Os modelos masculinos extremamente magros mas musculosos dos comerciais e das revistas de moda fazem com que o sexo forte também se sinta pressionado a emagrecer. O dia-a-dia do Centro de Assistência para Anorexia e Bulimia (ANAD) em Munique registra o aumento do número de homens com distúrbios alimentares. A obsessão dos homens com a magreza ainda apresenta o perigoso vínculo com o ideal do corpo musculoso. Para queimar calorias e criar massa muscular, freqüentemente labutam até à exaustão em academias de ginástica, fazendo *cooper*, andando de bicicleta, em quadras de tênis e centros de *squash*. Dr. Manfred Fichter, diretor da clínica Roseneck para doenças psicossomáticas no Chiemsee, comprovou que o culto do condicionamento físico tem um papel mais importante entre os homens do que entre as mulheres. Mas estas também confiam cada vez mais nos exercícios físicos em sua luta para conseguir um corpo magro. Dos 3,5 milhões de pessoas que hoje freqüentam as 5.500 academias de ginástica, 60% são mulheres. Em pesquisas de opinião, 40% de todos aqueles que praticam esportes declaram que visam reduzir seu peso com a ajuda dos exercícios.

Para essa autoflagelação os dois sexos alegam motivos nascidos do padrão de beleza que prescreve, tanto para mulheres quanto para homens, um corpo supermagro, mas ao mesmo tempo musculoso, e ainda criou um enaltecimento ideológico desse ideal. Assim, em julho de 1996, o renomado *International Herald Tribune* publicou um verdadeiro cântico aos efeitos positivos que o novo ideal musculoso da beleza exerce sobre as mulheres. Ilustrado com fotos de Lady Di praticando esportes e de Madonna fazendo *cooper*, o artigo afirmava que um corpo bem-treinado e magro era sinal de uma mente independente: "Nos anos 20, as mulheres começaram a fazer regime e a praticar esportes, libertaram o corpo do espartilho e das barbatanas, ao mesmo tempo que libertaram sua mente da idéia da dominância masculina e da submissão feminina. No decorrer do século, as mulheres paulatinamente assumiram o controle sobre a própria vida e sentiram o gosto das vitórias na luta pela igualdade de direitos. No mundo inteiro, os corpos femininos de músculos firmes são um testemunho triunfante da revolução feminista." Esse artigo sugere que, sem o condicionamento físico, Lady Di provavelmente não teria conseguido se livrar de seu casamento infeliz. "Ela treinou até que seu corpo esguio sinalizou 'vitória', em vez de 'vítima'."

Não há dúvida de que um corpo saudável e bem-treinado pode agüentar desafios maiores do que um corpo flácido. E ninguém duvida que a atividade física exerça uma influência positiva sobre o estado psíquico e o bem-estar geral. Psicólogos da Universidade de Houston descobriram que pessoas que praticam esportes regularmente vêem a si mesmas como mais atléticas, em melhores condições físicas e mais competentes do que aquelas que não fazem exercícios. E o exemplo de Lady Di mostra que uma visão excessivamente eufórica da "nova mulher" com um bom condicionamento físico é extremamente parcial e distorcida. O que não se menciona nesse artigo, por não se encaixar naquela imagem otimista, é que durante muito tempo Lady Di sofreu de bulimia, desatava a chorar em público e mostrava tudo, menos força e energia.

Tampouco é mencionado que a emancipação não é nenhuma proteção contra o descontentamento com o corpo. A obsessão com a magreza não poupa as mulheres que se autodenominam "feministas". Na pesquisa de opinião da *Psychology Today*, mencionada acima, 39% das mulheres emancipadas mostravam-se insatisfeitas com seu corpo.

O resultado de um estudo realizado por Mandy McCarthy da Universidade de Pensilvânia tampouco é citado. Para ela, o ideal da magreza extrema dos nossos dias é um dos motivos principais da depressão entre as mulheres. McCarthy acredita que o desejo de um corpo esguio explica os cinco fatos seguintes:

1. Há o dobro de incidências de depressão entre mulheres em comparação com os homens.
2. Essa diferença entre os sexos aparece na puberdade (antes há uma incidência maior entre os meninos).
3. Essa diferença entre os sexos acontece apenas em países ocidentais.
4. Houve um aumento nítido de casos da depressão nas últimas décadas; hoje são dez vezes mais freqüentes do que há cinqüenta anos.
5. Diminuiu a média de idade das pessoas deprimidas. Antigamente as pessoas na faixa etária superior a 50 anos eram consideradas as mais vulneráveis a doenças depressivas, hoje a faixa etária de 25 aos 44 anos é atingida com freqüência cada vez maior.

A cientista supõe uma relação entre o ideal de magreza e a depressão, e o justifica da seguinte maneira: em todas as culturas nas quais existe o ideal da magreza extrema, há um número muito maior de mulheres do que de homens acometidos pela depressão. Inversamente, os países onde há uma incidência semelhante de casos de depressão em homens e mulheres, não se conhece nenhum culto parecido em torno da magreza.

A influência negativa que a constante preocupação com o peso exerce sobre o humor das pessoas é confirmada por uma pesquisa de opinião entre vários milhares de mulheres: 41,6% das entrevistadas admitiram que "fico possessa comigo mesma" quando a balança acusa um peso muito alto. Para voltar a se sentir melhor, 33% começam a passar fome.

Todas nós falamos sobre peso ideal e peso normal, calculamos o peso permitido mediante fórmulas e tabelas, mas quase ninguém se lembra de fazer certas verificações. Por que exatamente tantos quilos são o meu peso ideal? Quem disse isso? Quem o determinou? Hoje está comprovado que o "peso ideal" é fruto de uma enorme campanha enganosa. Foi iniciada nos anos 60 por uma companhia de seguros de vida nos Estados Unidos que "inventou" o peso ideal para tirar mais dinheiro do bolso dos segurados de peso superior àquele valor inventado, com a observação "Você está gordo demais!". A seguradora havia analisado os dados de seus segurados e nesse processo havia encontrado um peso "ideal", que, estatisticamente falando, garantia uma expectativa de vida mais alta. Pesquisas mais recentes comprovaram inequivocamente que o peso ideal existe no máximo na juventude, e que pessoas acima dos 30 anos que têm o chamado peso ideal podem até mesmo estar abaixo do peso. E quem tem uma estrutura óssea pesada, pode fazer o que quiser — o peso ideal permanecerá para sempre fora de seu alcance.

O psicanalista Christoph Klotter também é um crítico implacável do "peso ideal". "O peso ideal é uma mentira", afirma sem papas na língua. "Sem qualquer fundamento na medicina", dependeria das respectivas tendências da moda. Klotter usa seu próprio peso como exemplo:

"Tenho 1,76 metro de altura, meu peso normal é 76 quilos, e o peso ideal de aproximadamente 70 quilos... No início deste século, eu poderia ter pesado 90 quilos para ficar no limite da obesidade, dentro das normas utilizadas pelos pesquisadores mais conhecidos daquela época... Isso mostra como a norma é variável."

E finalmente existe a possibilidade de que a obesidade seja de origem genética. É verdade que até agora não foi possível descobrir um determinado gene que seja responsável pelo excesso de peso. Mas os nutricionistas acreditam que existe uma tendência hereditária para ser ou tornar-se gordo. "Os cientistas chegam cada vez mais à conclusão de que a obesidade é antes uma questão de destino do que de culpa", disse Volker Pudel, professor de Nutrição na Universidade de Göttingen e vice-presidente da DGE (Deutsche Gesellschaft für Ernährung [Sociedade Alemã para a Nutrição]). A DGE exige, portanto, que a obesidade não mais seja julgada como falta de força de vontade, mas considerada uma doença crônica. Na opinião de Pudel, pessoas com excesso de peso deveriam receber ajuda para perder seus sentimentos de culpa em vez de sua gordura.

Informações como essas nos deixam aliviados. O atual padrão de beleza, no entanto, só poderá ser mudado paulatinamente. E neste momento ainda não há qualquer perspectiva de mudança, pois a maioria das pessoas continua sonhando com o corpo ideal.

Para muitas pessoas, sobretudo mulheres, esse sonho se transformou na sua razão de ser, porque acreditam que, assim que atingirem o peso ideal, saberão lidar melhor com sua vida. "Quando eu estiver magra...", aí os problemas também se resolverão. Encontrarei o homem dos meus sonhos, terei mais sucesso na minha profissão, serei feliz. O corpo esguio aumenta a auto-estima, confere mais segurança e mais capacidade de se impor.

As promessas dos apóstolos do emagrecimento trabalham para impedir que se duvide da relação entre peso ideal e felicidade. Quando desistimos de mais um regime, atribuímos a culpa à nossa própria incapacidade e à nossa falta de força de vontade. Sentimos que fracassamos. Apenas uma nova tentativa de iniciar um regime é capaz de melhorar nosso humor. Basta a decisão de manter a disciplina para elevar o bem-estar geral e diminuir o peso na consciência. Quando a balança acusa dois quilos a menos, sentimo-nos muito mais magros, saudáveis, em melhores condições físicas. Este é o círculo vicioso que impede a perda da fé nos regimes alimentares: aumento temporário da auto-estima; fracasso do regime — diminuição da auto-estima; nova tentativa de fazer regime — aumento temporário da auto-estima, e assim por diante.

O contínuo aparecimento de novos regimes e remédios para emagrecer mantém acesa nossa motivação mas também a consciência negativa. Mesmo que fiquemos frustrados e desistamos durante algum tempo, recuperamos a esperança cada vez que se anuncia um novo remédio ou uma nova forma de alimentação.

Mas essa esperança é válida?

*A longo prazo, não somos nós,
mas os nossos sucessos que "ficam magros"*

A experiência e as estatísticas mostram que 70% de todas as pessoas que começam um regime alimentar não vão até o fim; a metade das pessoas que experimentam as fórmulas compradas em farmácias fica frustrada e desiste do regime depois de algumas semanas.

Num estudo norte-americano, pessoas que haviam emagrecido foram entrevistadas quatro anos depois de terminar o regime: apenas 3% haviam conseguido manter seu novo peso. Um outro estudo revelou que cinco anos depois de um programa de emagrecimento, a perda média de peso era de pouco menos de três quilos. Segundo avaliações feitas na Alemanha, a porcentagem daqueles que voltam ao peso anterior fica entre 50% e 95%. A tendência é inequívoca e mostra que a grande maioria de todos aqueles que se submetem a regimes alimentares recupera todo o peso perdido (às vezes até mais) no espaço de cinco anos.

Nos últimos anos houve várias tentativas de dissuadir as pessoas de fazer regimes, de esclarecê-las a respeito dos efeitos negativos e de reconciliá-las com seu corpo.

Nos inúmeros livros de aconselhamento psicológico, as autoras tentam ajudar a fortalecer a auto-estima de suas leitoras e a aceitação de seu corpo.

Por meio de esclarecimentos a respeito do ideal social de beleza e de sua origem visam aumentar a consciência da manipulação externa do nosso ideal físico. "Podemos aprender a aceitar nosso corpo como ele é, com todas as suas imperfeições", escrevem, por exemplo, as psicólogas Rosalyn M. Meadow e Lillie Weiss em seu livro *Good Girls don't Eat Dessert* (Meninas boazinhas não comem sobremesa), que está na lista dos mais vendidos. "Num primeiro momento, talvez pareça impossível, mas muitas mulheres acabaram fazendo as pazes consigo mesmas. Começaram a ver o próprio corpo como uma fonte de alegria e não como um tormento." As autoras recomendam o conhecido exercício do espelho: Fique diante de um espelho, coloque sobre a cabeça um saco de papel com aberturas para os olhos (para criar um distanciamento em relação ao próprio corpo) e olhe para a imagem sem nenhum preconceito. Se algo não lhe agrada, por exemplo, a barriga que está realmente grande, acentue ainda mais essa parte do corpo: solte-a, faça com que fique maior ainda. "O objetivo é sentir-se bem no seu corpo e aprender a gostar dele", esclarecem as psicólogas. "Muitas mulheres que fazem esse exercício se surpreendem em ver que nas formas do próprio corpo realmente há algo bonito, algo que não haviam observado antes."

Também há notícias tranqüilizadoras vindas de outra fonte. Quem quiser viver mais, deve ficar um pouco acima do peso. Num estudo de longa duração, de 14 anos, com 1.244 norte-americanos, constatou-se que a taxa de mortalidade era menor entre as pessoas que pesavam de 24% a 38% a mais que o peso ideal oficial. Em seus estudos, o epidemiologista Steven Blair do Cooper Institute for Aerobic Research, de Dallas, não constatou nenhuma relação entre magreza e saúde. Seus dados baseiam-se em observações de longa duração feitas com mais de 25 mil homens que freqüentaram seu instituto a intervalos regulares para fazer exames de prevenção. Segundo a pesquisa de Blair, homens obesos realmente correm um risco maior de ter hipertensão, diabetes ou câncer. Destacou, porém, que esse risco existe apenas para os obesos que não estão em boas condições físicas. Segundo Blair, ter alguns quilos a mais não é nada grave quando a pessoa pratica esportes regularmente. Mais ainda: homens magros que não fazem exercícios correm um risco maior de adoecer ou morrer prematuramente do que homens obesos com atividade física regular. Estar magro, segundo Blair, não é garantia nenhuma para uma vida mais saudável ou mais longa. Quem pratica esportes regularmente não precisa se preocupar com alguns quilos a mais. Este resultado vale tanto para homens quanto para mulheres.

Os norte-americanos gostam de ouvir notícias como essa. Aparentemente não agüentam mais todos aqueles conselhos sobre regimes e produtos *light*. Segundo cálculos do National Center for Health Statistics, os obesos constituem hoje a maioria nos Estados Unidos. E essa maioria se defende contra a tirania dos magros. "Os Estados Unidos estão ficando mais gordos", ainda lamenta o *New York Times*, mas outras revistas resolveram apoiar a nova auto-estima de seus leitores e leitoras obesos. O jornal *USA Today* fala em "Renascimento dos gordos orgulhosos", lojas de departamento oferecem não só tamanhos GG, mas há muito tempo passaram a vender também GGG, e comida gordurosa está novamente "em moda". Sem muito alarde, o McDonald's eliminou de seu cardápio o hambúrguer de teor reduzido de gordura chamado "McLean Deluxe". Havia pouca procura. O que se pede muito, agora, é o "Arch Deluxe", generosamente recheado com tudo o que é preferido pelo "gosto maduro" (como diz a propaganda do McDonald's). Os norte-americanos não querem mais sofrer com a consciência pesada e voltaram a ter coragem de comer até a saciedade.

Essa é uma das possibilidades para fugir da tirania do corpo esguio. Além de ser pouco saudável, essa solução dificilmente seria do agrado dos alemães, tão conscientes de seu peso. Com certeza não seriam muitos, que relaxariam pensando: "Então, se os regimes não fazem efeito mesmo e eu posso viver muitos anos com minha gordura, vou me olhar no espelho, fazendo aquele exercício com o saco de papel sobre a cabeça, e fazer as pazes com meu corpo. Em seguida, pratico um pouco de exercícios (por exemplo, poderia fazer um *cooper* até o McDonald's e comer um Big Mac) e, de resto, não me preocupo mais com a minha aparência."

Nem mesmo a opinião das crianças entrevistadas pela revista *Eltern* a respeito da mania de emagrecimento de suas mães fará com que elas consigam se reconciliar com as curvas de seu corpo. "Minha mãe deveria ficar como ela é", disse uma menina de 12 anos. "Um pouco cheinha. Senão não teria cara de mãe." Um estudante ginasial de 12 anos também mostra que é mais realista do que a própria mãe: "Afinal, ela não pode esperar ficar com a aparência de uma supermodelo até uma idade avançada. Já tem 36 anos!"

No momento nada indica que abandonaríamos a esperança de ter um corpo esguio. Nesta área, os apóstolos da mudança continuam falando mais alto do que as vozes de advertência. Parece que as fórmulas acalentadoras e campanhas de esclarecimento não são capazes de abalar a força da vontade de mudar. Nada podem fazer contra as mensagens contrárias que continuamos ouvindo.

No início do ano de 1997, uma foto e uma notícia percorreram os jornais diários, semanários e revistas de fofocas: a Miss Universo de 1996, a venezuelana Alicia Machado, engordou quase 15 quilos em um ano, noticiaram os jornalistas horrorizados. "Agora tem de perder peso para não ficar com seus 67 quilos, pois em maio próximo terá de aparecer na televisão para entronizar sua sucessora, e o público quer ver esguia esta moça de 20 anos", afirma o milionário Donald Trump, um dos organizadores do concurso, em artigo publicado pela revista *Stern* (8/97). A notícia vem ilustrada com fotos impressionantes do tipo "antes e depois". De um lado a Alicia supermagra com o sorriso de vencedora, de outro a Alicia cheinha, pulando corda. Alicia, sempre bonita, não importa se magra ou "gorda", sorri pacientemente para tudo isso, deixa que a fotografem durante os exercícios, participando do jogo. Se ela tivesse a coragem de assumir seu peso, de provocar um escândalo e aparecer na coroação da Miss Universo ostentando um peso normal em vez daquele corpo esquelético, ela ajudaria a promover um importante avanço. Mas em vez disso continuamos ouvindo a mensagem: uma mulher só é bonita se for esguia.

Enquanto mensagens semelhantes continuam chegando aos nossos ouvidos, a grande maioria de nós não quer ficar do jeito que é. De vez em quando até gostamos de ler conselhos do tipo "Aprenda a se aceitar", mas não mudam nossa maneira de ver a nós mesmos. O desejo de ficar esguia é mais forte que tudo.

"Nada contra os regimes alimentares!"
Cinco regras para uma administração sensata do corpo

Antes, entretanto, de nos precipitarmos na próxima aventura dietética, deveríamos ter bem claro duas coisas:

1. O peso do nosso corpo só pode ser mudado dentro de margens muito estreitas. "As pessoas têm características metabólicas diferentes, do mesmo modo como são diferentes quanto à cor dos cabelos e dos olhos. É um fato que temos de aceitar, e o objetivo do regime e da terapia deve ser estabelecido de maneira personalizada", esclarece Hannelore Daniel, membro da diretoria da Sociedade Alemã para a Nutrição e professora da Universidade de Giessen. Qualquer intenção de emagrecer o máximo possível por meio de regimes muito radicais está fadada ao fracasso. Nossos esforços de mudança têm chance de sucesso apenas quando conhecemos nosso peso normal individual e realista. Nesse ponto, um médico especializado em nutrição é a pessoa mais indicada para nos ajudar. Se juntamente com ele chegarmos à conclusão de que devemos perder alguns quilos, então existe a possibilidade de realizar mudanças no nosso peso.

2. Os inúmeros regimes alimentares, pílulas e receitas de emagrecimento não param de nos seduzir a fazer mais uma tentativa, mas não devemos nos iludir: não existem soluções rápidas. Não há armas secretas contra o excesso de peso. Não existe nenhuma receita totalmente segura para o emagrecimento. Não existem regimes milagrosos nem pílulas mágicas. Não importa como abordamos o assunto: mesmo que se queira emagrecer apenas alguns quilos é necessário ter uma vontade férrea e a força para resistir a todas as tentações durante um tempo determinado.

Você continua querendo emagrecer? Bom. Para seu próprio bem, no entanto, desta vez você deve seguir algumas regras que podem ajudar a evitar sentimentos de frustração e peso na consciência. Muitas pessoas já começam a sentir peso na consciência com a simples idéia de iniciar um regime alimentar. Evitam falar sobre esse assunto com outras pessoas e não contam a ninguém sobre seus planos. Com receio de observações do tipo "O quê? De novo?", "Isso não adianta nada", "Os regimes prejudicam a saúde", "Você não precisa disso", recorrem a mentiras toda vez que os outros querem levá-los a comer: "Não posso comer agora, acabo de voltar do dentista", "Não posso comer bolo. Tenho um problema no estômago", "Sou alérgica a...", "Estou fazendo um tratamento para regular meu metabolismo".

Basta esse jogo de esconde-esconde e a pressão de ter de apresentar justificativas para o nosso modo de alimentação para nos deixar nervosos e mal-humorados. Além do fato de que realmente não é da conta das outras pessoas o quê e de que modo comemos, os novos trabalhos científicos nos fornecem bons argumentos em favor dos regimes alimentares. Livram-nos da consciência negativa e fornecem dados que provam que os regimes não precisam ser nocivos, basta dominar a arte do emagrecimento correto.

Nossa primeira reação certamente será de alívio quando vemos que nossas lutas com o peso não constituem sinais de falta de força de vontade, mas que se trata de uma herança da evolução. Há milhares de anos, a sobrevivência de nossos ancestrais dependia de sua capacidade de armazenar uma quantidade suficiente de gordura no corpo. Naquele tempo, quem encontrava comida, às vezes depois de passar dias e até semanas sem comer, não dizia: "Bem, vou comer apenas uma porção até me sentir satisfeito, aí eu paro", mas comia tudo o que podia. Afinal, ainda não havia geladeiras onde se pudesse guardar as sobras. Naquela época, ninguém teria pensado em parar de comer apenas porque estava satisfeito. Ninguém se recriminava porque ficava inerte e preguiçoso depois da grande comilança. E ninguém dizia: "Comi demais, tenho de dar algumas voltas pela estepe", mas todos sabiam que provavelmente haveria pouca ou nenhuma comida nos dias seguintes.

Um apetite saudável, a capacidade de armazenar gordura e de comer grandes quantidades de comida — esses eram os mecanismos de sobrevivência de nossos ancestrais. Para nós, no entanto, essa herança evolutiva transformou-se em "bumerangue genético", na opinião de Hannelore Daniel. A capacidade de armazenar gordura, vital para nossos ancestrais, hoje em dia transformou-se em fatalidade para nós, diante do excesso de oferta. Embora há muito tempo não vivamos mais andando e correndo como os caçadores e colhedores que ficavam o tempo todo em movimento, continuamos a nos comportar exatamente como nossos ancestrais: como eles, ainda hoje comemos quantidades tão grandes como se corrêssemos perigo de passar privações. Com a mesma preguiça que eles sentiam em suas cavernas depois de uma alimentação abundante, nos deitamos no sofá e gastamos apenas umas poucas calorias para ir até a geladeira. Para não perder totalmente o controle sobre o corpo, de vez em quando criamos para nós tempos artificiais de fome.

Fingimos que não caçamos nada — fazemos regime. Até a próxima orgia alimentar.

Estamos, portanto, totalmente inseridos no ritmo da nossa "natureza" quando às vezes emagrecemos e outras vezes engordamos, quando às vezes precisamos comer pouco e outras queremos realizar verdadeiras orgias alimentares. Comer excessivamente *e* fazer jejum — são duas necessidades que fazem parte da nossa vida. Mas isso significa também que deveríamos permitir a existência de ambas — também do regime tão malfalado. E com isso chegamos à primeira regra importante:

Regra número um: Resolva-se a fazer regime

A psicóloga norte-americana Judith Rodin e sua colega Kelly D. Brownell questionam se os regimes realmente são tão inúteis e prejudiciais como se costuma dizer. As duas cientistas pensam que há uma diferença considerável entre a afirmação de que existem poucas provas até agora para a eficácia de regimes, e aquela que generaliza tudo dizendo que nenhum regime funciona. Enquanto a primeira afirmação está correta, a segunda pode ser refutada.

Rodin e Brownell fazem as seguintes críticas às pesquisas:

1. A maioria dos dados existentes a respeito do sucesso e do fracasso de regimes alimentares foi levantada a partir de pacientes que fizeram regime dentro de clínicas e por motivo de saúde. Uma comparação desses pacientes com a população de modo geral não seria lícita, na opinião de Rodin e Brownell, pois esses pacientes, na sua grande maioria, têm um enorme excesso de peso, sofrem de distúrbios alimentares e freqüentemente apresentam traços psicopatológicos. Nada disso se aplica a pessoas com peso normal ou ligeiramente elevado que querem emagrecer por vontade própria. O fracasso de muitos pacientes de clínicas, portanto, documentado em muitos estudos, nada revela sobre as chances de sucesso de uma pessoa normal.

2. Que é possível emagrecer com sucesso já foi comprovado por estudos que não foram realizados com pacientes internados. Mostraram que se pode perder peso com um regime sensato e que essa perda de peso pode ser mantida a longo prazo. Sobretudo a combinação de redução de calorias, educação nutricional e mudança de comportamento parece ter grandes chances de sucesso.

3. O que ainda não foi suficientemente esclarecido é se as constantes oscilações de peso (o efeito sanfona) são prejudiciais à saúde. Estudos mais recentes chegaram a conclusões contraditórias. Enquanto alguns constataram um aumento no risco de doenças circulatórias, outros estudos chegaram a uma

conclusão diferente, dizendo que o efeito sanfona não teria nenhuma influência sobre a saúde.

4. Um outro ponto ainda não esclarecido é se os regimes podem causar graves distúrbios alimentares. É incontestado que muitos distúrbios alimentares são precedidos por tentativas de regime, mas uma relação inequívoca ainda não pôde ser comprovada cientificamente.

As duas psicólogas chegam à seguinte conclusão: os trabalhos científicos sobre o regime continuam apresentando um número demasiadamente grande de incertezas e lacunas para que se possa fazer declarações gerais sobre sua utilidade e seu efeito (*American Psychologist*, 9/94).

Essas lacunas nas pesquisas sobre os regimes alimentares são *um* dos motivos pelos quais deveríamos parar de fazer discursos moralizantes para nós mesmos e outras pessoas dispostas a emagrecer. Nosso conhecimento a respeito é por demais contraditório para que possamos nos permitir qualquer julgamento final.

Mais um argumento a favor do regime surge a partir dos estudos mais recentes que comprovam que podemos emagrecer com sucesso e manter nosso peso a longo prazo se mantivermos o bom senso, não visarmos metas pouco realistas e se, mesmo fazendo regime de vez em quando, também conseguirmos dizer: "Com *chantilly*, por favor!"

Quem evita certas armadilhas psicológicas e respeita algumas regras muito básicas, pode perder peso. Por exemplo, os participantes de um estudo perderam entre 15 e 25 quilos de peso. Um grupo emagreceu muito rapidamente, e logo na primeira tentativa conseguiu manter seu peso; um outro grupo também perdeu muitos quilos, voltou a engordar cerca da metade do peso perdido, mas em seguida conseguiu manter o peso final; e um terceiro grupo emagreceu pouco durante o regime, voltou a engordar ligeiramente, emagreceu de novo, encontrando-se, no entanto, numa tendência decrescente constante no que diz respeito a seu peso.

Entre essas pessoas bem-sucedidas no regime, 70% já lutavam com seu peso quando eram crianças ou adolescentes, um terço dos participantes tinha passado dos 40 anos quando conseguiram alcançar um emagrecimento duradouro, e quase 80%, antes de seu sucesso, haviam experimentado todo tipo de regime, emagrecendo e engordando sucessivamente.

A questão decisiva agora é a seguinte: em que aspecto as pessoas bem-sucedidas se distinguem das outras, cujos regimes fracassam uns após os outros e que nunca conseguem manter um peso confortável para elas? Para responder, temos de explicar as sucessivas fases do emagrecimento:

Na primeira fase acontecem sucessos rápidos que aumentam nossa auto-estima e nos deixam eufóricos. Nesse momento, muitos acreditam que desta vez realmente vão conseguir alcançar sua meta. Mas essa fase logo dá lugar a uma segunda, a fase da frustração. Agora a pessoa disposta a emagrecer nota que precisa de muita persistência e esforços enormes para chegar ao objetivo almejado. Sente-se enervada, pergunta-se por que outras pessoas parecem emagrecer com muito mais facilidade, sente pena de si mesma e quer terminar aquela tortura. Muitos desistem nessa fase sem chegar à terceira, tão importante para o sucesso: a fase da "aceitação provisória". A autopiedade termina, as pessoas que estão emagrecendo começam a se sentir bem com seu novo peso e sobretudo com seus novos hábitos alimentares, aceitando-os. Para aqueles que chegam a essa fase, o pior já passou. O sucesso está garantido.

Mas como se consegue fazer a transição da segunda fase, frustradora, para a terceira, a da aceitação? Todos os estudos disponíveis mostram que importa sobretudo obedecer às seguintes regras importantes.

Regra número dois: A motivação certa, ou Por que você quer emagrecer?

Por que as pessoas querem emagrecer? Porque o parceiro acha que elas estão gordas demais? Porque a calça predileta ficou pequena? Porque as férias estão chegando? Motivos como esses não estão indicados para garantir o bom humor de uma pessoa que está de regime. A maioria das pessoas que indicam motivos como esses para emagrecer, desiste depois de seis semanas, no mais tardar. Enquanto uma pessoa não tiver motivações "intrínsecas", o sucesso fica limitado. Isso foi confirmado por um estudo com a participação de 128 pessoas dispostas a emagrecer, que foram acompanhadas cientificamente por dois anos. Questionadas sobre os motivos, uma parte delas apresentou motivações externas: "Quero mostrar aos outros que realmente estou me esforçando para perder peso", "Sinto-me um fracasso quando não consigo emagrecer". Uma parte das pessoas entrevistadas alegou motivos diferentes: "É importante para mim pessoalmente que eu emagreça", "Acredito que a melhor maneira de ajudar a mim mesma é emagrecendo". Essas são motivações "intrínsecas", e são as únicas que levam ao sucesso permanente. Diferente do grupo externamente motivado, o grupo que alegou motivações intrínsecas sustentou mais facilmente o programa de regime, perdeu mais peso, praticou exercícios regularmente, e 23 meses após o término do programa de acompanhamento científico seu peso ainda não havia aumentado.

Uma motivação intrínseca, portanto, é um pré-requisito importante para a perda permanente de peso. Quando o desejo de emagrecer constitui apenas uma reação a alguma pressão externa, o fracasso já está programado de antemão.

Regra número três: "Pecados" são permitidos

Todos os conselhos nutricionais e todas as tentativas de esclarecimento a respeito de um comportamento sensato – aparentemente – só tiveram o efeito de criar um peso na consciência. Isso transforma pessoas adultas em comilões clandestinos, torturados pela culpa quando comem algo "errado". E esse peso na consciência leva a um erro grave, ao controle da comida.

"Chocolate, nunca mais!" – "Pelo amor de Deus, bolo não!" – "Definitivamente, eliminei os queijos da minha alimentação!" Muitas pessoas que fazem regime tomam a firme resolução de riscar para sempre do seu cardápio determinados alimentos. Quando sucumbem à tentação, vêem qualquer pequeno pecado alimentício como uma perda total de controle e sentem vergonha por causa de seu fracasso.

Um estudo feito na Califórnia com 74 mulheres que haviam perdido muito peso registrou uma diferença essencial entre aquelas que tiveram sucesso apenas por um tempo limitado e aquelas que mantiveram os bons resultados a longo prazo. As mulheres que conseguiram manter seu peso por muito tempo não abdicaram de nenhum tipo de alimento, não se submetiam a nenhuma proibição alimentícia auto-aplicada. As mulheres que não conseguiram manter o peso mais baixo por muito tempo, no entanto, viviam segundo o princípio do "tudo-ou-nada". A partir do momento em que não conseguiam manter seu plano rígido de alimentação, caíam numa verdadeira euforia gastronômica, e em seguida tinham dificuldades para achar o caminho de volta (ou nem o encontraram) a uma alimentação sensata.

Existem várias causas para esse comportamento insensato:

- Quem consome sobretudo alimentos pobres em calorias ou adoçados artificialmente, não recebe mais nenhuma informação do paladar a respeito do valor calórico de um alimento. O processo de saciedade pára de funcionar, não se reconhece mais quando se está satisfeito.
- Uma alimentação pobre em calorias também diminui a termogênese. Numa alimentação normal, a produção de calor do corpo sobe, e este também é um sinal importante de saciedade. Quando este sinal está ausente ou é de fraca intensidade, podem ocorrer ataques de comilança.
- O ponto mais importante, no entanto, parece ser o seguinte: pessoas com um controle rígido sobre sua alimentação comem sobretudo alimentos pobres em gorduras. Mas estes não satisfazem a necessidade de prazer. Ocorre uma privação psicológica, e os alimentos proibidos ganham uma atração quase mágica.

A princípio, todos os que desejam perder peso ou mantê-lo precisam prestar atenção ao consumo de gordura. Pois todos os regimes diminuem as reservas de gordura e com isso também a oxidação da gordura, ou seja, menos gordura é transformada em energia. Quem, depois de ter feito um regime, volta a ingerir as antigas quantidades de gordura, corre o risco de ter uma quantidade extra dessa substância depositada nas células. Dessa forma, pessoas que emagreceram com sucesso e querem manter seu peso, devem passar a comer alimentos pobres em gordura. Mas de vez em quando também é necessário dar-se a permissão de comer verdadeiras bombas de gordura, como chocolate, sorvete, queijo ou nozes, e saborear estes "pecados" sem qualquer peso na consciência. Quem "peca" com prazer, não precisa temer a perda de controle sobre si mesmo.

E há mais um argumento contra a eliminação total dos supostos "pecados" do cardápio. Para nos sentirmos bem, precisamos de alguns alimentos com fama de "engordar" e de "fazer mal à saúde". Agora sabemos, por exemplo, que o açúcar, tão mal-afamado, pode aumentar nossa alegria de viver. Alimentos doces elevam o nível de glicose no sangue e, com isso, nosso bom humor. Sobretudo o chocolate é um verdadeiro *mood food*, um alimento de "bom humor". Contém numerosas substâncias aromáticas e outras com efeito parecido ao da maconha. O prazer de comer uma barra de chocolate nos tira rapidamente – se bem que temporariamente – do fundo do poço do mau humor. *Mood food*, segundo a nutricionista e psicóloga Gisela Gniech, de Bremen, pode ser usado como "terapêutica". Ela recomenda a todos que observem atentamente as necessidades do corpo, ingerindo "açúcar" quando ele realmente precisa dele.

Regra número quatro: O peso determinado pelo bem-estar em vez do peso ditado pelo desejo

Outra receita com fracasso garantido é fixar como meta um peso determinado pelo nosso desejo. Na maioria dos casos, o peso dos nossos desejos é uma meta muito pouco realista que se orienta pelos corpos extremamente magros do mundo da moda e da propaganda. Normalmente precisamos passar por grandes privações para atingir a meta que determinamos para nós mesmos, e por isso é compreensível que depois de um longo período de fome acreditemos: "Agora posso voltar a comer normalmente." Mas geralmente nem alcançamos nosso objetivo tão elevado e, frustrados, desistimos da tentativa de fazer regime. Em vez de almejar um peso muito baixo deveríamos pensar em nosso "peso de bem-estar". Quem não sabe com quantos quilos realmente se sente bem, pode descobri-lo por meio das seguintes perguntas:

- Qual foi o peso mais baixo da minha idade adulta que pude manter por pelo menos um ano?
- Com qual manequim eu estaria satisfeito? É necessário realmente entrar no manequim menor que existe?

Pode-se chegar a esse peso de bem-estar com sucesso e sem *stress* apostando na mudança a longo prazo, modificando a alimentação passo a passo.

Regra número cinco: Mexa-se!

Cerca de 90% das pessoas que conseguem manter seu novo peso fazem exercícios regularmente. O movimento por si só pouco contribui para uma perda imediata de peso, mas tem uma enorme importância para quem não quer que os quilos perdidos voltem a aparecer. O exercício físico é um fator essencial para evitar qualquer novo aumento de peso.

Um estudo feito com 150 homens e mulheres com excesso de peso mostrou que o exercício físico, feito durante um longo período de tempo, pode acarretar perda de peso sem necessidade de qualquer regime alimentar específico. Uma parte dos participantes manteve um regime severo, uma outra parte comia normalmente, mas praticava esportes com regularidade, e uma terceira parte apoiava o regime com atividades físicas regulares. Depois de dois anos, aqueles participantes que apenas faziam o regime haviam recuperado todo o peso perdido. Também os participantes do grupo regime/esporte não haviam sido bem-sucedidos. Quem mais perdeu peso foram, surpreendentemente, aqueles que faziam exercícios físicos. A razão é que o exercício regular, mesmo sem qualquer dieta, havia normalizado seu comportamento alimentar, as pessoas sentiam-se melhor em seu corpo e preocupavam-se mais com uma alimentação saudável.

Um número mínimo de 20 minutos de exercícios pelo menos três vezes por semana é o que os especialistas consideram um programa básico. Melhor seria fazer exercícios cinco vezes por semana por 30 a 45 minutos. Mas cuidado! Poucos conseguem se exercitar cinco vezes por semana. Não é necessário que sempre e de qualquer jeito seja realizada a freqüência ideal. Podemos ficar orgulhosos e felizes quando conseguimos manter alguma regularidade no nosso programa de exercícios físicos. Intervalos mais prolongados não devem nos desencorajar. E de maneira alguma deveriam, com auto-acusações e consciência pesada, estragar o prazer que sentimos quando nos movimentamos.

Conclusão: realmente é possível melhorar seu peso e seu bem-estar físico. Pré-requisito, no entanto, é ter metas realistas e a consciência de que não existem caminhos fáceis e rápidos para o sucesso. Todos os conselheiros que nos prometem remédios ou regimes milagrosos querem nos enganar. Estudos realizados nos Estados Unidos sobre regimes alimentares mostram que não basta seguir um regime durante algum tempo e em seguida voltar ao estilo habitual de vida e de alimentação. Quem quiser melhorar definitivamente seu bem-estar físico, precisa de paciência e disposição para mudar sua alimentação e seu estilo de vida. A mudança alimentar equivale a uma obrigação vitalícia de dar atenção às necessidades do corpo e da psique.

A "história de sucesso" de Linda Compeau, de 47 anos, contada à revista norte-americana *Living Fit* (11/12, 1996), demonstra como pode ser difícil realizar o desejo "Se eu fosse mais magra...":

"Fiz meu primeiro regime quando tinha 10 anos de idade, o seguinte aos 16 anos, e assim por diante. Passava de um regime a outro e não tive sucesso com nenhum. Tentei também fortalecer minha auto-estima. Comprei muitos livros e inúmeras revistas, na esperança de aprender a me aceitar, já que eu não conseguia controlar meu peso. Aos 40 anos, pesava mais de 100 quilos e sofria de vários problemas de saúde. Minhas pernas viviam inchadas, sentia constantes dores na coluna e tinha problemas terríveis de estômago. Qualquer movimento me deixava sem fôlego.

Em julho de 1993 um acidente terrível provocou a mudança. Caí no chuveiro e durante 15 minutos não fui capaz de me levantar.

Na semana seguinte, fechei um contrato com um *personal trainer* – com o objetivo de emagrecer 50 quilos. Ele desenvolveu para mim um plano de alimentação de 1.800 calorias, e trabalhava três vezes por semana comigo. Eram 25 minutos na bicicleta ergométrica e 35 minutos com pesos e máquinas.

Perdi cerca de quatro quilos por mês, e depois de 19 meses de trabalho duro atingi minha meta: eu havia emagrecido 50 quilos. Agora que estou de novo em forma, faço palestras e compartilho minha experiência de que é possível mudar seu estilo de vida. Mas é preciso ter muita força de vontade, determinação e dedicação."

Casos como esse sempre são aplaudidos nas revistas femininas como histórias de sucesso pessoal. Fotos impressionantes do tipo "antes-e-depois" mostram a todas nós: Veja só, vale a pena! Você também pode fazer o mesmo, basta querer!

Histórias de sucesso reforçam nossa má consciência negativa. Se é possível emagrecer 20 quilos e mais, se outras pessoas são disciplinadas o suficiente para conseguir realizar suas metas, por que será que nós não somos capazes de nos livrar destes míseros três quilos acumulados nos quadris? Temos tão pouca força de vontade, tão pouca disciplina?

Certamente não. As histórias dessas perdas extremas de peso são impressionantes (e às vezes também falsas). Mas não podem ser generalizadas. Dois exemplos de figuras conhecidas pelo grande público mostram que uma pessoa pode ser bem-sucedida em algo que para a outra talvez seja um empreendimento sem nenhuma perspectiva de sucesso. Oprah Winfrey, a conhecida entrevistadora norte-americana, foi saudada pela imprensa sensacionalista quando conseguiu perder seu excesso de peso com a ajuda da fórmula Optifast e se transformou numa beldade esguia. "Diante dos nossos olhos, ela ficava cada vez mais magra: 80, 70, 68, 63, 55 quilos", relata o psicólogo social norte-americano Martin Seligman. "No decorrer de poucos meses, ela perdeu 30 quilos e ficou com uma aparência realmente forte e esguia." No entanto, não foi por muito tempo que Oprah pôde saborear seu triunfo (e a firma Optifast, seu sucesso de vendas): em pouco tempo, os quilos perdidos estavam de volta. Seligman: "Durante o ano seguinte, o público de televisão observou com uma fascinação mórbida como Oprah fazia todo o caminho de volta: de 50 a 55, a 59, até chegar finalmente ao peso de 80 quilos."

Joschka Fischer, por sua vez, tem boas chances de manter seu novo corpo esguio. Diferente de Oprah, antes de engordar era um "chofer de táxi com bom condicionamento físico", segundo descrição feita por ele mesmo. De constituição "magra" por natureza, terá mais facilidade de manter seu novo peso. Oprah Winfrey, no entanto, nunca havia sido realmente magra. Seu peso ideal certamente está acima do padrão. Quando tenta chegar a esse padrão, não obtém mais do que um sucesso efêmero.

Muitos fatores se juntam quando somos "mais gordos" do que o padrão ideal de beleza. Nosso metabolismo individual, nosso tipo físico e as idéias errôneas a respeito do peso ideal podem ser as causas de nossos repetidos fracassos. E nem todas as pessoas dispõem de tempo e dinheiro suficiente para passar uma boa parte de seu tempo livre cozinhando pratos dietéticos ou fazendo exercícios em academias de ginástica.

Se verificamos – de preferência com a ajuda de um médico – que deveríamos emagrecer por motivos de saúde, é importante que se faça um plano de alimentação adequado às nossas necessidades individuais. É de suma importância, no entanto, que paremos de nos deixar influenciar pelos corpos magros das imagens publicitárias, e que não permitamos mais que os pregadores da mudança nos enganem. Seja o que for que eles nos ofereçam em matéria de regimes ou remédios milagrosos: tudo isso funciona apenas por pouco tempo, se é que realmente ajuda.

Não há nada contra ter cuidado com o próprio peso ou se controlar para não cometer "abusos" todos os dias. Realmente não precisamos nos empanturrar o tempo todo de chocolate, de bolo ou de lombo assado. Mas tampouco deveria ser proibido. Não precisamos fazer exercícios todos os dias, mas seria bom reservar algum tempo para o esporte dentro dos nossos horários. Apenas quando temos a permissão de ser preguiçosos de vez em quando, podemos evitar a sensação de ter fracassado. Somente quando não há nenhum alimento proibido, ficamos livres dos ataques de comilança.

Em tudo o que fazemos devemos abolir a consciência negativa, pois ela é o nosso maior inimigo. Não as calorias. Não a alimentação errada. A consciência negativa faz com que comamos mais ainda daquilo que nos faz mal, que no dia seguinte também não nos mexamos e que tenhamos a sensação de que, de uma forma ou de outra, "somos um caso perdido".

Vamos saborear nossos "pecados", ficar com a consciência tranqüila quando comemos chocolate e torta de ricota cheia de gordura, e então nossa vontade de comer doces desaparecerá e não mais nos dominará. Vamos saborear o fato de desmarcar a aula de tênis, de faltar na academia de ginástica e deitar preguiçosamente diante do aparelho de televisão, então teremos certeza de sentir prazer quando voltarmos aos exercícios no dia seguinte.

Precisamos dessas brechas regulares na nossa sensatez. Nossa consciência negativa pode ser acalmada com a referência à herança evolucionária que às vezes nos leva a comer mais do que precisamos. Fases de comidas altamente calóricas são algo bem normal. De vez em quando é necessário afrouxar o controle e comer tudo que nos dá vontade. Mas poderemos usufruí-lo apenas se não reagirmos com pânico a essas fases, mas confiarmos que elas passarão e que voltaremos a ser "sensatos". Pois, poder regalar-se de verdade, esta é a segunda coisa mais gostosa do mundo. Portanto, paremos de nos criticar o tempo todo. Não nos torturemos com pensamentos do tipo "Se pelo menos eu não tivesse comido isso...". Mesmo que tenhamos decidido firmemente que vamos perder alguns quilos, é necessário que haja dias em que esqueçamos a resolução "eu quero emagrecer ou manter meu peso baixo" e nos tranqüilizemos sem qualquer peso na consciência: "Vou deixar o regime para amanhã."

"Não quero me queixar" – "E por que não?"

Estratégias contra a tirania do bom humor

Todos adoraram o filme. Finalmente uma história com muita emoção. "*A Casa dos Espíritos* é imperdível", era o que todos diziam. Portanto, fui ao cinema, com muitas expectativas e munida de uma caixa de lenços de papel, pois minhas amigas confirmaram o que eu havia lido numa revista semanal de Hamburgo, que este filme emocionava o público a ponto de provocar lágrimas. Para os jornalistas, normalmente tão insensíveis, *A Casa dos Espíritos* anunciava a "volta das grandes emoções".

De fato, a mulher ao meu lado chorou, na fileira atrás de mim assoavam o nariz. Fui a única a sair de olhos secos, perguntando-me como aquelas emoções mal encenadas lá na tela podiam revolver os ânimos daquele jeito.

Olhei para mim mesma: será que eu me tornara tão insensível assim, mais embotada do que as demais pessoas? Encontrei uma explicação melhor: os comentários a respeito do filme publicados antes de sua estréia nos cinemas, haviam-no transformado numa espécie de pretexto oficial para mostrar as emoções e deixar as lágrimas correr. Ninguém precisava sentir vergonha de suas lágrimas. De repente, a emoção e sua expressão – tristeza e lágrimas – se tornaram aceitáveis para a sociedade. Pessoas que em sua vida cotidiana faziam todos os esforços imagináveis para manter a fachada, que escondiam suas frustrações, decepções e depressões, ódio e raiva, agora tinham permissão de "soltar" tudo. Oficialmente, choravam pelos destinos dos personagens do filme; em segredo, porém, choravam por eles mesmos. É bem possível que eu tenha escapado das lágrimas apenas porque naquela época eu estava bem e, na medida do possível, livre de emoções reprimidas.

Vivemos numa sociedade que nos obriga a ir ao cinema para poder chorar, porque em outros lugares não há espaço para aquelas emoções consideradas "indesejáveis". Ser bem-humorado, equilibrado e controlado, esse é o imperativo do nosso tempo. Todos nós aprendemos bem a lição sobre as emoções que diz: *Don't worry, be happy*! Para a pergunta "Como vai?" conhecemos uma única resposta: "Bem, obrigado!"

Quem ainda tem a coragem de confessar a outra pessoa: Estou mal, não me sinto bem, estou com raiva, não agüento mais? Quem, fora de sua própria casa, ousa levantar a voz, bater a porta, ou virar a mesa de verdade? Não, não somos tão descontrolados assim, contemos nossas emoções pois não queremos provocar nem a pena nem o julgamento dos outros. Quem mostra suas emoções em público, corre o risco de ser proscrito pela sociedade. Aborrecimento, raiva, tristeza ou mesmo depressão nos são imputados como fracassos pessoais. Mostram que não conseguimos fazer o que parece ser tão fácil – ser bem-humorados.

É claro que todos sabem que dias cinzentos e emoções negativas fazem parte da vida, mas poucas pessoas estão dispostas a aceitá-los. Usamos artifícios para melhorar nosso humor, como café, álcool, doces, sexo ou também os psicofármacos na tentativa de sair de nossas baixas emocionais. Mesmo os executivos acreditam que o bom humor é uma contribuição importante para seu sucesso, e confiam nos espertos organizadores de seminários que prometem ensinar-lhes o humor e o riso. Dessa maneira, por exemplo, 750 mil executivos já passaram pelo "Projeto Humor" do norte-americano Joel Goodman.

"Pensadores positivos" bastante fanáticos criam até mesmo clubes para ficar juntos, como, por exemplo, o "Clube dos Otimistas" em Hamburgo. O motivo da fundação do clube foi o desejo "de criar um contrapeso àquilo que é noticiado diariamente na imprensa e nos noticiários da televisão", disse a fundadora Margrit Krummrey ao jornal semanal *Die Woche* (3/1/97). "Guerras, ódio, fraudes, epidemias, fúrias homicidas, catástrofes. É impossível manter a alegria diante de tudo isso. Queremos lutar abertamente contra esse estado de coisas e transmitir conhecimentos que ajudam a sair da negatividade e dos medos através dos nossos próprios esforços." A ajuda aparece em forma de auto-sugestões como: "Estou bem e melhor a cada dia" ou "Estou bem, estou pensando positivamente".

"Se um avião cai em Calcutá, eu não tenho nada a ver com isso," diz um dos 250 membros otimistas do clube de Hamburgo, "isso só traz preocupação e depressão."

Segundo a argumentação do sociólogo Norbert Elias, o desaparecimento paulatino das emoções fortes como, por exemplo, o ódio e as agressões, é conseqüência do processo civilizatório. Em tempos antigos, as emoções fortes eram mostradas e expressadas. Na sociedade medieval as pessoas amavam ou odiavam com todas as suas forças e se afirmavam no jogo das paixões. Quem não era capaz de fazê-lo, devia se retirar ao mosteiro, pois estava perdido na vida secular.

Hoje vivemos a situação inversa. Apenas quem consegue controlar suas emoções passionais e negativas, quem não se comporta de maneira emocional, quem é racional, é aceito como membro da sociedade. O homem civilizado aprendeu a refrear seus sentimentos. Quem vocifera de raiva, odeia com todo o coração, não esconde sua hostilidade e rejeição, e quem admite estar deprimido infringe a norma que diz: Seja positivo e bem-humorado!

Seja tão positivo como o alegre âncora do programa radiofônico que logo de manhã desperta o humor "certo" com suas palavras animadas e explosões de alegria. Seja tão positivo como as pessoas elegantes dos comerciais que afirmam que, para ser felizes, não precisam de nada além de uma roupa candidamente limpa, um absorvente higiênico sempre seguro ou um café delicioso. Seja positivo como as pessoas alegres da televisão que dançam ao som da música de sua região, viajam para ilhas de seus sonhos em navios luxuosos, ou que se deixam entusiasmar pelos exaltados animadores de programas de televisão a dar gritos de alegria e êxtase! Seja positivo, pense positivamente, não se preocupe – viva!

O problema é que tudo isso tem pouquíssima relação com a nossa vida. Para a maioria das pessoas, o cotidiano é impregnado de *stress*, aborrecimentos, preocupações e inquietações maiores ou menores. É uma constatação banal mas necessária. Pois parece que a maior parte das pessoas de hoje acha que a vida deve ser uma brincadeira. Sem dificuldades. Sem problemas. Sem preocupações. Mas inevitavelmente chega a hora em que são forçadas a constatar que a vida realmente não é um estado de felicidade permanente. Então reagem com indignação, insegurança e auto-acusação. "O que eu fiz de errado?", perguntam a si mesmas, tentando encontrar uma saída fácil. Algumas acreditam também que estão no filme errado e que basta trocar o videocassete. Um novo parceiro, uma nova profissão, uma nova casa, um novo carro, roupas caras devem ajudar a sair daquele poço. Mas recusam-se a enfrentar suas emoções e o fato de que foram vítimas de um engodo. Não querem acreditar que a vida é difícil, que traz dores e tristezas. Sua luta de defesa contra a verdade é reforçada ainda por parte dos apóstolos da auto-ajuda e dos amigos benevolentes que lhes dizem: "Não leve tudo isso muito a sério, pense positivamente."

Para algumas pessoas, os psicoterapeutas são os únicos seres aos quais se permitem mostrar suas verdadeiras emoções – já que os padres saíram um pouco de moda. Mas também ali há limites para as emoções. A linguagem psicoterapêutica é traiçoeira. Conceitos como "administração das emoções", "controle emocional", "*stress* refreado", "controle do aborrecimento" e muitos outros expressam a idéia: Você pode sofrer, mas não por muito tempo. Deve trabalhar suas emoções. Controlá-las. A vida não é tão negativa como você pensa. Você apenas pensa da maneira errada, a respeito de si mesmo e dos outros. Tem a percepção errada.

Por todos os lados nos são oferecidos óculos cor-de-rosa. Prontamente os colocamos e afirmamos obedientemente: "Isso me deixa perplexo", enquanto na verdade gostaríamos de gritar: "Estou muito chateado." Mentimos: "Estou bem", quando seria mais sincero admitir: "Estou triste." Diante do colega fingimos: "Pode deixar que eu faço isso", quando na verdade gostaríamos de ralhar: "Este trabalho é seu!"

Nós nos controlamos e esforçamos para manter nossa máscara e a do outro, protegendo-o das nossas emoções. Não perdemos a compostura e não permitimos que o outro veja nosso estado emocional. Engolimos os aborrecimentos, ficamos calados quando queremos gritar de raiva, sorrimos quando sentimos vontade de chorar.

Parece sensato o conselho dado pela escritora Hedwig Kellner a todos aqueles que se sentem aborrecidos: "Aborrecimento? Feche a boca! Continue respirando, conte até dez, mude a direção do olhar e então reaja com calma – se realmente for necessário." Com isso, Kellner não quer dizer "que você deve engolir seu aborrecimento, quieto e indefeso. É que o aborrecimento que nos ataca repentinamente não nos dá nenhuma chance para reagir de modo refletido e sensato, se permitirmos que ele nos domine completamente. Há o perigo de rápida e instintivamente dar vazão à nossa raiva e assim prejudicar os outros e a nós mesmos".

Todos podemos imaginar situações nas quais certamente seria melhor ficar calado. Mas será que às vezes não é melhor expressar a raiva "rápida e instintivamente"?

- Será que não deveríamos perseguir com nossa raiva aqueles políticos incompetentes e sem escrúpulos que nos querem fazer de bobos?
- Será que não deveríamos reagir agressivamente contra todos aqueles que sempre tentam tirar proveito de tudo e nunca mexem um dedo quando se trata de algo que não seja de seu próprio interesse?
- Será que não deveríamos mostrar claramente nossa raiva àqueles motoristas que correm desvairados pelas ruas de bairros residenciais, colocando as pessoas em perigo?
- Será que não deveríamos reagir com raiva quando mulheres e crianças são maltratadas e sofrem abuso?
- Será que não deveríamos ficar rubros de raiva todas as vezes que os meios de comunicação nos apresentam "cabides" esqueléticos, chamados modelos, como padrão de beleza?
- Será que não deveríamos protestar imediatamente contra as pessoas mal-educadas e mal-humoradas?
- Será que não deveríamos mostrar claramente que não temos mais paciência com os maridos que têm preguiça de ajudar em casa?

Há motivos mais do que suficientes para explosões emocionais fortes. E de vez em quando também acontecem. Mas a conseqüência é sempre a mesma: O homem "emotivo" que não se controla, sofre sanções. Quase todos se juntam ao rebanho dos cordeiros calados e se abastecem de conselhos prestimosos de como refrear suas emoções negativas. É um desempenho magistral de controle emocional que pode ter conseqüências graves:

Primeiro: Faz com que paulatinamente sejamos transformados em zumbis emocionais. Nossa tentativa de constantemente manter nosso bom humor acarreta o risco de ter as emoções totalmente embaralhadas. Quem se esforça para sentir apenas as emoções certas, chega ao ponto de não saber mais o que realmente está sentindo. Daniel Goleman, autor de um *best-seller*, considera a capacidade de reconhecer as próprias emoções como sendo a "base da inteligência emocional". Nas palavras de Goleman: "Quem não consegue reconhecer as próprias emoções, fica entregue a elas." A função original das emoções se perde.

As emoções são nosso sexto sentido. Do mesmo modo que assimilamos informações pelo tato, pela visão, o olfato, o paladar e a audição, as emoções nos fornecem informações valiosas. Informam-nos sobre nossa relação com o ambiente, sobre a maneira como percebemos e avaliamos certas situações e pessoas. Emoções como "Tenho medo", "Posso confiar em você" ou "Fico furioso com isso" funcionam como sinais importantes, pois são elas que na verdade nos levam a reagir adequadamente a determinadas situações. Fazendo esforços contínuos para mostrar apenas as emoções positivas que são exigidas de nós, esta valiosa função de sinalização se perde. As verdadeiras emoções são soterradas.

Segundo: Negamos também a nós mesmos a chance de sermos avaliados corretamente pelos outros e de sermos aceitos (ou então rejeitados) por nós mesmos. Como conseqüência, a comunicação com os outros fica cada vez mais difícil, somos inseguros, perguntamos se somos bem aceitos, se a pessoa à nossa frente está sendo sincera ou se dissimula suas emoções, como nós fazemos. Sabemos cada vez menos o que está acontecendo, se podemos confiar nas nossas percepções. Como temos consciência de que raramente são sinceras as emoções que mostramos em público, também duvidamos da sinceridade das pessoas a nossa volta. Encontros transformam-se cada vez mais em encontros entre máscaras. Aumenta a distância entre as pessoas, a proximidade humana e a sinceridade tornam-se fenômenos excepcionais.

Terceiro: A terceira conseqüência da administração das nossas emoções diz respeito diretamente a nós mesmos. Meiguice forçada e bom humor permanente não garantem a saúde psíquica. A tão elogiada serenidade certamente é benéfica em certas situações, mas como sensação permanente se torna perigosa. Quem constantemente tenta dissimular suas emoções negativas, quem engole tudo que lhe causa aborrecimento, raiva ou ofensa, a longo prazo põe a sua saúde psíquica em risco.

As estatísticas mostram que a incidência de depressão entre as mulheres é duas vezes mais alta do que entre os homens. Entre outros motivos talvez porque delas se espere mais ainda do que do sexo masculino que consigam controlar suas emoções. Mulheres que desabafam abertamente, que ousam mostrar raiva e aborrecimento, perdem a simpatia das pessoas de seu convívio mais facilmente do que os homens. As reações diante de suas explosões emocionais são negativas demais para que uma mulher possa permiti-las com freqüência. O psicólogo canadense Wolfgang Linden da Universidade de Vancouver faz uma constatação reveladora em seu estudo. Quando os homens perdem o controle, experimentam um efeito positivo sobre sua freqüência cardíaca e sua pressão arterial. Em outras palavras: depois de um acesso de raiva, os homens voltam a se sentir bem. As pesquisas do psicólogo mostram, no entanto, que as mulheres, depois de um desabafo, continuam tão agitadas quanto antes. Isto acontece, segundo Linden, porque as mulheres perdem a simpatia de seu ambiente quando "se comportam mal". Gritar, vociferar, bater portas são expressões emocionais masculinas. Afinal, os homens são assim mesmo e podem fazê-lo. Das mulheres, todavia, espera-se que sejam controladas. Isso é confirmado por todas as mulheres que já romperam o espartilho emocional diante de testemunhas.

Eu também passei por essa experiência quando "perdi as estribeiras" diante de colegas, depois de meses de sobrecarga profissional. Furiosa e agressiva, joguei-lhes na cara tudo que durante muito tempo havia se acumulado atrás de uma fachada de gentileza e solicitude: que eu não era palhaça deles, que não agüentava mais ter sempre de fazer o trabalho dos outros, que eu não queria mais escutar seus probleminhas o tempo todo, que não era uma psicóloga 24 horas por dia, que eles eram egoístas, sanguessugas, egocêntricos, que eu não queria mais vê-los. "Saia do meu escritório!", gritei para uma colega que, na verdade, era minha amiga. Naquele momento, todavia, sentia-me como um touro diante de um pano vermelho: queria destruir, vociferar, disseminar medo. Uma infinidade de repressões e acusações saltava da minha boca, o dique estava rompido. Foram palavras nada gentis as que meus colegas ouviram de mim, e minhas expressões não eram nem um pouco finas. Nunca haviam me visto assim, e por isso estavam muito assustados. E porque é tão difícil suportar que alguém fira o código emocional, imediatamente tiveram de encontrar uma explicação plausível para o fato: "Colapso nervoso causado por excesso de trabalho."

"Não, meus queridos, não foi nenhum colapso nervoso, foi a mais pura verdade", deveria ter sido a minha resposta. E: "Tenho o direito de reagir tempestuosamente. Todos têm esse direito. Experimentem! Quem sabe, poderemos ser mais sinceros uns com os outros." Mas é claro que não disse nada parecido. Fiquei calada, pois estava envergonhada. Havia me exposto, fracassado, transposto os limites. Se eu pudesse, teria desfeito minha explosão emocional, pois, afinal, uma pessoa madura, adulta, ainda por cima psicóloga, deveria ter controle de suas emoções.

Agora penso de modo diferente. Hoje prefiro qualquer crise emocional àquelas emoções mornas que achamos tão desejáveis. É claro que tenho consciência do perigo que correm especialmente as mulheres quando mostram suas verdadeiras emoções na vida profissional. Certamente é melhor evitar "colapsos nervosos". Se aprendermos, entretanto, a expressar nossa raiva, aborrecimento, decepção imediatamente, no mesmo momento em que surgem, nem chegamos a ter o acúmulo de emoções que se descarrega em ataques destrutivos.

Auto-acusar-se, remoer, sofrer em silêncio
Caminhos para a depressão

Em estudos independentes uns dos outros, nesses últimos tempos vários cientistas apresentaram resultados que apontam para o fato de que a nossa saúde física e psíquica depende em larga escala da maneira como lidamos com as preocupações e problemas da nossa vida. Neste ponto é interessante notar que a gravidade e a quantidade das preocupações aparentemente não têm um papel tão decisivo quanto se havia pensado até então. O que importa mais é *a maneira como* nos preocupamos, qual é o nosso "estilo de preocupação". Quem tende a reagir de modo "pouco saudável" a situações preocupantes, pode vir a sofrer depressão, doenças cardíacas, *stress*, insônia e exaustão. Se, ao contrário, tivermos instintivamente a reação certa, geralmente conseguimos sair do poço das preocupações sem sofrer qualquer dano sério, nem física nem espiritualmente.

Qual a diferença entre as pessoas que se preocupam de modo "pouco saudável" e aquelas que sabem lidar melhor com seus problemas? Diversos estudos apontam quatro características nocivas nesse contexto:

1. Os "Altamente reativos", quando confrontados com experiências negativas, têm reações marcadas por uma intensidade emocional acima da média;
2. Os "Auto-acusadores" sempre atribuem a si mesmos a culpa do fracasso e dos problemas;
3. Os "Remoedores" não conseguem parar de pensar em seus problemas;
4. Os "Sofredores" raramente compartilham seus problemas, preferindo ficar calados a queixar-se a alguém.

As pessoas que acabam desesperando por causa de seus problemas geralmente apresentam as quatro características. E há mais uma coincidência nos resultados das pesquisas: parece que as mulheres têm um modo mais autodestrutivo do que os homens de tratar suas preocupações e problemas.

O que é exatamente um "Altamente reativo"? Este conceito foi cunhado por James Blumenthal que trabalha com portadores de infarto do miocárdio na Duke University. Ele descobriu que os pacientes literalmente sentem um peso no coração por causa dos acontecimentos. Reagem de modo extremamente intenso a todas as experiências negativas. Não importa o que aconteça, para eles é como se fosse um terremoto abalando o âmago do seu ser. Não importa se o que acontece é grave ou não. Não faz diferença nenhuma se eles estão decepcionados porque um compromisso importante foi desmarcado, se foram maltratados por um vendedor ou se uma pessoa do seu círculo de convivência adoeceu gravemente – os "Altamente reativos" reagem a qualquer um dos acontecimentos com o mesmo nível de preocupação. Mesmo que seja algo bastante banal, eles o vivenciam com a mesma intensidade de um problema grave.

Esta acentuada receptividade para o negativo foi constatada não só em pacientes cardíacos mas também entre os portadores de depressão. A grande incidência de depressão entre as mulheres (o dobro em comparação com os homens) decorre, entre outros motivos, de suas reações que costumam ter uma intensidade emocional maior do que as dos homens, e do simples fato de serem mulheres, que faz com que apresentem uma probabilidade maior de pertencer aos "Altamente reativos".

O "Auto-acusador" é aquele que, antes de mais nada, atribui a culpa de todo problema a si mesmo. O psicólogo suíço Guy Bodenmann, da Universidade de Friburgo, ficou alarmado com a estatística que aponta as mulheres como o sexo depressivo. Procurou saber se, na vida cotidiana, as mulheres não doentes também reagiam de modo mais depressivo do que os homens e, portanto, se existiam fatores agravantes nas mulheres que elevavam o risco de contrair depressão. Comprovou que cresce o risco de ter uma doença depressiva quando as pessoas apresentam um "estilo cognitivo menos favorável de lidar com a situação preocupante".

Esse foi o principal resultado de uma experiência organizada por Bodenmann com 60 casais, todos vivendo em relacionamentos estáveis. Os participantes foram informados de que estavam participando de um "teste de inteligência em casais", enquanto na realidade se tratava de um teste de indução de *stress*. O casal escolhia um de dois "testes de inteligência", e em seguida os parceiros trabalhavam de modo independente em salas separadas. Através de um interfone podiam se comunicar a respeito das questões solucionadas. Para enviar ou receber mensagens, entretanto, tinham de digitar um determinado código, e foi aí que Bodenmann inseriu as fontes de erro. Se um dos parceiros errasse três vezes seguidas a operação do interfone, o teste era interrompido. O orientador manipulava a ocorrência dos erros aleatoriamente e atribuía a culpa da interrupção do teste ora à mulher, ora ao homem.

Bodenmann estava interessado em saber como os participantes lidavam com seu (suposto) fracasso ou aquele do parceiro, e de que maneira seu estado emocional se modificava durante o teste.

Antes dos testes, homens e mulheres apresentavam estados emocionais semelhantes, descrevendo-os como neutros no questionário. Durante o teste, todavia, as mulheres sentiam-se claramente mais deprimidas – uma diferença que permanecia bem acentuada mesmo após o término do teste e da experiência de fracasso.

Guy Bodenmann atribui essa diferença entre os sexos sobretudo aos diferentes estilos cognitivos de lidar com a situação de homens e mulheres. Por exemplo, as mulheres esforçavam-se por evitar que o marido fizesse má figura no teste, enquanto os homens se preocupavam mais em colocar a si mesmos na melhor luz possível e evitar um mau desempenho. Essa "orientação exterior" fazia com que as mulheres ficassem muito mais estressadas do que os homens.

Quando entrevistadas acerca dos motivos para seu fracasso no teste, as mulheres culpavam sua "falta de habilidade" e sua "incapacidade de lidar com aparelhos técnicos". Nos casos em que a manipulação do organizador fazia com que o fracasso fosse atribuído a um erro do marido, este apresentava desculpas, dizendo que não estava num bom dia, ou também, que não havia se esforçado o suficiente. E ainda, os homens tendiam a culpar a parceira. Diziam que ela costumava ser muito desajeitada, ou faltava à parceira a inteligência necessária, como os homens não hesitavam em confidenciar ao organizador. Quando as mulheres atribuíam a culpa do fracasso ao parceiro, eram muito mais brandas em sua avaliação. Na pior das hipóteses, explicavam os erros como uma falta de esforço por parte dele.

Essa experiência mostra claramente que as mulheres "reagem de maneira mais desfavorável do que os homens, até em situações de *stress* relativamente insignificantes...", explica o psicólogo suíço. Para piorar a situação, "o ambiente social ainda reforça este comportamento". Na avaliação de Bodenmann, o desânimo das mulheres diante dos problemas da vida cotidiana pode "facilmente transformar-se em depressão no caso de fatores estressantes mais graves".

Em seu estudo, Bodenmann descobriu ainda que as mulheres não apenas têm um estilo diferente de lidar com problemas em comparação aos homens, mas também apresentam um comportamento autodestrutivo em situações estressantes. Um questionário pediu aos participantes informações sobre sua maneira de controlar o *stress* durante o teste. Eles podiam escolher entre acusar a si mesmos, o parceiro ou terceiros, fazer uma reavaliação ("tudo isso não é tão grave assim"), procurar informações ("o que pode ser feito?") ou manter conversas negativas consigo mesmo ("por que fui participar disso"). Enquanto os homens nos seus questionários assinalaram três vezes mais a resposta "Na verdade, culpo meu parceiro/outros", as mulheres tendiam mais a entreter conversas negativas e a atribuir a culpa a si mesmas. Conversas negativas consigo mesmo e auto-acusações, todavia, aumentam o perigo de ficar remoendo o problema. E o remoer, por sua vez, constitui uma das características essenciais do comportamento depressivo.

As psicólogas Susan Nolen-Hoeksema e Benita Jackson, da Universidade de Michigan, provaram em diversos estudos que pessoas que ficam remoendo suas preocupações, correm grande risco de ficar deprimidas. As psicólogas constataram que as pessoas com tendência a remoer apresentam três agravantes:

☞ Pensam de modo negativo a respeito de sua situação atual, seu passado e seu futuro;
☞ Estão pouco interessadas em atividades que poderiam melhorar sua disposição e criar a sensação de "estar no domínio da situação";
☞ Têm dificuldade de encontrar soluções adequadas para seus problemas.

Num estudo feito com 515 mulheres e 612 homens, as psicólogas procuraram esclarecer o que leva uma pessoa a remoer e se neste ponto existe alguma diferença entre os sexos. A conclusão não deixa dúvidas e confirma os resultados dos estudos preliminares: as mulheres têm uma tendência maior a remoer do que os homens.

Será que também têm mais motivos para fazê-lo?

Nolen-Hoeksema e Jackson descobriram que a causa não pode ser procurada na quantidade de acontecimentos negativos na vida da pessoa. Os homens relataram um número nitidamente maior de acontecimentos negativos ocorridos naquele ano do que as mulheres. Indagados, todavia, sobre a freqüência com que pessoas do seu convívio foram atingidas por acontecimentos críticos, as mulheres lembravam um número muito maior de acontecimentos deste tipo ocorridos a sua volta do que os homens. As mulheres, portanto, pareciam reagir mais intensamente à vida das outras pessoas e a se preocupar mais com elas.

Além do mais, descobriu-se ainda que na vida cotidiana as mulheres carregam um peso nitidamente maior do que os homens. Entrevistadas a respeito do número de horas dedicadas à profissão, ao serviço de casa, à educação dos filhos e à ajuda a pessoas idosas, as mulheres indicavam uma carga horária muito maior do que os homens. Na faixa etária entre 25 e 35 anos, por exemplo, as mulheres chegam a 90 horas por semana, enquanto os homens indicam apenas 68 horas. O desgaste excessivo crônico leva facilmente à sensação de estar perdendo o controle das coisas e de não conseguir solucioná-las. A perda de controle, por sua vez, gera uma sensação de impotência, e esta há muito tempo foi identificada como um dos principais gatilhos para disparar doenças depressivas.

Na maioria dos casos existe ainda um outro fator agravante: quem tem dificuldades de se livrar de seus problemas, via de regra pertence ao grupo dos "Sofredores" que costumam lidar sozinhos com suas preocupações. Hoje sabemos que não é bom ficar calado diante dos problemas. Compartilhar seus problemas com os outros é de grande ajuda, como o psicólogo norte-americano James Pennebaker descobriu há alguns anos. Quem vive segundo o lema "Os outros não têm nada a ver com meus problemas", dispende uma quantidade imensa de energia e força para mostrar ao mundo a fachada de que "está tudo em ordem" – uma força que acaba se esgotando, podendo, então, provocar um colapso físico ou psíquico.

O psicólogo Dan Wegner descreveu como a repressão de pensamentos pode levar a remoê-los incessantemente até que acabem se transformando em idéias obsessivas. Sua experiência do "urso branco" é muito conhecida, mas nem por isso menos esclarecedora, e mostra o poder das proibições de determinados pensamentos. Tente durante cerca de um minuto *não* pensar num urso branco – você verá que é impossível. Tampouco conseguirá *não* pensar na infidelidade do parceiro ou colocar de lado as preocupações com a conta bancária descoberta. Tudo que é não resolvido, que é desagradável, que nos traz infelicidade, impõe-se à nossa consciência com toda a sua força, mesmo contra a nossa vontade. "A capacidade de perceber e expressar a tristeza diante de perdas ou decepções é uma característica da saúde psíquica, e pode ser vista como uma defesa bem-sucedida contra o desenvolvimento de sintomas mais graves." Essa noção, formulada em 1984 pela psicóloga norte-americana J. P. Newman, foi desde então confirmada por numerosos estudos.

Na verdade, é algo que todos nós sabemos. Esperamos ansiosamente por uma oportunidade para finalmente poder "virar a mesa" ou "soltar os cachorros"; não queremos continuar sorrindo o tempo todo, fechar as portas calmamente e fingir que tudo está bem. O desejo de soltar nossa agressividade fica visível no caso de Lorena Bobbitt. Você se lembra? Foi aquela jovem que um dia resolveu assumir uma atitude radical para se defender contra os constantes maus-tratos de seu marido: decepou-lhe o pênis. "Toda a América feminina ficou entusiasmada", segundo o relato da revista *Emma*. Delirantes, as mulheres festejaram a ação inequivocamente criminal de Lorena Bobbitt. A pequena esteticista recebeu verdadeiras ovações da parte feminina da população. Mulheres que sempre foram pacíficas, adaptadas, quase viciadas em harmonia, descobriram-se sentindo uma emoção totalmente nova: o desagravo.

Essas mulheres não tiveram dificuldade nenhuma em se imaginar no lugar de Lorena Bobbitt. Sabem o que é sofrer injustiças. Conhecem a sensação de impotência e de estar entregues ao domínio de alguém. Sua posição na sociedade e a convivência entre os sexos, ainda pouco igualitária, fazem com que sempre voltem a ficar em situações nas quais se sentem oprimidas e indefesas. Mas, diferentemente de Lorena, não apanham a faca, não têm ataques, não são tomadas de fúria homicida. A educação e o ambiente cultural colocam suas algemas, as obrigam a engolir humilhações, a fingir que nada está acontecendo. Admiram Lorena Bobbitt, a decepadora de pênis, porque rompeu as regras daquele jogo tão prejudicial às mulheres.

Filmes como *Telma e Louise* ou o *Clube das Desquitadas* também exercem um efeito eletrizante sobre as mulheres. O riso sardônico das mulheres no cinema deixa os homens irritados. Eles reagem com uma mescla de atitude racional e defensiva, acham esses filmes "ruins", "muito simplistas" e surpreendem-se com a boa aceitação por parte das mulheres. Instintivamente sentem que não podem dar-se ao luxo de pensar mais profundamente a respeito. Mas as mulheres também quase não dão-se ao luxo de refletir sobre o que tanto as atrai nestas mulheres vingativas e assassinas. Será que se sentem avassaladas pelo medo de descobrir os abismos das próprias emoções?

Esse medo não é totalmente infundado. Quem nunca teve a coragem de perder as estribeiras, quem finge para si mesmo que não tem nenhuma agressividade, que não sente raiva nem alimenta fantasias de vingança, tem um medo enorme de perder o controle. Se admitimos, todavia, que somos pessoas nem sempre pacíficas, que nem sempre pensamos ou sentimos positivamente, então nossas emoções negativas não ficam tão assustadoras, nem nos levam à depressão.

Preocupações, lamentações e queixas "justificadas"
Caminhos para sair da depressão

Robin M. Kowalski, psicólogo da Western Carolina University, na Carolina do Norte, vai mais longe ainda. Ele acha que deveríamos não só aceitar as emoções negativas, mas que, em determinadas circunstâncias, é até útil lamentar a nossa miséria. À primeira vista, esta proposta pode parecer bastante estranha. Normalmente, não gostamos de pessoas que se queixam ou se lamentam. Quem se queixa é menos bem aceito do que aqueles que não expressam sua insatisfação ou o fazem de maneira discreta. O medo da rejeição social, o medo de perder a popularidade ou de adquirir a fama de ter pena de si mesmo fazem com que as pessoas geralmente deixem de se queixar de seu sofrimento ou de "cair na lamentação". Se mesmo assim acontece, se fazemos uma tentativa nesse sentido, começamos logo com uma desculpa, dizendo: "Não quero me queixar...". "E por que não?", pergunta Kowalski e explica: "A queixa e a lamentação criam verdadeiros escudos de defesa contra a depressão, infarto do miocárdio e doenças psicossomáticas. Quem não se queixa, adoece."

Lamentações e queixas desempenham uma função extremamente importante – provocam uma catarse. Falar dos problemas e queixar-se deles talvez não possa eliminar as frustrações, decepções e insatisfações, mas ao menos as alivia. Quem ficou parado num congestionamento de trânsito e, ao chegar em casa, pode desabafar reclamando do tempo perdido e da falta de consideração dos outros motoristas, cria uma distância emocional em relação ao fato. O mesmo acontece quando uma mulher se queixa da carga de trabalho com a educação dos filhos ou com os cuidados com os pais idosos, que sente como um peso excessivamente grande para carregar sozinha. As queixas diminuem o *stress* que é tão prejudicial à saúde.

A função catártica das lamentações foi comprovada por uma experiência. Os participantes deviam pensar numa pessoa que os havia aborrecido. Em seguida, um terço dos participantes devia apenas anotar como passaram o dia anterior, um segundo grupo devia escrever sobre seu aborrecimento com essa pessoa – endereçado ao organizador da experiência – e o terceiro grupo devia escrever sobre sua insatisfação, endereçando-a diretamente à pessoa em questão. Os participantes que puderam escrever para alguém a respeito de sua frustração – não importando a quem se dirija sua "lamentação" – sentiram-se claramente mais aliviados e melhor do que o grupo que não pôde expressar sua insatisfação.

Barbara Held, professora de psicologia do Bowdoin College em Brunswick, no Estado norte-americano do Maine, também é uma firme defensora da "lamentação". Não considera muito eficientes as psicoterapias que estimulam seus clientes a superar a fase da lamentação o mais rapidamente possível, e menos ainda aquelas técnicas de auto-ajuda que ensinam as pessoas a pensar positivamente ("Não se preocupe, viva!"). Pois: "A vida é dura. Mesmo quando não há grandes dramas, ela é dura. Além do mais, não há garantia nenhuma de que uma fase negativa da vida não possa seguir, a qualquer momento, à fase positiva. Em resumo, todos nós, em algum momento de nossa vida, temos motivos para queixas. Terapeutas, apóstolos da auto-ajuda ou amigos benevolentes tornam nossa vida mais difícil ainda quando exigem que paremos de reclamar". Barbara está convencida de que "as pessoas conseguem lidar melhor com as dificuldades da vida" quando podem se lamentar e se queixar.

Quem está preocupado, quem tem tendência a matutar, com os pensamentos girando sem parar, não deve mais esconder seus sentimentos. Precisamos, entretanto, seguir algumas regras para que nossas queixas não acabem afugentando as pessoas.

1. Saiba quem é capaz de avaliar corretamente suas queixas e de suportá-las. Nem todos se prestam a isso. Escolha cuidadosamente uma pessoa e combine com ela por quanto tempo você vai se lamentar.
2. Quando você se lamenta, não faça de conta que nada disso está acontecendo.
3. Não entre num concurso de lamentações. Não tente convencer os outros de que seus problemas são os mais graves.
4. Não se queixe sempre do mesmo problema. Quem não tira nenhuma conclusão de suas lamentações, não pode contar com a compreensão dos outros.

James Blumenthal também insiste junto a seus pacientes portadores de infartos cardíacos para que procurem uma pessoa com a qual possam falar sobre suas emoções, medos e preocupações. "Não importa quão aborrecida ou até hostil seja a disposição da pessoa, o fato de encontrar um amigo que lhe pergunte a respeito, que diga 'Ei, o que há com você? Não fique tão nervoso', pode desencadear uma grande melhora", é assim que Blumenthal explica os préstimos do ato de desabafar. Seu colega Jonathan Schedler, psicólogo da Universidade de Harvard, concorda com ele: "Precisamos do apoio sincero de outras pessoas. Quem tenta negar essa necessidade, ficará assediado pelas preocupações."

Num mundo perfeito não existiriam doenças, porque não haveria mais nenhum vírus e nenhuma bactéria. Num mundo ideal não haveria depressões, medos, distúrbios alimentares, não haveria raiva, nem aborrecimento, pois num mundo ideal também não haveria nenhum *stress* psicológico. No entanto, vivemos no mundo real: convivemos com os vírus e as bactérias, temos de lidar com os desafios psíquicos – e quando nossa resistência é fraca, ficamos doentes. Uma gripe, ou então uma depressão, mostra-nos que algo não está bem, que temos de agir. A explosão de raiva, o "colapso nervoso" também são sinais, assim como uma gastrite ou uma oclusão intestinal.

Se ignorarmos esses sinais, nossa saúde correrá perigo. "Foi comprovado que um grande número de doenças físicas, por exemplo, úlcera estomacal, dor de cabeça, dor de coluna, colite, alergias e até mesmo o câncer está ligado – pelo menos em certos casos ou parcialmente – à repressão de emoções 'negativas'", escreve a psicanalista norte-americana Jane Goldberg. "A síndrome patológica da gentileza – um padrão comportamental que pratica a gentileza aleatória e sem distinção a qualquer preço, mesmo à custa da própria integridade emocional – e sua ligação com as doenças cancerosas e um sem-número de fenômenos psicossomáticos já foi suficientemente pesquisado." Quem vive se esforçando para nunca demonstrar raiva, hostilidade ou ira, segundo Goldberg, se transformará "numa sombra miserável de sua personalidade".

Mas se mantivermos aberto o acesso às nossas emoções verdadeiras, se nos desembaraçarmos da obrigação do "Seja positivo", continuaremos prontos para agir, prontos para lutar. Ficaremos então parecidos com os cavaleiros da Idade Média, cuja vida teria perdido seu sentido sem a possibilidade de transformar o ódio contra seus rivais em ações sanguinolentas. Hoje em dia não há necessidade de cometer tais ações. Mas nós também precisamos das emoções fortes para combater adequadamente os acontecimentos adversos, tudo o que é nocivo e prejudicial na nossa sociedade e na nossa vida particular. Precisamos do ódio, da raiva, das agressões, da depressão, precisamos das emoções "negativas", pois elas nos ajudam a ficar alertas e críticos.

O psicólogo norte-americano Galen Bodenhausen comprovou numa série de experiências que os pensadores positivos correm perigo de transformar-se em seguidores acomodados e pouco críticos. Para não perder seu bom humor, tendem a não analisar em profundidade os processos complexos e formam sua opinião de modo precipitado. Essa foi a conclusão, por exemplo, da seguinte experiência organizada pelo psicólogo. Ele comunicou aos participantes de seu teste que eles constituiriam um júri para julgar um caso de estupro. Um dos grupos recebeu a informação de que o acusado se chamava John Garner, enquanto ao outro foi dito que seu nome era Juan Garcia. Como era de se esperar, os julgamentos refletiam um preconceito racial: Juan era declarado culpado por um número maior de jurados do que John. O surpreendente desse resultado, entretanto, é que os participantes que antes do teste haviam sido trabalhados (por meio de músicas adequadas e boas lembranças) para ficar numa disposição positiva manifestaram julgamentos especialmente estereotipados. Na opinião do psicólogo isso é um sinal de que pessoas que pensam positivamente não querem se preocupar com análises profundas.

É possível que na nossa sociedade o comportamento destrutivo fosse menos freqüente se estivéssemos mais acostumados a lidar de modo correto e sensato com problemas, preocupações, agressões, ódio e raiva. Talvez houvesse menos violência se não aprendêssemos a constantemente procurar ser gentis e pensar positivamente. Alexander Kluge escreve em seu livro *O Poder das Emoções*: "Sem a capacidade de odiar não existe a capacidade de amar...." E a psicanalista Goldberg completa essa idéia: "Do mesmo modo como ouro e prata devem ser misturados a outros metais menos nobres, queimados e martelados para se tornarem fortes o suficiente para serem usados no mundo real, o amor deve ser fortalecido pelo ódio, para tornar-se inteiro, duradouro e forte."

A importante função desempenhada por todas as nossas emoções negativas se perdeu cada vez mais nesta "época do auto-aprimoramento". Emoções foram transformadas em mercadoria, que rendem um bom dinheiro para certas pessoas. Embaixadores do bom humor alimentam nosso desejo de controlar as emoções e de eliminar qualquer pensamento que não seja positivo. Cobrem-nos de conselhos do tipo "Deixe para trás tudo que o limita e oprime, e aprenda a levar uma vida feliz, sem preocupações" (Peter Kummer), em campanhas publicitárias recomendam o antidepressivo vegetal erva-de-são-joão para combater os dias cinzentos da nossa vida e, em casos "persistentes", prescrevem-nos as pílulas milagrosas da indústria farmacêutica. Movidos por seu próprio interesse financeiro, mantêm-nos na ignorância dos efeitos colaterais dessa passagem ao mundo do pseudo-otimismo e da não-aceitação das emoções negativas: a longo prazo, nos tornamos vítimas da nossa repressão. Não importa se na vida particular ou na política; só podemos manter nossa capacidade de ação se enxergamos as preocupações e os problemas como aquilo que realmente são – indícios de um equilíbrio perturbado. Assim, dependendo da situação, sentiremos tristeza, indignação, aborrecimento, ou até mesmo ódio. Emoções negativas são emoções valiosas. Mostram-nos que algo não está bem. Sem elas, afundamos na impotência e na letargia.

Por isso:

Bata a porta quando sente vontade de fazê-lo.
Chore quando está triste.
Grite quando está com raiva.
Mostre seu cansaço quando está sobrecarregado.
Jogue o cinzeiro contra a parede quando não sabe mais o que fazer de tanta raiva.

Ande até não agüentar mais, se você sente que isso lhe faz bem. Cante em voz alta quando o rádio toca aquelas canções atrevidas, como as do grupo de meninas *Tic-Tac-Toe*: "Eu te acho uma merda" ou aquela do grupo *Codo*: "Feio. Sou tão feio. Sou o ódio." (Não é à toa que canções com textos irreverentes – sem nenhuma consideração pela sua qualidade musical – quase sempre fazem muito sucesso.)

E converse com as pessoas: fale sobre aquilo que o preocupa, lamente-se (segundo todas as regras dessa arte), livre-se das pedras que pesam sobre sua alma.

Não importa o que faça – é essencial que você evite engolir a tristeza e remoer seus pensamentos. Diga adeus à idéia de ter a obrigação de estar sempre bem-humorado. Você ainda tem o dia de amanhã para se tornar um exemplo de paciência e de pensamentos positivos.

"Estou sem vontade de fazer sexo" – "Então não faça!"

*Por que você não precisa se sentir
mal quando diz "não"*

"Sua mão envolveu um enorme mastro musculoso que, cheio de sangue, pulsava como um animal. Quase chorando de gratidão e êxtase, ela ajeitou-o na sua própria carne intumescida. Ficou gemendo com a força da penetração e do tesão avassalador, e então seu corpo recebeu suas rápidas estocadas como flechas selvagens. Ela curvava sua pelve cada vez mais para cima até ser rasgada pelo primeiro orgasmo, e quando finalmente, gozo após gozo, seu corpo estava consumido, como depois de um grande incêndio, e ela não agüentava mais, gritou: 'Venha e goze comigo antes que eu morra.'"

Não precisamos recorrer a obras pornográficas na procura de estímulos para o nosso cotidiano sexual. O texto acima, por exemplo, está no romance *O Garanhão*, de Harold Robbins, um sucesso editorial com milhares de exemplares vendidos.

Revistas femininas tampouco se cansam de nos ensinar como ter ainda mais diversão na cama – e não têm papas na língua: "É sempre a mesma história com os homens: Como fazer para gozar o mais rapidamente possível?" queixa-se a revista *Cosmopolitan* (2/97) e promete às suas leitoras algo diferente: "Ele tem de esperar e nada de pressa. Há outros caminhos bem diferentes para chegar ao orgasmo. É preciso um pouco de criatividade, imaginação e tempo." O tempo fica por conta das próprias leitoras, na parte da criatividade e da imaginação as jornalistas-sexólogas dão uma mão com as "Cinco excitantes alternativas para o habitual entra-e-sai". Entre outras coisas, ficamos sabendo que sexo oral é maravilhoso ("A cabeça dele desaparece entre suas pernas. Ele a beija carinhosamente. Sua língua circula suavemente em volta do clitóris, seus lábios chupam..."), qual é a função do vibrador no jogo amoroso ("A melhor posição: ela sentada de costas bem perto dele, que a acaricia ou segura com uma mão enquanto a outra passa o vibrador suavemente sobre os seios, descendo lentamente até sua colina de Vênus e mais adiante..."), como é excitante observar a parceira quando ela se masturba ("Enquanto você se satisfaz, ele observa seus movimentos, ouve sua respiração, seus gemidos...").

Numa outra edição dessa mesma revista (1/97), o psicanalista Johannes Kemper prega a importância da criatividade. Nada daqueles programas tediosos, sempre iguais! E uma especialista da Pró-Família diz que não basta cuidar do relacionamento, mas que é importante também aperfeiçoar a habilidade sexual. Por exemplo com o *Mini-Vib*: "Dez centímetros de comprimento, um centímetro de diâmetro, de aparência discreta, prateado e movido a bateria. Uma peça especial para os adeptos do estilo *clean*. Prático como um secador de cabelos para viagem: cabe em qualquer bolsa tipo Grace Kelly e pode ser útil até numa casa de café", entusiasma-se *Cosmopolitan*.

A mulher emancipada está interessada em sexo, toma o que e quem quer, não conhece tabus, limites nem inibições. De todas as preocupações sexuais, aparentemente sobrou apenas uma única: Como podemos incrementar ainda mais essa atividade tão gostosa? Pelo menos é essa nossa impressão quando observamos as imagens de sexo que a mídia nos mostra.

"...tudo está tão permeado de sexo que a gente se pergunta o que está acontecendo com as mulheres", escreve, horrorizado, o escritor Matthias Altenburg, após "ter atravessado por vocês não sei se inferno ou céu, pegava pilhas e pilhas de *Marie Claire, Elle, Cosmopolitan, e Vogue e Amica* do lixo da minha vizinha e lia tudo, tudo...". E ele continua: "Agora vou ler tudo de novo, para que ninguém possa me repreender, e aí vou para a cama e vou trepar com Eva Herzigova e Nadja Auermann e Claudia Schiffer e Jeremy Irons e Jon Bon Jovi, aquele cantor fofo de *rock*; só não vou trepar com menores de idade e nem com Bianca Jagger porque na foto [...] ela tem uma cara de quem acaba de sofrer um ataque de apoplexia, razão por que realmente não quero trepar com ela e, na verdade, a gente gostaria de *nunca mais trepar* num mundo que parece não estar fazendo outra coisa..."

Não estamos sentindo algo parecido? Às vezes não gostaríamos também "de nunca mais trepar num mundo que parece não estar fazendo outra coisa ..."? Estamos enojados com as imagens das regiões genitais de pessoas totalmente estranhas, enojados das sempre novas variantes de "amor", enojados das confissões obscenas e destituídas de qualquer senso de vergonha; e estamos enojados das imagens que nos são vendidas como eróticas, mas que nada mais são do que pura pornografia, enojados das emissoras de televisão que acreditam ser necessário fornecer aos seus telespectadores "estímulos visuais para a masturbação". Não é verdade que às vezes perdemos toda vontade de fazer sexo?

Perdemos, sim. Só que freqüentemente não reconhecemos por quê. Não nos apercebemos de que ficamos soterrados em lixo erótico, e, como de costume, atribuímos a nós mesmos a culpa pelo nosso suposto fracasso sexual. Não vemos que nosso desânimo possa ter algo que ver com a enxurrada sexual dos meios de comunicação, mas ao contrário: de maneira mais ou menos inconsciente, transformamos o desempenho sexual divulgado pela mídia em padrão para nós mesmos. É, exatamente como naquelas imagens, é assim que gostaríamos de fazê-lo também.

Com muita paixão. Sempre. A qualquer hora. Infelizmente, o dia-a-dia sexual costuma ser bem diferente. Falta tempo e também energia de nossa parte. Depois de um longo dia de *stress*, aborrecimentos e correrias, sentimo-nos exaustos e desanimados. Restam os finais de semana, mas mesmo então muitas vezes a vida sexual deixa a desejar. Quando foi a última vez que realmente transpiramos na hora do sexo? Quando foi que nos desmanchamos de prazer? Quando nos atiramos excitados um sobre o outro, arrancamos a roupa do corpo do outro e levamos nosso parceiro ou parceira à loucura?

"Meu marido me disse há pouco que se sente virgem, tanto tempo faz que não dormimos juntos."

"Tivemos a última relação sexual há seis semanas. No momento temos ambos muito *stress* no trabalho. À noite estamos cansados demais."

"Eu faço questão de que durmamos juntos pelo menos uma vez por semana. Não é que eu sempre sinta vontade, mas penso que tem de ser assim. De outro modo ele fica mal-humorado. Às vezes acabamos nos envolvendo no ato sexual, mas outras vezes não passa de um exercício físico."

"Quando ele quer sexo, não diz nada, mas começa a me acariciar na nuca, de modo desajeitado. Detesto isso. Prefiro trocar carícias e deixar a coisa rolar. Mas quando penso, ah, aí está ele de novo, não consigo entrar no clima. Então eu agüento passivamente. Deveres matrimoniais!"

"Ainda gostamos de dormir juntos. Mas tenho de admitir que muitas vezes estou cansada demais para um verdadeiro jogo amoroso. Mas acho importante fazer sexo. É claro que aí não acontece nenhum abalo sísmico."

Essas frases são de mulheres entre 35 e 45 anos, que, depois de muita hesitação, se dispuseram a falar sobre sua vida sexual. Normalmente não falamos sobre o que acontece nessa área. Mesmo entre boas amigas esse assunto costuma ser tabu. É difícil admitir que na cama nem tudo é maravilhoso.

Desânimo sexual – um fenômeno de massa?
Ou um fenômeno dos meios de comunicação de massa?

Sabemos como a sexualidade pode ser fascinante, excitante e satisfatória, e por isso às vezes achamos nossa própria vida sexual triste e monótona e temos a consciência pesada porque há tão pouca diversão com nosso parceiro e tão pouco entusiasmo. Sentimos que fomos apanhados em flagrante quando vemos numa revista sensacionalista a manchete "Alemães, vocês não se amam o suficiente". O artigo afirma que a freqüência das relações sexuais dos casais alemães diminuiu no decorrer dos últimos 20 anos de oito vezes para duas vezes por semana. Oito vezes por semana! Será que é verdade que antigamente as pessoas faziam isso com tanta freqüência? Aquietamos nossa consciência dizendo que é impossível, e lembramos de Martinho Lutero para quem o normal era duas vezes por semana. Mas aí fazemos as contas e vemos que nas últimas semanas não atingimos nem mesmo essa "freqüência mínima".

A cientista sexual norte-americana Helen Singer Kaplan tocou o alarme já no final dos anos 70. Nessa época ela descobriu que as pessoas estavam cada vez menos dispostas a fazer sexo. Ela deu a esse fenômeno o nome clínico de *Inhibited Sexual Desire* (desejo sexual inibido). Supunha-se que já naquela época entre 20% e 50% dos norte-americanos adultos apresentavam esse distúrbio.

Hoje em dia, o desânimo sexual é um fenômeno amplamente difundido. São tantas as pessoas que padecem desse mal que meios de comunicação sérios recomendam como "calmante" a virgindade voluntária e o celibato de longa duração como caminhos saudáveis para chegar ao autoconhecimento. "Existem dez milhões de solteiros na Alemanha. As mulheres conseguem passar várias semanas sem sexo", escreveu, por exemplo, alguns anos atrás, a revista *Brigitte* (20/89) a respeito de mulheres solteiras. E acrescentou: "O sexo como exercício físico não as interessa. Há muito tempo os tabus foram quebrados, tudo já foi experimentado e visto. Sexo em si não é interessante, dizem muitas jovens."

Entre aqueles que ainda o praticam, supõe-se que 84% das mulheres e 53% dos homens – segundo uma das versões que estão circulando – apenas raramente sentem um comichão excitante na virilha. No consultório de aconselhamento sexual da Universidade de Hamburgo, o número das mulheres "sem libido" subiu de pouco menos de 10% em meados dos anos 70 para mais de 70% em 1992. "Hoje não, querido", teria se tornado a frase mais pronunciada em muitos relacionamentos.

Psiquiatras e psicólogos estão muito preocupados, considerando a falta geral de libido como um distúrbio sexual sério. Uma parte das pessoas acometidas talvez apresente causas orgânicas para essa falta de libido. Mas isso acontece em apenas cerca de 5% das pessoas que procuram um consultório de aconselhamento sexual por causa da ausência de libido. Há outras causas que podem eliminar o desejo sexual, como sérias dificuldades no relacionamento, doenças psíquicas ou abuso sexual. A grande massa dos desanimados, todavia, não apresenta nenhum problema, ao menos nenhum que exija tratamento. A maioria dos homens e mulheres que não encontram mais prazer no próprio corpo e no do outro, são vítimas de uma sociedade totalmente sexualizada, que determina o que é "sexo bom".

A idéia de que a felicidade sexual consiste exclusivamente em relacionamentos sexuais freqüentes, intensos, e num corpo de formas perfeitas, está firmemente enraizada na nossa cabeça. Reflexões do tipo "Eu deveria agora...", "Já há três dias que não fazemos...", "Preciso dormir com ela/ele, caso contrário vai achar que não estou mais interessado(a)..." nascem da consciência negativa e provocam reações erradas. Ou levam a relações sexuais que são meros atos obrigatórios e por isso não trazem satisfação alguma, ou então evitamos qualquer contato sexual, acreditamos ser vítimas da falta de libido e, portanto, portadores de um distúrbio.

"Não são as coisas em si que preocupam as pessoas, mas a idéia das coisas", disse o filósofo Epiteto. A preocupação nasce das imagens que temos a respeito da sexualidade "normal". Ficamos preocupados quando nos comparamos com as imagens divulgadas pela mídia mostrando pessoas que sempre podem e sempre querem. Se é "normal" o que mostram em imagens e palavras, então não somos normais.

Sentamos na frente da televisão, assistindo a programas pornográficos, precariamente dissimulados como "eróticos", das emissoras privadas de televisão que nos mostram o que hoje é possível fazer em matéria de sexo. As publicações populares nos ensinam que a roupa de borracha pode ser altamente estimulante, que sexo ao ar livre é muito bom, qual é o tamanho ideal do pênis, onde fica o ponto G, e o fato de que as mulheres também podem ejacular. Podemos rir de algumas dessas coisas, mas o riso dissimula outro sentimento: a vergonha. Não sentimos vergonha das imagens e palavras obscenas – nada em matéria de sexo é tabu hoje em dia –, sentimos vergonha por nós mesmos, porque temos de admitir que na nossa vida sexual não acontece nada daquilo que nos é mostrado pela mídia.

A conhecida sexóloga Ruth Westheimer acredita que a vergonha sexual tem uma importância muito maior nos dias de hoje do que pensamos. O psicanalista Léon Wurmser concorda que as "sem-vergonhices" que observamos em todos os lugares não comprovam o desaparecimento da vergonha sexual. Ao contrário: as pessoas nunca sentiram tanta vergonha como hoje. Vivemos na "época da vergonha", segundo Wurmser, e é sobretudo na intimidade do quarto que aparecem os sentimentos de vergonha. "Não existe nenhuma outra situação em que a pessoa fica tão vulnerável, em que abre mão de todos os controles habituais sobre suas emoções, ações e expressões, em que entrega ao outro seu eu quase indefeso."

A consciência negativa e o sentimento de vergonha não desapareceram, portanto, da nossa vida sexual, apenas os motivos não são mais os mesmos dos tempos melindrosos dos anos 50 e 60. Naquela época, as pessoas se encontravam na inibição e na ignorância a respeito do sexo, enquanto hoje sentimos vergonha quando não correspondemos à imagem ideal de uma pessoa potente e sexualmente ativa.

O psicólogo Michael Lewis definiu essa emoção torturante dizendo que a vergonha surge "quando avaliamos nossas ações, emoções e comportamentos e chegamos à conclusão de que fizemos algo errado". Hoje em dia muitos casais têm problemas porque um deles (ou talvez até os dois) faz uma avaliação constante de si mesmo e acredita ter "errado em alguma coisa".

O que torna a vergonha sexual tão grave é que geralmente fica impossível reconhecê-la como tal. Está na natureza da vergonha o "disfarçar-se". Pessoas envergonhadas querem se esconder, gostariam de desaparecer de tanta vergonha. Depois que Adão e Eva desobedeceram e comeram da árvore do conhecimento, "ambos passaram a enxergar e viram que estavam nus". Tomados de vergonha "entrelaçaram folhas de figueira e se cingiram", lê-se na Bíblia na descrição do nascimento da vergonha entre os seres humanos. No caso dos Adão e Eva de hoje não é tão fácil reconhecer a vergonha. Eles dispõem de outros disfarces para esse sentimento, alegando consciência pesada, dor de cabeça, desânimo e falta de vontade.

Em vez de ficar envergonhados com sua vergonha e disfarçá-la com outras emoções mais aceitáveis, homens e mulheres deveriam aprender a decifrar a mensagem transmitida pela vergonha sexual. A vergonha é uma emoção muito importante. Léon Wurmser escreve: "A vergonha é a guardiã indispensável da privacidade e da intimidade, uma guardiã que protege o âmago da nossa personalidade, nosso senso de identidade e integridade..." A vergonha relacionada com a sexualidade nos alerta de que algo nos ameaça e nos causa insegurança. "Vergonha não admitida", diz Léon Wurmser, "cria uma prisão que se autoperpetua." Fugir dessa prisão é possível apenas se reconhecermos por que sentimos vergonha, por que nossa consciência pesa.

A nova vergonha

O que realmente estraga o prazer

Os terapeutas sexuais vêem uma relação direta entre a sexualidade divulgada pelos meios de comunicação, que rompe todos os limites da vergonha, e os sentimentos particulares de vergonha. Quanto mais aberta e desinibidamente se fala sobre a sexualidade, quanto mais explicitamente se mostra o que pode acontecer entre duas pessoas no campo sexual, maior fica a susceptibilidade à vergonha. Pois aumentam as possibilidades de comparação e com isso cresce também o medo do ridículo, o medo de ficar exposto e fracassar. Sabemos como deve ser a aparência de um corpo desejável e excitado, e quais são as habilidades e qualidades que distinguem um bom amante e uma boa amada. Quando nosso desempenho sexual fica aquém desse "padrão", sentimos que fracassamos e então nos envergonhamos.

"Quando tenho um amante novo, evito deitar de lado na cama. Tenho vergonha porque nessa posição minha barriga e meu peito ficam muito caídos", confessa Monika, de 43 anos, que não tem nenhuma gordurinha a mais. Ela poderia se orgulhar de seu corpo, mas quando está nua, sente-se velha, flácida e gorda. Tem vergonha de seu corpo, no qual o tempo e a gravidez de três filhos deixaram suas marcas.

Sexólogos e psicólogos confirmam que a vergonha do corpo muitas vezes estraga o prazer sexual, sobretudo das mulheres. Pensamentos como "encolha a barriga", "espero que ele não veja minha celulite quando vem de trás...", "eu deveria ter depilado as axilas...", "será que estou cheirando bem?" matam o prazer e geram *stress* em vez de relaxamento.

Da nossa relação com o corpo, no entanto, depende a qualidade das nossas relações sexuais. Uma recente pesquisa de opinião feita nos Estados Unidos confirma essa ligação. "Quanto menos bonita me sinto, menos vontade tenho de fazer sexo", confessou uma mulher de 31 anos. "Se possível, evito qualquer contato sexual, e se acontecer assim mesmo, não consigo relaxar. Tenho a impressão de que não posso proporcionar prazer ao meu parceiro." E uma outra, de 20 anos, diz: "Quero emagrecer por causa dos meus namorados. Quando estou gorda, ninguém quer ficar comigo. Enquanto eu não tiver um corpo bonito, ninguém vai me querer."

Aqueles que estão muito insatisfeitos com seu corpo têm mais experiências sexuais desagradáveis. Quanto menos à vontade nos sentimos em relação ao nosso corpo, menor fica nossa libido e mais negativos são os sentimentos depois de uma relação sexual.

O inverso também acontece e as experiências sexuais podem modificar nossa imagem do próprio corpo. Mais de um terço dos mais de 500 homens e quase 4 mil mulheres entrevistados disseram que não gostam do próprio corpo depois de uma relação sexual desagradável. Uma experiência sexual boa, no entanto, os reconcilia com seu corpo, na opinião de 70% dos homens e 67% das mulheres.

A conexão estreita entre uma imagem corporal positiva e uma vida sexual satisfatória é confirmada também por um estudo da Universidade de Leipzig, feito com 1.034 alemães orientais e 1.013 alemães ocidentais na faixa etária de 14 a 92 anos. Os pesquisadores de Leipzig constataram que os alemães orientais se sentem melhor em relação ao próprio corpo do que os ocidentais. Eles se preocupam menos com sua aparência e dizem-se orgulhosos de seu corpo com mais freqüência do que os ocidentais. A idéia de que outras pessoas possam vê-los nus é menos assustadora para os homens e mulheres orientais e no que diz respeito à capacidade de sentir prazer sexual, os orientais se mostraram muito menos acanhados. Bloqueios sexuais são muito menos conhecidos entre os alemães orientais do que entre os ocidentais, e eles falam de uma satisfação maior com sua vida sexual. Na opinião dos cientistas de Leipzig, essas diferenças podem ser explicadas "provavelmente pelo maior controle emocional entre os alemães ocidentais e uma preocupação maior com o desempenho. Eles controlam mais seus impulsos sexuais – e as emoções de maneira geral – e são extremamente exigentes quanto ao próprio desempenho e atratividade (sexual), o que tende a inibir a realização de sua sexualidade. Isso fez com que o Ocidente desenvolvesse uma maneira mais repressiva e artificial de lidar com a sexualidade, enquanto na Alemanha Oriental o comportamento sexual é mais natural...".

Seria bom se as mulheres e os homens ocidentais se espelhassem no exemplo de seus irmãos orientais em vez de se comparar com as figuras reluzentes da mídia. Mas a Alemanha Oriental enfrenta um perigo crescente de também sucumbir às imagens da mídia e de perder seus padrões saudáveis – já que suas bancas de jornais também passaram a exibir uma abundância de publicações coloridas, repletas de sexo. Nesse caso, eles também serão assaltados pela vergonha do corpo da qual já padece a maioria dos ocidentais.

Sentimos vergonha e gostaríamos de ser diferentes. Mais desejáveis e mais desejados. Queremos ser mulheres e homens "de verdade", queremos corresponder à norma sexual. O psicólogo norte-americano Joseph Lo Piccolo, numa pesquisa de opinião realizada com 93 casais com uma média etária de 34 anos, constatou o seguinte: 12% dos homens entrevistados gostariam de ter relações sexuais mais de uma vez por dia; mas apenas 3% das mulheres sentiriam isso como prazeroso. A maioria dos entrevistados acredita que "aquilo" deveria acontecer três a quatro vezes por semana. Mas como é a realidade? Não mais de 2% dos homens e 1% das mulheres afirmam realmente ter relações sexuais mais de uma vez por semana, enquanto 12% tanto dos homens quanto das mulheres admitem ter relações no máximo a cada quinze dias. E 3% têm relações sexuais menos que uma vez por mês.

Em outras palavras: existe um abismo entre o desejo e a realidade. Tomados pela consciência negativa, achamos que a "notícia catastrófica" a respeito da crescente falta de libido se refere a nós mesmos, porque não correspondemos às nossas próprias exigências. Quem não alcança a média estatisticamente determinada, sente-se pego em flagrante e passa a acreditar que algo está errado com sua vida sexual. A consciência negativa e a vergonha de nossa insuficiência nos tornam cegos para a realidade. Esquecemos que muitos dos dados publicados a respeito da sexualidade supostamente normal pertencem ao reino das fantasias e dos mitos.

Mito número 1: A falta de sexo é prejudicial à saúde

Não há unanimidade quanto à questão se existe um instinto sexual ou não. Enquanto Sigmund Freud não duvidava de sua existência e supunha que nossos estados internos de tensão exigem um descarga dos instintos, sexólogos modernos, como Gunter Schmidt, defendem uma opinião diferente: "Não é que temos sexualidade porque estamos sexualmente excitados, mas produzimos a excitação sexual ou a procuramos para poder fazer a experiência da sexualidade." Aqui não se fala de um impulso interno. Mas sim, que desejamos fazer sexo porque tivemos a experiência do que pode ser divertido.

Mesmo que exista um instinto sexual, normalmente temos controle total sobre ele. Não precisamos de nenhuma "válvula de escape" para a energia sexual porventura acumulada, não precisamos ter nossa dose regular de sexo para manter a saúde psíquica e física.

Há mais: o desejo de sexualidade não se manifesta com a mesma intensidade em todas as pessoas. Como há pessoas animadas e calmas, explosivas e pacientes, assim também existe o "temperamento" sexual individual de cada pessoa. É possível que a intensidade do interesse sexual seja parcialmente inata; em sua parte mais expressiva, entretanto, depende das experiências na área sexual no decorrer da vida. Uma educação rígida, desfavorável à sexualidade, e a ocorrência de contatos sexuais raros ou exclusivamente desagradáveis podem fazer com que alguém perca o desejo. Mas isso não significa necessariamente que pessoas com pouco interesse sexual sejam menos felizes ou satisfeitas. Um manual de psicologia afirma: "Diferente da fome e da sede, o 'apetite' sexual não precisa necessariamente ser satisfeito, e todas as aparências indicam que nem precisa existir para que o indivíduo possa sobreviver e ser feliz."

Mito número 2: A carência de sexo influencia a psique

Este mito está estreitamente vinculado ao primeiro. Persiste a opinião de que uma mulher ou um homem que tem contatos sexuais regulares, tem mais vibração erótica e é mais equilibrado e mais respectivamente feminina e masculino do que uma pessoa "frustrada". Mas da mesma forma como a falta de libido não tem nenhuma influência sobre o bem-estar psíquico, tampouco o comportamento ou a aparência de uma pessoa fornecem indícios a respeito da quantidade e da qualidade de sua vida sexual. Insatisfação ou falta de *sex appeal* (não importa o que isso possa ser, afinal) certamente não é indício de falta de atividade sexual.

Mito número 3: Quem ama, também deseja

Esse mito deve ser o principal responsável por homens ou mulheres acharem que sofrem de distúrbios sexuais. No início de um relacionamento em geral basta um olhar para acender o desejo; mas com o passar do tempo e da convivência entre o casal cresce a necessidade de estímulos eróticos. Já no segundo ano do casamento, a maioria dos casais tem apenas a metade das relações sexuais em comparação com o primeiro ano, e a curva decresce à medida que aumenta a idade dos parceiros e a duração do casamento.

Certamente não é coincidência que os casais que trabalham fora são os que mais procuram a terapia sexual por causa da falta de libido. É difícil realizar o ideal de um relacionamento apaixonado que dura toda uma vida quando ambos os parceiros voltam para casa à noite estressados pelo trabalho, e ainda se dedicam aos filhos e aos trabalhos domésticos – tarefa que quase sempre recai sobre a mulher. Ela, portanto, muitas vezes fica mais exausta ainda do que o homem quando termina suas tarefas diárias e eventualmente ainda ouve reprimendas quando ele dispõe de reservas de energia para o jogo amoroso enquanto ela perdeu toda a vontade e responde com uma negativa.

Casais como esses deveriam saber que os sexólogos têm dúvidas fundamentais se realmente é possível manter a intensidade sexual em relacionamentos a dois de longa duração. A crescente familiaridade e os hábitos que aos poucos se instalam, matam a vontade. Não importa se o casamento é "feliz" ou "infeliz" – geralmente não demora mais de cinco anos para que desapareça qualquer vestígio do "pique" inicial. Isso não é nada surpreendente, na opinião da terapeuta norte-americana Lonnie Barbach, pois: "Você também não gostaria mais de seu prato predileto se tivesse de comê-lo todos os dias." Portanto, se nada acontece durante semanas a fio, não devemos duvidar do relacionamento, mas lembrar que se trata de um processo absolutamente normal.

Mito número 4: Falta de libido não é igual a falta de libido

Tanto se escreveu sobre a crescente falta de libido que nem duvidamos mais dessas notícias. Ninguém mais pergunta de onde a mídia tira aqueles números impressionantes a respeito das pessoas que supostamente padecem desse mal. Quando se trata de estatísticas sérias, via de regra vêm de consultórios de aconselhamento sexual ou de clínicas que tratam pessoas à procura do conselho de um especialista por causa de seus problemas sexuais. Para que alguém tome essa iniciativa, deve haver uma pressão enorme e é necessário que o problema seja encarado como um distúrbio sério. Quando se fala na crescente falta de libido, na verdade fala-se apenas do fato de que um número cada vez maior de pessoas procura aconselhamento por causa de problemas sexuais. Hoje, as pessoas se sentem mais à vontade para fazê-lo do que antigamente, porque, em primeiro lugar, sabem mais a respeito das possibilidades de tratamento e porque, em segundo lugar, se sentem menos inibidas para procurar ajuda no caso de dificuldades sexuais. É provável que sempre tenha havido o mesmo número de pessoas sofrendo de falta de libido, só que antigamente um número bem menor de pessoas procurava ajuda.

Aos números publicados, que são o resultado de estudos científicos, a psicóloga Kirsten von Sydow faz a seguinte objeção: "A sexualidade parece merecer pesquisas apenas quando é problemática. São pesquisados os distúrbios sexuais, o que chamamos de perversões, os distúrbios sexuais funcionais, e nos últimos tempos, é claro, a AIDS se transformou em tema importante ao lado do abuso sexual. Quase não há pesquisas sobre a sexualidade normal, cotidiana." Em outras palavras: sabe-se bastante a respeito dos distúrbios sexuais, mas muito pouco sobre a sexualidade "normal". E o conhecimento a respeito da sexualidade das mulheres é mais deficiente ainda. Sabe-se pouco a respeito do que elas gostam, do que não gostam e até onde elas talvez participem em algo que na verdade não lhes agrada. Faltam pesquisas também sobre o que realmente acontece dentro dos relacionamentos.

Ficamos intimidados com os padrões sexuais da mídia, por relatos sobre super-sexo e como chegar lá, e então nos dizem: não se sabe nada de concreto! Sofremos por causa de nossas inseguranças enquanto muitos anos depois da Revolução Sexual a libido absolutamente normal de homens e mulheres continua sendo uma incógnita! E damos ouvidos aos supostos especialistas em sexo, que criam parâmetros determinados com base no seu estudo da sexualidade desequilibrada.

Devemos nos lembrar disso da próxima vez que nos sentirmos sem desejo. A falta de libido *pode* ser o sintoma de um distúrbio grave, mas não necessariamente. Na maioria dos casos, é provável que se trate de alguma reação absolutamente normal, que nem nos preocuparia se não tivéssemos recebido os "esclarecimentos" tão pouco objetivos da mídia. Terapeutas e pesquisadores da sexualidade sabem muito pouco a respeito dos sentimentos absolutamente normais; por isso, seus conselhos e suas publicações precisam ser vistos com muita cautela. O que têm a dizer pode ser interessante e importante para os casos em que efetivamente há distúrbios sexuais. Mas tudo isso tem muito pouco que ver com nossa libido (e com os problemas que eventualmente temos com ela).

Não importa se temos relações sexuais diária, semanal ou mensalmente – normal, na sexualidade, é tudo o que nos agrada. A falta de libido só se transforma em problema quando perdemos nossa espontaneidade por causa de exigências excessivamente elevadas e da consciência negativa que resulta disso. Não podemos ser perfeitos. É impossível ser um amante maravilhoso depois de ter realizado todas as nossas obrigações cotidianas. "Experiências excepcionais" são possíveis apenas quando estamos relaxados, temos tempo e não estamos preocupados com nenhum problema. Vamos esquecer que existe algum padrão oficial para uma boa vida amorosa. "Bom" é aquilo que faz bem a *nós mesmos*. Não importa se é duas vezes por semana ou uma vez por mês. E também não importa se temos gordurinhas excessivas na barriga ou se o peito está caído. Não importa quantas imagens reluzentes a mídia possa nos apresentar ou quantos especialistas em sexo nos impressionem com seus conhecimentos – tudo isso não tem nada que ver com a *nossa* sexualidade.

"Juntos somos imbatíveis"

Discurso em defesa de uma certa dependência

Kathy, Johnny, Patricia, Jimmy, Joey, Barby, Paddy, Maite e Angelo não são beldades. Sua música também não é levada muito a sério pelos críticos que a chamam de "música *pop* bonitinha". Mesmo assim, estão computando sucessos sensacionais: a família Kelly mantém seu lugar de destaque nas listas das músicas mais tocadas e encanta os adolescentes (quase sempre do sexo feminino). Os nove irmãos – a mais velha tem 32, o mais novo, 13 anos – provocam uma verdadeira histeria em massa onde quer que se apresentem.

O que está acontecendo?, perguntam, irritados, os críticos de música, para os quais até então música jovem equivalia à revolta. O fenômeno, tão difícil de ser compreendido pelos adultos, tem suas raízes exatamente naquele desenvolvimento que fez com que esses adultos se transformassem em pessoas incompreensivas. Quem foi jovem nos anos 60 e 70 dificilmente entende que esses cantores irlandeses pouco asseados transmitem uma mensagem muito especial para as crianças de hoje. Essa mensagem pode ser resumida numa só palavra: a união familiar. Os jovens estão pouco interessados em saber o que realmente acontece no barco onde moram os Kelly, eles vêem apenas o que lhes interessa: nove irmãos. Uma família. Um trabalho em conjunto.

Será que a mania pelos Kelly não expressa algo além do desejo de ter uma família intacta, do ideal de irmãos que se apóiam mutuamente? Nos concertos dos ex-músicos de rua reúnem-se os filhos únicos, mimados, que têm todos os seus desejos realizados, com exceção de um único, o desejo de aconchego e vinculação. Jovens que durante dias a fio permaneceram perto do barco dos Kelly em Colônia, confirmam essa suposição diante dos jornalistas (*Spiegel-TV*, transmissão do dia 2/7/95): O que não dariam para poder viver junto com eles! Com todo prazer abandonariam suas prósperas casas geminadas e seus pais em constante pé de guerra, e se uniriam aos nove irmãos como o mais novo membro da família! Obviamente, o sucesso dos Kelly não se deve exclusivamente às suas canções facilmente memorizadas, como por exemplo *Wish I were an Angel*, mas também à mensagem implícita que divulgam com suas apresentações: somos uma família feliz, estamos unidos, nada pode nos separar. Juntos somos imbatíveis!

Os jovens que em seu entusiasmo forram o palco dos Kelly com ursinhos de pelúcia mostram a coragem de expressar uma necessidade interior que seus pais acabaram extinguindo, à custa de muito trabalho psicológico: o desejo de aconchego, de estar em união íntima com outra pessoa. Os adultos de hoje não ousam admitir que também querem ter vínculos. Afinal, aprendemos que devemos aspirar à autonomia e à independência, que apenas uma pessoa autônoma pode ser auto-realizada, apenas uma pessoa autônoma pode cuidar da satisfação de suas necessidades, apenas uma pessoa autônoma é uma pessoa psiquicamente estável.

A geração que se rebelou contra os pais autoritários e controladores e mostrou uma pressa enorme em abandonar a casa paterna, irrita-se com seus filhos que permanecem em casa, acomodados no "Hotel da Mamãe". Pode ser que motivos materiais tenham um papel importante nesse estado de coisas; mas a nova geração também não sente mais tanta necessidade de separação; parece que suas necessidades de autonomia foram atendidas. Em compensação, parece que há deficiências em relação a outras necessidades. A febre pelos Kelly, ao lado de outros fenômenos da cultura jovem, como por exemplo a *Love-Parade** dos Raver, são sinais de uma profunda necessidade de união entre as pessoas, união que possa proporcionar o aconchego desejado.

Em suas famílias, os jovens não encontram mais que resquícios de aconchego que possam satisfazer essas necessidades. Nesse aspecto, os casamentos e relacionamentos de seus pais não servem mais de exemplo para eles. Irritados, observam suas mães com sua falsa independência enquanto, na verdade, estão tensas e infelizes; absolutamente incompreensivos, sem entendimento nenhum, vêem seus pais lutando para subir na vida profissional, mantendo casos extraconjugais e comportando-se em casa como se fossem visitantes. Que a proximidade excessiva seria prejudicial, que a autonomia é a característica de um relacionamento emancipado – essa é a "sabedoria" que os jovens ouviram dos adultos até não agüentar mais. Cada vez menos eles entendem o que poderia haver de positivo nisso.

Esse culto da autonomia é a causa de muitos problemas nos casamentos e relacionamentos e de um grande número de separações e divórcios. Homens e mulheres fracassaram em seus relacionamentos por causa da exigência de manter a intimidade e a independência, a proximidade e a distância, as necessidades próprias e as necessidades do parceiro num equilíbrio "saudável", segundo as informações divulgadas pelos especialistas. "O problema surge quando a necessidade de identidade própria colide com a necessidade de segurança", escreve o terapeuta de casais norte-americano Michael Vincent Miller, o que não é nenhuma novidade.

---

* Evento organizado em 1995, 1997 e 1998 para encorajar a união e a tolerância entre todas as raças e nações. (N.T.)

Na verdade, as dificuldades começam bem antes: no momento em que passamos a duvidar da "legitimidade" do desejo de segurança. Sempre que sentimos a tendência de nos agarrar ao outro ou o desejo de nos fundir com a pessoa amada, todos os alarmes começam a piscar. Cuidado, onde fica sua identidade? Seja autônomo! Observe os limites! Por mais forte que seja a paixão, por mais que cada fibra dentro de nós anseie por ele ou ela – não ousamos nos abandonar de verdade a essa emoção. Tememos que isso possa ser interpretado como uma fraqueza.

A proximidade excessiva e as emoções muito fortes nos amedrontam. É por isso que algumas pessoas vivem relacionamentos com horários fixos, como, por exemplo, Anke, de 31 anos. Há três anos mantém um relacionamento estável com Karl. Em todos esses anos, nunca saíram do "horário de visitas" que estabeleceram: "Sábado à tarde nos encontramos na minha casa ou na casa de Karl. Ficamos juntos durante a noite e o domingo. Domingo à noite, nossos caminhos se separam de novo. Durante a semana nos encontramos às quartas-feiras, quando vamos à sauna." E quando vocês têm vontade de se ver mais vezes? "Eu a reprimo. Proximidade excessiva não é bom. E também tenho a impressão de que Karl fica nervoso, quando quero vê-lo mais vezes."

Marlies e Piet também respeitam os sentimentos vulneráveis do parceiro. Explicam que estão mantendo nada mais que um "relacionamento sexual". Não querem admitir que esse "relacionamento sexual" já dura cinco anos e que também compartilham outros interesses. Nenhum dos dois jamais disse ao outro que o(a) ama. "Nunca", afirma Marlies com um espanto genuíno. "Se eu dissesse algo assim, só o veria pelas costas, de tão rapidamente que ele iria embora." O que há de tão perigoso na frase "Eu te amo"? "É que não sinto amor por ele", reitera Marlies. "Apenas gosto de fazer sexo com ele, realmente é maravilhoso. Se a gente se encontrasse mais vezes ou se vivêssemos juntos, essa fascinação acabaria rapidamente. Não queremos que isso aconteça."

Gerda se divorciou há dois anos. A convivência com Jakob havia se tornado insuportável. No decorrer dos anos, as discussões ficaram cada vez mais angustiantes e desgastantes, girando sempre em torno do mesmo tema: o (suposto) desinteresse de Jakob pelo relacionamento. "Vivia pensando exclusivamente no trabalho, nunca se interessou pela nossa vida em comum." A principal queixa de Gerda era: "Você não me ajuda nos trabalhos de casa e raramente cozinha, eu tenho de fazer tudo."

No consultório do psicoterapeuta Hans Jellouschek há muitas mulheres como Gerda, insatisfeitas com seu relacionamento. Ele observa que "homens bem-intencionados tentam satisfazer os desejos de suas mulheres, mas muitas vezes não cuidam dos outros desejos que estão por trás daqueles primeiros. Assim, os desejos verdadeiros das mulheres continuam insatisfeitos, e elas passam a exigir cada vez mais". Muitas vezes as próprias mulheres não sabem muito bem o que realmente querem. Apenas depois de seu divórcio, Gerda começou a enxergar que, na verdade, tratava-se de algo bem diferente: "Eu queria mais proximidade, mais intimidade, e também mais sexo. Mas nunca teria tido a coragem de admiti-lo. Travamos lutas fictícias, e hoje já não me admiro que Jakob não soubesse o que eu realmente queria." Enquanto esteve casada, Gerda não reconheceu que por detrás de sua "critiquice", como seu marido o chamava, se escondia uma necessidade não-satisfeita de criar vínculos.

Anke e Karl, Marlies e Piet, Gerda e Jakob – eles não são exceções. É muito comum esse medo de uma maior proximidade e intimidade, este medo de perder a própria liberdade e independência.

Annegret também teve essa experiência quando, na "avançada" idade de 45 anos, decidiu se casar com seu parceiro de muitos anos. As reações dos amigos e amigas foram as mais diversas. É claro que todos se sentiam na obrigação de ficar felizes por ela (e alguns poucos realmente o sentiram de todo o coração), mas mesmo esses não conseguiam conter a pergunta "Por quê?".

"Não a entendo", disse-lhe ao telefone uma de suas amigas. "Por que você decidiu abdicar de sua independência? Você não depende de ninguém, não tem filhos para cuidar... por que se casar?" Quando Annegret lhe respondeu que era "por amor", a amiga ficou sem palavras.

"Já antes da nossa decisão de legalizar nossa união, sempre apareceram vozes (supostamente) benevolentes e preocupadas, dizendo que grudávamos demais um no outro", conta Annegret. "Porque meu marido e eu não somos um casal que se despede de manhã para cada um seguir seu próprio caminho profissional, mas estamos juntos na direção de um negócio. Porque gostamos de ficar juntos nas horas livres e nas férias e sentimos falta um do outro quando um de nós viaja por alguns dias – por isso, aquela amiga preocupada achou que deveríamos criar alguma distância a intervalos regulares. Um amigo do meu marido até mesmo diagnosticou que somos um casal simbiótico." E a simbiose, como todos sabem, é doentia. A simbiose equivale à estagnação, não há desenvolvimento, na simbiose não há espaço para respirar, a simbiose é a expressão de algum distúrbio neurótico. Um "entrelaçamento simbiótico", escreve a socióloga Elisabeth Beck-Gernsheim, é uma "constelação que cria conseqüências sem saída e absurdas ao mesmo tempo. Os psicólogos vêem nisso a eterna batalha entre autonomia e dependência, 'proximidade e distância', 'fundir e resistir'".

"Não preciso de ninguém!"
A dança sobre o vulcão da "autonomia"

A "autonomia" foi colocada sobre um pedestal nos anos 70, quando a onda da psicologia chegou a seu auge. A auto-observação e a auto-realização tornaram-se conceitos-chave na luta por um eu autônomo e independente. Tratava-se de descobrir o "verdadeiro eu", soterrado nos escombros da "pedagogia negra" e na obrigação de se acomodar.

Foi sobretudo a psicologia humanística que popularizou a idéia de que a auto-realização seria a chave para a autonomia e a felicidade pessoal. Segundo Carl R. Rogers, para encontrar seu verdadeiro eu é necessário que a pessoa derrube fachadas, não tenha pensamentos do tipo "na verdade eu deveria", não tente agradar os outros. É essencial viver com autodeterminação e muita autoconfiança. Os estudos do psicólogo Abraham Maslow o levaram à conclusão de que as pessoas realizadas são "independentes do ambiente físico e social. Essa independência em relação ao ambiente significa uma estabilidade relativa diante de infortúnios, privações, frustrações etc.".

Nos últimos vinte anos, a idéia de auto-realização e de autonomia iniciou uma verdadeira marcha triunfal. Não há terapia que não tenha como objetivo alguma forma de auto-realização; mas também fora das salas dos consultórios considera-se evidente que uma pessoa só pode ser feliz se for auto-realizada. A mensagem de Maslow de que a auto-realização pode ser atingida pelo "autoconhecimento" levou as pessoas em massa para os "seminários de autoconhecimento" e "grupos de encontro". Qualquer ação girava em torno do próprio eu, as outras pessoas deviam ser mantidas a distância, parecia que elas não eram realmente necessárias para a auto-realização. Muito pelo contrário, segundo a opinião de Maslow que afirma que as pessoas auto-realizadas "podem na realidade ser tolhidas pelas outras... Ficaram suficientemente fortes para não depender mais da opinião de outras pessoas e nem mesmo de sua simpatia".

Acreditamos que a auto-realização pode trazer felicidade. A idéia de não depender de ninguém exerce uma forte atração especialmente para nós – pois quase todos nós crescemos num clima educacional do qual realmente não se pode dizer que fomentasse a liberdade e a autonomia. Portanto, era absolutamente compreensível que achássemos sedutora a idéia de poder viver de modo auto-realizado, e quiséssemos implementá-la em nossa vida.

Como principal obstáculo no caminho para a auto-realização identificamos, com a ajuda de sociólogos e psicólogos, o amor romântico. Este teria efeitos inibidores não só sobre o desenvolvimento individual, mas faria com que os relacionamentos modernos não funcionassem mais, por causa das expectativas exageradas ligadas a ele. O enaltecimento e a idealização do outro, o desejo de vê-lo como um salvador montado num cavalo branco ou de transformá-la numa bela adormecida à espera da salvação – aprendemos que tais emoções apenas são permitidas, quando muito, na fase inicial do namoro. Mais tarde, todavia, precisamos criar alguma distância do outro e os desejos imaturos de fusão devem ser transformados numa convivência realista. O fato de não conseguirmos fazê-lo pode ser sinal de problemas infantis não trabalhados dos quais queremos nos libertar por meio do relacionamento amoroso. Para não levantar a suspeita de imaturidade psíquica, ocultamos nossa aspiração ao grande amor incondicional. Nestas últimas décadas, poemas de amor, como aqueles versos maravilhosos de Friedrich Rückert, só são lidos às escondidas, com vergonha, debaixo das cobertas. Apenas os muito corajosos ousariam enviá-los ao seu ou à sua amado/a.

Você é a minha lua e eu sou a sua terra;
Você diz que gira em volta de mim,
Não sei, apenas sei que
Nas minhas noites fico claro através de você...
Você, minha alma, você, meu coração,
Você, meu encanto, você, minha dor,
Você, o mundo no qual vivo,
Meu céu, você, onde flutuo,
Você meu túmulo onde
Coloquei minha aflição para toda a eternidade!

Você é a calma, você é a paz,
Você é o céu que me foi concedido,
Seu amor me torna digno,
Seu olhar me glorificou aos meus olhos,
Você, com seu amor, me eleva acima de mim mesmo,
Meu bom espírito, meu eu melhor!

Quem, nos dias de hoje, tem a coragem de dedicar estrofes como essas à sua amada, ao seu amante? Quem tem ainda a coragem de abrir o coração dessa maneira, de expor suas emoções de modo tão indefeso? Não, isso não combina com personalidades auto-realizadas e autônomas. Nossas idéias e expectativas a respeito do amor são diferentes.

É possível amar demais?
Como os psicoterapeutas nos induzem ao erro

Relacionamentos íntimos que funcionam nos irritam. Como não pode ser o que não *deve* ser, segundo os conhecimentos psicológicos, rotulamos esses relacionamentos como patológicos. Mas esquecemos que nosso conhecimento a respeito dos relacionamentos, supostamente bem-fundado, é fruto de estudos feitos em clínicas e consultórios de psicoterapia com pessoas que sofrem de problemas graves (como acontece também com o conhecimento a respeito da sexualidade humana). É possível que relacionamentos "normais" e cotidianos funcionem de modo diferente das uniões que são tão problemáticas que os casais resolvem recorrer à ajuda de especialistas. "Sou psicoterapeuta e minha vida profissional consiste predominantemente em detectar a infelicidade de outras pessoas com uma lente especial para aumentos extremos", é assim que o psicoterapeuta e escritor Michael Vincent Miller descreve seu trabalho. Mas isso não o impede de generalizar seus "aumentos extremos" e de colocá-los à disposição de todos os casais como material ilustrativo para suas próprias vidas.

Este é o problema, para não dizer o crime, da maior parte dos psicoterapeutas que escrevem livros. Em seus consultórios encontram apenas um grupo bem específico de pessoas. São pessoas que sofrem tanto por causa de seus problemas psíquicos que não conseguem mais lidar com eles sem ajuda. As histórias contadas por esses pacientes são tomadas como matéria-prima pela maioria dos psicoterapeutas-escritores e usadas em seus livros e artigos, generalizando esses casos "extremos" de modo inadmissível. Não fossem seus pacientes, muitos terapeutas não poderiam se tornar escritores. Muitos livros deixariam de ser escritos, se homens e mulheres não procurassem a ajuda dos psicólogos para suas preocupações e dores. Não quero questionar aqui se há alguma justificativa ética para a divulgação de histórias de casos (mesmo que o anonimato seja mantido) com a finalidade de criar fama literária pessoal. E é claro que nem todos os psicoterapeutas-escritores são iguais. É certamente um caso excepcional aquele autor que promete a seus leitores transformá-los em "testemunhas secretas", fazendo-os compartilhar suas conversas terapêuticas com personagens da vida pública. No *release* desse livro, a editora anuncia: "Não importa se estrela de seriado de TV, presidente de conglomerado industrial, modelo ou político – conhecidas pessoas da vida pública procuram seus conselhos e revelam-lhe suas preocupações e conflitos." Como será que se sentem essas pessoas que foram buscar os conselhos desse suposto especialista e agora correm o risco de reencontrar a si mesmos e seus problemas tornados públicos em um livro?

Outro psicoterapeuta que conquistou prestígio com seus livros e é considerado um autor sério, não resiste à tentação de expor os destinos de suas pacientes à luz dos holofotes – neste caso, são mulheres solitárias. "Como psicanalista, sinto-me instigado pela tarefa de esclarecer, para mim mesmo e para meus leitores e leitoras em potencial, algo que em grande parte determina meu trabalho. Pois nos sofás ou nas salas de terapia em grupo dos analistas, as mulheres solitárias constituem o maior contingente de clientes." A partir de alguns poucos exemplos, ele chega à conclusão ousada de que as mulheres que vivem sozinhas são solitárias porque não estão dispostas a "reduzir suas exigências quando, ao nível atual de expectativas, acontece uma estagnação da realização de seus desejos".

Em outras palavras: quando as mulheres solteiras não encontram parceiros a culpa é delas, porque ficam esperando pelo príncipe do conto de fadas. Elas não aceitam "a oferta salvadora das possibilidades sexuais existentes na realidade" mas "preferem continuar sozinhas e ansiosas". É claro, admite o autor, que uma mulher não precisa ter um homem para ser feliz, mas sua experiência terapêutica lhe mostra "que existem muitas mulheres solitárias que se sentem mais deprimidas do que aliviadas diante do convite de encarar como algo positivo o fato de ser solteira – se não como um ganho real, pelo menos como o mal menor".

Eu cito esse livro tão detalhadamente porque ele mostra de modo especialmente irritante como psicoterapeutas inflam seu pequeno mundo terapêutico e se arrogam a derivar afirmações gerais dos destinos de alguns de seus pacientes. As mulheres que o psicoterapeuta encontrou em seu consultório podem ter vivido um sofrimento incomum com o fato de terem permanecido solteiras, mas não são representativas da massa de mulheres que lidam sozinhas com a vida – não importa por qual motivo. É claro que sempre haverá momentos em que elas ficam insatisfeitas com sua vida, como, aliás, acontece também com pessoas casadas – não obstante, a conclusão pseudopsicanalítica "É que a mulher precisa de um homem" se aplica apenas a algumas delas.

Algo semelhante acontece com todas as outras obras de psicologia que se baseiam em histórias reais de terapia. Na maioria dos casos, refletem nada mais que a realidade da sala de terapia, mas não a realidade de todas as demais pessoas que nunca pensariam em procurar a ajuda de um psicoterapeuta. Mas não lembramos disso quando esse tipo de leitura nos cai nas mãos. Lemos e acreditamos que as informações que contêm se apliquem igualmente à nossa vida. Lemos a respeito de distúrbios sexuais e seu tratamento, sobre o medo da proximidade nos relacionamentos de casais, sobre dependências simbióticas doentias e sobre divórcios "amigáveis", e transferimos para a nossa vida tudo aquilo que lemos.

O que falta em todos esses livros é uma advertência que diga: "Essas descobertas foram feitas a partir de uma seleção muito pequena e muito específica de pessoas. Semelhanças com sua vida e seus problemas podem existir, mas não é possível fazer qualquer aplicação generalizada dos dados encontrados."

O livro *A relação a dois,* do psicoterapeuta suíço Jürg Willi, foi um marco para toda uma geração de casais. Nele, Willi descreveu de modo impressionante os resultados de seu trabalho com relacionamentos problemáticos no final dos anos 70. Segundo esse trabalho, pode haver ajustes inconscientes por parte dos parceiros ("colusões") que têm efeito nocivo para ambos. Ao contrário de seus colegas escritores, Willi sempre advertiu claramente que seu livro trata "de relacionamentos desequilibrados". Todavia, não conseguiu evitar que, no decorrer do tempo, suas explanações fossem aplicadas a um número cada vez maior de relacionamentos absolutamente normais entre duas pessoas. Naqueles padrões de colusão descritos por ele, os casais acreditavam reconhecer seu próprio retrato, com seus conflitos do dia-a-dia, e passaram a atribuir rótulos patológicos um ao outro. As mulheres constatavam que seus maridos tinham distúrbios "narcisistas", pois, conforme leram em *A relação a dois,* um narcisista procura um parceiro "que não tem exigências próprias e que o venera e idealiza incondicionalmente...". Os homens suspeitavam que suas parceiras tivessem distúrbios "orais". Esses rótulos os defendiam contra os cuidados excessivamente maternais e contra a proximidade muito intensa.

Livros como esse contribuíram sobremaneira para o fato de que hoje todos os relacionamentos próximos são vistos com desconfiança. Casais que – por exemplo – gostam de ficar juntos o máximo de tempo possível, logo suscitam a desconfiança de que estão agindo "neuroticamente", de uma maneira ou de outra. Eles violam a regra que determina: apenas uma pessoa absolutamente autônoma é psiquicamente saudável. E a autonomia mostra-se tanto no distanciamento emocional quanto no espacial. Por isso, *Living apart together*, a vida em casas separadas, tornou-se a forma de vida preferida por muitos casais, porque ofereceu a melhor solução para a difícil tarefa de "ame, mas não se comprometa". Os que têm a coragem de viver juntos e ficar juntos, de maneira bem antiquada, provocam desconfiança e até mesmo sentem a necessidade de se justificar.

"Quando vejo vocês, 26 anos de amor inabalável – no mesmo tempo em que tive pelo menos dez relacionamentos diferentes – então tenho de dizer: vocês me dão nojo", é com essas palavras que um homem de cerca de 45 anos, personagem do cartunista Chlodwig Poth, ralha com um casal. "Vocês são desumanos, egoístas sem qualquer consideração pelos outros. Representantes nojentos de um mundo sadio. Se não houvesse pessoas como vocês, eu poderia dizer, homem e mulher, isso simplesmente não funciona por muito tempo, é isso! Mas, não! Aí vêm vocês demonstrar que é possível, sim! Isso acaba comigo!" – "Agora a gente tem de se divorciar para que ele fique em paz novamente?", pergunta o homem à sua mulher. "Isto seria um exagero, mas acho que deveríamos pedir desculpas a ele", responde ela.

O aconchego nos é tão necessário
quanto a alimentação

"O ideal do amor romântico é atacado em duas frentes diferentes: de dentro e de fora do casamento; mas ao mesmo tempo ainda não desenvolvemos nenhum novo ideal que possa substituí-lo", lamenta o terapeuta de casais Michael Vincent Miller. Portanto, estamos numa situação complicada: conhecemos bem demais as idéias supostamente errôneas, porque românticas, a respeito do amor, e acreditamos que precisamos nos livrar delas. Mas não sabemos o que esperar de um relacionamento amoroso, não sabemos o que poderia substituir essas idéias. Aqui estamos, auto-realizados, autônomos, mas ao mesmo tempo profundamente inseguros. O que ainda é permitido no amor? Em que ponto o amor se torna excessivo? De tanto medo de perder nossa independência e liberdade, conquistadas a tanto custo, por via das dúvidas nem iniciamos qualquer relacionamento estreito e confiamos nos conselhos dos psicoterapeutas. "A felicidade de um relacionamento depende do movimento entre dar e receber. O movimento pequeno gera pouco ganho. Quanto maior o movimento, mais profunda a felicidade. Mas isso tem uma grande desvantagem – ficamos ainda mais amarrados. Quem deseja ter liberdade, deve dar e receber apenas bem pouco e deixar fluir bem pouquinho para lá e para cá", esta é a recomendação, por exemplo, do terapeuta familiar Bert Hellinger, de 77 anos.

Afinal, queremos uma felicidade profunda ou liberdade? Na opinião de Hellinger, não podemos ter ambas ao mesmo tempo. A liberdade aparentemente não traz felicidade. A felicidade no amor, por outro lado, tira-nos a liberdade. Esse dilema é o motivo pelo qual tratamos a pessoa que amamos como se fosse um ovo cru: não podemos apertar muito ou ele/ela pode quebrar. Por via das dúvidas, preferimos expor pouco, excessivamente pouco das nossas emoções; por via das dúvidas nos conformamos também em receber pouco. Não estamos felizes com essa situação, mas o sacrifício nos parece inevitável em troca da sensação tranqüilizadora de sermos donos das nossas emoções e termos mantido a independência.

Só que o sacrifício é inútil. Se tivéssemos entendido corretamente a idéia da auto-realização, não teríamos ficado parados na "auto-realização limitadora" (Willi), ambas seriam possíveis: a autonomia e a intimidade, a distância e a proximidade. Em nossos esforços em favor da autonomia perdemos de vista um pré-requisito importante para a felicidade pessoal. Nas palavras de Jürg Willi: "Ninguém existe de modo completamente independente, todos existem apenas em relação a outras pessoas e outras coisas... Num mundo compreendido dessa forma, a auto-realização não pode ser conseguida de modo independente de outras pessoas, mas nasce fundamentalmente do relacionamento e, portanto, da limitação mútua."

Com esta aspiração absoluta por autonomia e independência dificultamos desnecessariamente nossa vida e a das pessoas que amamos. "Muitos terapeutas chegaram à conclusão de que as doenças depressivas surgem não tanto por causa das experiências precoces da nossa infância, mas muito mais provocadas pelos relacionamentos amorosos de hoje"; é assim que Michael Vincent Miller descreve as misérias dos relacionamentos. Sofremos por causa do amor, por nossa causa e por causa dos outros.

Na verdade, em muitos casos seria muito fácil acabar com esse sofrimento. Bastaria abandonar nossa ilusão de que não precisamos do outro. Temos de aceitar nossos sentimentos de dependência, aceitar que a autonomia existe apenas exteriormente, mas que, por dentro, muitas vezes nos sentimos pequenos e carentes. Pesquisas mais recentes facilitam este passo em direção à sinceridade. Mostram que a nossa ambição por autonomia viola uma das nossas necessidades inatas: a necessidade de sentir aconchego e vinculação.

Psicólogos norte-americanos acreditam que essa necessidade está profundamente enraizada dentro de nós e existe em todas as culturas e em todas as idades. O desejo por aconchego teria o mesmo nível de importância que a necessidade de alimentação. E igual a esta, o desejo de criar vínculos também seria um impulso inato. Esse impulso garantia a sobrevivência dos nossos ancestrais e protegia sua prole. A vida em grupo proporcionava as condições para providenciar alimentos, proteger-se contra os inimigos e cuidar dos filhos. Também a luta para se apoderar dos recursos limitados era um incentivo poderoso em favor da criação de grupos. Um indivíduo isolado sempre saía perdendo dessa batalha. Para assegurar a própria sobrevivência (e a de sua família) era imprescindível fazer parte de um grupo.

Essa vida e atividade comunitárias deixaram suas marcas dentro de nós. E há evidências de que continua a determinar nosso comportamento. O fato de sermos capazes de estabelecer contatos com outras pessoas, de modo espontâneo e sem que haja qualquer vantagem material ligada a este contato, é considerado um indício de que existe um impulso inato de criar vínculos. E na nossa evolução está também a base de nossas imensas dificuldades para terminar relacionamentos. "A inclinação humana de reagir com protesto e tristeza ao fim de um relacionamento é universal, sendo constatado em diferentes culturas e diferentes faixas etárias", explicam os psicólogos Roy Baumeister e Mark Leary. Até no caso de contatos cuja duração limitada é estabelecida de antemão, podemos observar essa mesma falta de disposição, como mostram os dois psicólogos no exemplo de grupos de treinamento e encontro. "Tanto os estudos empíricos quanto a experiência pessoal mostram que os membros do grupo não gostam de admitir o fim do grupo. Não querem abandonar os contatos estabelecidos, prometem uns aos outros que vão permanecer em contato, telefonar, ou planejam novos encontros com todo o grupo." Como se sabe, esses contatos costumam se perder rapidamente. As promessas e asseverações no final de um treinamento em grupo apenas servem como defesa contra o medo do fim de um contato que acabou de ser estabelecido.

O costume popular de mandar cartões de Natal a pessoas com as quais tivemos contato no passado, mas que há muito tempo desapareceram de nossa vida, serve à mesma finalidade. Enquanto se tem notícias um do outro pelo menos uma vez por ano, o relacionamento continua existindo. Não importa que o destinatário do cartão já se tenha transformado num estranho. "Parece que as pessoas não querem arriscar o fracasso de um relacionamento, mesmo quando há muito tempo deixaram de conhecer a identidade do outro", é assim que Baumeister e Leary explicam este estranho comportamento.

Mesmo nos casos em que um relacionamento é visto como pesado ou perigoso – no exemplo de relacionamentos violentos – é difícil terminá-lo. Baumeister e Leary criticam as explicações segundo as quais mulheres não conseguem abandonar seus maridos violentos porque têm tendências masoquistas ou porque dependem deles economicamente. Acham que esse comportamento pode ser explicado sobretudo pela forte necessidade humana de criar vínculos, o que dificulta o término de um relacionamento mesmo quando este é fonte de sofrimento.

A dificuldade de pessoas desquitadas em terminar seu casamento não só formal mas também emocionalmente é considerada mais uma prova da necessidade profundamente enraizada de manter os vínculos estabelecidos. Num estudo sobre divórcios, realizado em 1986, D. Vaughan chegou à conclusão de que "na maioria dos casos, os relacionamentos (matrimoniais) não terminam. Mudam, mas não acabam".

A relação, comprovada por um grande número de estudos empíricos, entre o apoio social e a saúde psíquica e física é outra prova para a importância fundamental do aconchego. Na ausência de relacionamentos sociais satisfatórios, as pessoas se sentem infelizes, depressivas, excluídas e solitárias. Para o sociólogo James House, o isolamento social tem os mesmos efeitos negativos sobre a saúde provocados pelo fumo, a obesidade ou a alta pressão arterial. Sua avaliação é confirmada pelas pesquisas da psicóloga Janice Kiecolt-Glaser. Num estudo realizado com estudantes de medicina, ela constatou uma nítida relação entre a atividade das células chamadas "assassinas" (aquelas que o sistema imunológico usa para a defesa contra infecções) e o apoio social. Um grupo de 75 estudantes foi examinado em três épocas diferentes: um mês antes do exame final, na véspera do exame e algumas semanas depois do exame. Em todos os casos, a atividade das células assassinas caiu pouco antes do exame. A defesa imunológica foi claramente a mais fraca, entretanto, entre aqueles estudantes que num teste preliminar haviam se caracterizado como "solitários".

Na verdade todos estes resultados não são novos. Há muito tempo sabe-se que o apoio social aumenta a satisfação pessoal e melhora o estado de saúde. Nova, no entanto, é a descoberta de Roy Baumeister e Mark Leary de que os contatos sociais, *por si só*, não satisfazem a necessidade básica de aconchego. "O mero contato social não protege as pessoas da solidão. Pessoas solitárias não passam menos tempo com amigos ou parentes do que pessoas não solitárias." Para que haja um aconchego verdadeiro existem três condições fundamentais:

1. As pessoas precisam de contatos freqüentes e regulares com as mesmas pessoas. Contatos que mudam constantemente são pouco satisfatórios.
2. O contato deve estar fundamentado no cuidado e na assistência mútuos e
3. Deve ser confiável também no futuro.

Estabilidade, cuidados mútuos e continuidade no relacionamento – estes são os três pilares que sustentam a sensação de aconchego. Se apenas uma das condições for cumprida, a situação é melhor do que o isolamento social total, mas não existe sensação de aconchego. Não precisamos de muitas pessoas para nos sentir seguros e amparados. Precisamos "apenas" de contatos regulares com algumas poucas pessoas nas quais confiamos e que respondem aos nossos cuidados, não deixando que ele se torne algo unilateral. Fica evidente que é mais fácil realizar essas três condições nos relacionamentos amorosos e amizades estreitas.

Mas parece que hoje temos mais facilidade para fazer e manter um grande número de contatos superficiais, do que para entrar em relacionamentos estreitos que criam aconchego. Os encontros descompromissados, todavia, carecem de continuidade e estabilidade, e nessas condições nossa tendência inata de criar contatos e aconchego fica cada vez mais atrofiada.

É claro que percebemos esse estado de coisas. No entanto, muitos tiram as conclusões erradas dessa carência, por exemplo, freqüentando grupos psicológicos duvidosos, ou unindo-se a novas religiões e seitas. Pesquisas a respeito do fascínio desses grupos comprovam que não são exclusivamente os conteúdos ideológicos que atraem as pessoas, mas a promessa de encontrar contato social e vinculação à comunidade religiosa. Quando o indivíduo vê essa esperança realizada, ele permanece ligado ao grupo, caso contrário, a respectiva religião talvez perca rapidamente seu poder de atração.

Em grande parte são as exigências da sociedade moderna as responsáveis pela escassez de aconchego. "Nossos relacionamentos de hoje são mais frágeis e inseguros, comparados com aqueles de outras sociedades", diz Roy Baumeister. "A possibilidade de sair de quase todos os relacionamentos, de mudar de cidade, de emprego e de perder o contato com todos aqueles com os quais convivemos, é hoje muito maior do que em épocas anteriores." Mas a necessidade premente de mobilidade é apenas uma das explicações para a sensação de falta de aconchego que é cada vez mais dolorosa para nós. São responsáveis também aqueles pregadores da mudança que propagaram a autonomia e a independência como objetivos de vida desejáveis e que nos asseguraram que apenas a pessoa autônoma seria uma pessoa madura. Nosso esforço para alcançar a independência fez com que suprimíssemos e negligenciássemos o desejo profundo de criar vínculos. Acreditamos nos pregadores da autonomia em vez de perguntar se é realmente tão desejável não precisar de ninguém. É realmente verdade que nossas idéias do amor romântico são tão antiquadas e prejudiciais? As emoções profundas deixaram de existir? Não existem ou apenas acreditamos que não deveríamos senti-las?

Não deveríamos ficar desconfiados quando lemos a descrição do amor romântico feita pelo psicoterapeuta Michael Vincent Miller, imbuído de espírito crítico? "Assim, por exemplo, na época vitoriana, o amor romântico estava inserido na convicção de que os relacionamentos emocionais muito íntimos [...] constituíam um 'porto seguro' num mundo sem amor. O amor era visto como um oásis ao qual a pessoa se retirava para fortalecer e revigorar as emoções depois da exaustão que sofria no cansativo mundo externo do trabalho e dos negócios."

O que há de errado nisso? Hoje não queremos também ter um lugar de refúgio, um oásis para descansar? O amor do parceiro ou da parceira não nos dá forças para o dia-a-dia freqüentemente agitado e cheio de *stress*? Solteiros não publicam anúncios procurando contatos, não vão a festas destinadas a unir pessoas em busca de um parceiro, exatamente por estes motivos? Casais não casam exatamente para ter um lar?

Os motivos pelos quais duas pessoas se encontram continuam os mesmos da era vitoriana. A única diferença é que muito poucos têm a coragem de admiti-lo abertamente. Hoje não dizemos mais que temos um amor, mas um companheiro ou uma companheira para uma fase da vida; fechamos contratos de casamento e já contamos com o pior antes mesmo que o relacionamento tenha começado. Temos bom senso. Mas no fundo de cada um de nós dormitam desejos infantis de amor incondicional e aconchego caloroso. Bem fundo dentro de nós dormita a esperança de que nunca chegará a hora em que teremos de limpar os cacos da separação, mas que poderemos, como Filêmon e Báucis, amar e envelhecer juntos.

Não queremos confessar esses desejos a nós mesmos (nem aos outros). Quando aparecem, são imediatamente postos de lado, com a consciência pesada. O romantismo não é contemporâneo. Quando idealizamos o parceiro ou a parceira, quando esperamos demais dele ou dela, a decepção é inevitável, segundo a advertência dos sociólogos e psicólogos tão racionais. O outro não pode ser tudo na nossa vida, e nós também não podemos criar o paraíso na Terra para ele. É verdade, claro, se for colocado desse modo absoluto. Mas é possível fazer uma mágica e criar um pequeno paraíso dentro de nossos relacionamentos.

Não é que ficamos cegos de amor, ficamos clarividentes

Estudos mais recentes fornecem alimento para o coração apaixonado. Dizem que quando há idealização romântica do parceiro, esse fato exerce um efeito estabilizador sobre o relacionamento amoroso. Um grupo de 121 casais foi acompanhado durante um ano, todos os casais entrevistados a respeito de sua auto-imagem, e lhes foi solicitada uma avaliação de seu parceiro ou parceira. Foram indagados sobre suas próprias forças e fraquezas, o que amavam e o que os incomodava no outro. O resultado desmente toda a discussão anti-romântica. Os casais que se vêem mutuamente sob uma luz favorável, que se idealizam e que fazem uma avaliação não totalmente realista do outro, são mais felizes do que os parceiros sem óculos cor-de-rosa. E há mais: com o passar do tempo, tendem a se tornar cada vez mais felizes. Parece haver uma "profecia auto-realizadora". Quando há glorificação do parceiro, melhoram a convivência e a satisfação no relacionamento. Não ficamos cegos de amor, dizem os autores deste estudo, corrigindo uma opinião amplamente difundida. Ao contrário: o amor nos torna clarividentes. Quem realmente ama, sabe que seus sentimentos positivos despertam o melhor no outro. "Seu amor me torna digno, seu olhar me glorificou aos meus olhos..."

O poeta Friedrich Rückert sabia muito mais sobre o amor do que os modernos cientistas sociais. Se bem que alguns deles reconheceram a deficiência de seu conhecimento. Desviam seu interesse científico dos casos clínicos e o dirigem aos casais que conseguem realizar um relacionamento estável satisfatório. Agora não querem mais saber o que é prejudicial ao amor, mas como ele pode ser preservado. A psicóloga Judith Wallerstein foi uma daquelas que realizaram essa reviravolta. Durante muito tempo, seu interesse esteve voltado para as conseqüências do divórcio e da separação, mas agora pesquisa os pré-requisitos para um bom casamento. Entre outros resultados, deparou com a importância do aconchego e da idealização.

"A tarefa de um bom casamento é proporcionar aconchego e apoio, dar espaço à dependência, ao fracasso, à decepção, à tristeza, à doença e à velhice. Em resumo: num bom casamento, os parceiros têm a permissão de mostrar sua vulnerabilidade. Quando o relacionamento não dá conta dessa tarefa, os casais 'morrem de fome emocional'. Não têm o suporte para enfrentar as exigências do dia-a-dia, para suportar os rigores da vida." Tudo isto lembra a descrição que Miller fez do "amor romântico", que supostamente não teria mais valor nos dias de hoje.

A idealização tão difamada também é reabilitada pelo estudo de Judith Wallerstein: "Recorrer à idealização ameniza as decepções que são inevitáveis quando a realidade do dia-a-dia do casamento não corresponde às grandes expectativas. Até um certo ponto, as decepções são inevitáveis mesmo no melhor dos casamentos. Quem, todavia, tem a capacidade de dourar o presente, freqüentemente cinzento, com a lembrança do encantamento inicial que sentiu pelo parceiro, consegue vê-lo sob uma luz diferente, como através de um prisma. Depois de ouvir durante décadas que a idealização romântica era culpada pelas decepções, agora ficamos sabendo o contrário: sentimentos de amor romântico podem amenizar as decepções inevitáveis. Esta notícia não nos faz respirar aliviados? A ciência confirma agora que podemos nos sentir dependentes em um relacionamento amoroso, que podemos colocar o outro sobre um pedestal, ver a ele ou a ela através de óculos cor-de-rosa, e que podemos nos refugiar na segurança do relacionamento – e, apesar de tudo isso, não sermos considerados deficientes psíquicos.

Você ainda não está convencido? Ainda tem medo de perder o chão debaixo dos pés quando se apóia excessivamente sobre outra pessoa?

Há mais uma descoberta psicológica capaz de salvar o romantismo. Nos nossos relacionamentos temos exatamente as mesmas necessidades de um bebê, na opinião dos psicoterapeutas norte-americanos Susan Johnson e Les Greenberg: *"Contact, Comfort, Caring"*, isto é, contato emocional, proximidade e toque, apoio e cuidados. As mesmas coisas que ajudam o bebê a se desenvolver de modo saudável, também trazem bem-estar aos adultos. A todos aqueles que acham que sua necessidade de dependência é forte demais, que estão se "agarrando" ao outro de modo exagerado, os dois psicoterapeutas dão sua "absolvição". Em sua opinião, as necessidades de dependência na idade adulta não devem ser condenadas, mas avaliadas como uma reação saudável. Por sua vez, consideram um erro exigir autonomia e auto-suficiência, pois afirmam que homem é um ser social que não pode passar sem relacionamentos íntimos com outras pessoas.

Jürg Willi fala em "nicho pessoal" que seria absolutamente imprescindível para nossa estabilidade e saúde psíquicas. Nosso sucesso na vida depende da capacidade de criar esse "nicho" e de povoá-lo com relacionamentos estreitos e confiáveis com outras pessoas. Por causa de uma idéia de auto-realização mal direcionada, o nicho de muitas pessoas infelizmente fica pobremente mobiliado. Faltam relacionamentos amorosos que possam proporcionar aconchego e também há poucos amigos íntimos e confiáveis. Durante muito tempo, trilhamos o caminho errado da autonomia e fomos seduzidos pela consciência negativa a manter os outros a distância.

A reviravolta na pesquisa psicológica deixa essa consciência negativa sem nenhuma razão de ser:

- Não precisamos mais ter a consciência pesada quando o nosso amado se ausenta e esperamos com muita saudade que ele nos telefone.
- Não precisamos nos repreender quando não queremos ver ninguém, desligamos o telefone, e nos isolamos simbioticamente com nosso parceiro.
- Não precisamos temer que possamos enxergar no outro um pai (ou a mãe), apenas porque não queremos mais viver sem ele (ou ela).
- Temos a permissão de nos entregar, de idolatrar, idealizar, agarrar.
- Podemos dar livre vazão aos sentimentos românticos e certamente não necessitamos de terapia quando nos entusiasmamos: "Você é a minha lua e eu sou a sua terra."

Há muitos terapeutas de casais que ficarão arrepiados ao ler essas linhas. Mas, como já dissemos, a experiência terapêutica mostra apenas uma parte da realidade. Não devemos generalizar essa experiência sem diferenciação. Ela não é o supra-sumo da sabedoria.

"Não se deve beijar os festeiros"

Um elogio da timidez

Quero fazer um pequeno teste com você. Imagine a seguinte situação e reflita qual sentimento melhor se aplica a você:

☞ Você foi convidado para uma festa e não conhece ninguém com exceção dos anfitriões. O que prevalece? A curiosidade ou o medo de não encontrar companhia?

☞ Você entra na sala de reuniões quando todos os colegas já estão lá. Você fica deliciado com os olhares que são dirigidos para você ou, ao contrário, se sente constrangido?

☞ Você está no supermercado, no balcão dos queijos. Aí chega um espertalhão e fura a fila. Você o manda de volta ao final da fila ou não diz nada?

☞ Na loja de departamentos você é atendido por uma vendedora extremamente mal-humorada. Você lhe diz que esse comportamento o incomoda ou simplesmente se conforma com ele?

☞ Mais uma vez seu marido não viu que a lata de lixo estava cheia e precisava ser esvaziada. Você mesma leva o lixo para fora ou alerta seu marido a respeito desse esquecimento?

☞ Você tem de fazer um pequeno discurso para um grupo de pessoas. Você está feliz com essa tarefa ou suas mãos ficam úmidas só de pensar nisso?

Suas respostas são predominantemente negativas? Na maioria das situações você prefere ficar calado ou se sente pouco à vontade quando tem de enfrentar algo novo ou desconhecido? Então provavelmente pertence ao grupo dos tímidos para os quais não é fácil lidar com outras pessoas.

O medo dos outros, o medo de fazer algo errado e de passar vergonha, aflige muito mais pessoas do que se pensa. Esse tipo de medo é considerado o segundo mais comum, depois da agorafobia (o medo de espaços amplos). Nos Estados Unidos, 48% das pessoas (e esse número tende a crescer) sofrem de timidez. Ela atinge até mesmo grupos de pessoas que dificilmente associaríamos a esses medos. Uma pesquisa com mais de 500 estudantes universitários de Berlim mostra a enorme disseminação da timidez nos dias de hoje: 51% dos estudantes têm medo de falar em público e medo do ridículo; 35% sofre de medo de fracassar; 16% temem humilhações. Por causa da intensidade desses medos, esses estudantes evitam qualquer situação – até onde for possível na sua vida cotidiana – na qual possam atrair a atenção dos outros.

Até mesmo personagens da vida pública, entre as quais não se esperaria encontrar essa característica, sofrem por causa de sua timidez. O apresentador de televisão norte-americano David Letterman o admite abertamente. Todas as noites entusiasma seu público com sua espontaneidade e respostas rápidas, constituindo um modelo inalcançável para o alemão Harald Schmidt, que tenta imitá-lo. Letterman, entretanto, paga um alto preço pelo seu sucesso. De tanto medo de que possa vir a fracassar, não deixa nada ao acaso. Todas as transmissões são planejadas nos seus mínimos detalhes. No momento em que os holofotes se apagam, ele foge do palco e raramente participa de eventos sociais.

Como David Letterman, alguns tímidos conseguem com grande dispêndio de esforço dominar suas emoções o tempo todo e não se "traem" diante dos outros. Psicólogos norte-americanos chamam essa forma de timidez de *privatly shy*. A timidez não é visível, em geral permanecendo despercebida pelos outros. Quase ninguém suspeita da quantidade de esforço despendido pelos tímidos *privatly* para poder suportar uma conversa ou uma reunião. No momento em que a atenção dos outros é dirigida a eles, começam a tocar uma fita interna, com as perguntas sempre iguais: Qual é a impressão que estou dando? Será que estou bem? Sou aceito? Qual é a minha aparência? Como os outros me avaliam? Espero não fazer nada de errado! Tomara que eu não tropece! Onde devo pôr as mãos? O que faço se eu tiver de ir ao banheiro?

Todos os tímidos se observam minuciosamente. A atenção despendida a si próprios é claramente maior do que a das pessoas não tímidas. São implacáveis em sua comparação com os outros, aparentemente muito mais atraentes, hábeis e populares do que eles. A psicologia social fala em "autovigilância", quando pessoas não param de vigiar a si mesmos e ao seu comportamento em situações sociais. Seus pensamentos giram incessantemente em torno da impressão que transmitem aos outros e da pergunta "o que se espera de mim?".

A timidez é um indício de auto-estima muito baixa, segundo o diagnóstico da psicologia. E pessoas com baixa auto-estima supostamente não podem medrar nos tempos modernos. "A turbulência da nossa época exige um eu forte", explica o especialista em auto-estima Nathaniel Branden. "Um eu com uma sensação clara da própria identidade, competência e valor. Diante do desaparecimento do consenso cultural, diante da falta de modelos que valem a pena ser seguidos, diante do fato que no âmbito público existe tão pouco que incentive nosso engajamento e apoio, e diante das mudanças rápidas, tão desconcertantes, características da nossa vida atual, é perigoso não saber quem somos ou não confiar em nós mesmos. Nós mesmos temos de criar a estabilidade que não conseguimos encontrar no mundo. Quem passa pela vida com baixa auto-estima, de antemão já fica bastante desfavorecido."

A auto-estima é a chave para a felicidade e o sucesso. Pessoas com uma forte auto-estima não terão muitos problemas na vida, reza a mensagem dos psicólogos. "O grau da nossa auto-estima é o critério mais importante para nosso bem-estar psíquico e influencia profundamente nossa maneira de pensar, de falar e de agir", escrevem, por exemplo, as psicólogas norte-americanas Linda Tschirhart Sanford e Mary Ellen Donovan. "A auto-estima marca a nossa visão de mundo e determina o lugar que nos é reservado dentro desse mundo. Influencia a opinião dos outros a nosso respeito e sua maneira de lidar conosco. É um fator preponderante quando fazemos nossas escolhas, determina o que queremos fazer na nossa vida e com quem nos relacionamos. Também exerce uma forte influência sobre nossas capacidades de agir de modo adequado diante de mudanças necessárias."

Auto-estima, sensação de valor próprio – não importa o conceito usado, diante de tudo que é publicado a respeito, as pessoas tímidas têm a impressão de que há algo fundamentalmente errado com elas. Quem é tímido não consegue se impor, não consegue "considerar seus próprios desejos, necessidades e valores, e expressá-los adequadamente na prática", lamenta Nathaniel Branden. A timidez é um obstáculo psíquico que precisa ser eliminado. Não é de surpreender que os tímidos escutem atentamente quando se lhes promete: "Você não precisa ser assim", a timidez não é obra do destino, é possível aprender a se aceitar e se afirmar.

"Ninguém é prisioneiro do seu temperamento", é a mensagem tranqüilizadora que as leitoras encontram na revista popular *Goldene Gesundheit* (2/97).

"Características indesejáveis podem se eliminadas com a ajuda de um bom treinamento." Às pessoas tímidas, a redação recomenda o "treinamento antitimidez", que é tão "convincente" que não quero deixar de transcrevê-lo aqui:

Sorrir. Procure o contato visual. Isso faz com que você se sinta mais seguro. Simplesmente sorria para a pessoa que está diante de você.

Enfrentar situações. Não evite lugares ou ocasiões onde há muitas pessoas. Quando se sentir estressado numa festa, saia um pouco para respirar, mas não vá embora.

Conversar. Isso pode ser treinado, falando sobre o tempo com a moça no caixa do supermercado ou simplesmente puxando assunto com o carteiro.

Não se considerar tolo. Aceite a sua personalidade. Goste de você mesmo.

Não se incomodar excessivamente com eventuais rejeições. É normal que nem todos gostem de você. Afinal, você também não gosta de todas as pessoas.

Participar. Concentrar-se na pessoa à sua frente ajuda a ficar mais relaxado. Preste atenção no que ela diz e faça perguntas.

Poder-se-ia dizer que *Goldene Gesundheit* não é uma publicação a ser levada a sério. Mas eu discordo disso. Os produtos da imprensa popular já atingem um público bem amplo. Uma boa parte desses leitores provavelmente nunca verá um psicoterapeuta em pessoa, e exatamente por isso é importante que recebam informações realmente úteis. E é isso que a *Goldene Gesundheit* faz:

O "treinamento antitimidez" não é tão "leviano" como talvez possa parecer à primeira vista. As informações reunidas pela redação constituem o extrato mais fino de um método derivado da terapia comportamental, desenvolvida nos anos 70 para o tratamento de medos sociais.

"Timidez nunca mais?"
O que os treinamentos psíquicos podem fazer

Nessa época, os psicólogos descobriram que as pessoas tímidas têm mais dificuldades do que outras numa sociedade onde determinação e auto-afirmação passaram a ser valores importantes. Para todos aqueles que correm o risco de "ficar para trás", os terapeutas comportamentais desenvolveram o que chamaram de "treinamento de auto-afirmação", que se popularizou rapidamente. Neste treinamento, os tímidos aprendem por meio de encenações com diferentes papéis e exercícios ao vivo, como expressar e impor seus interesses, como refutar críticas e estabelecer contatos com outras pessoas. Nos anos 80, essa terapia comportamental perdeu um pouco de sua popularidade. Aparentemente todos ficaram sabendo que em seres humanos não é tão fácil usar treinamentos para adquirir determinados comportamentos como no adestramento de um cachorro para que desenvolva os reflexos de Pavlov. Mas no final dos anos 90, os terapeutas comportamentais voltaram a organizar congressos (por exemplo em Dresden) para oferecer seu treinamento de auto-afirmação como solução para problemas de comunicação. Não se trata de nenhuma coincidência.

Nos últimos anos, as pessoas tímidas e inseguras vêm sentindo uma necessidade crescente de superar suas dificuldades. Pessoas tímidas, mais do que outras, transformam-se em vítimas da pressão em favor de uma auto-representação otimizada, pressão essa que pesa sobre a maioria das pessoas nos países industrializados do Ocidente. Quase ninguém pode se esquivar dessa pressão, pois quem não é eficiente na hora de se lançar no mercado corre o risco de ficar isolado à margem da sociedade. Quem afinal gosta de ouvir que não é suficientemente seguro de si, que não sabe se impor, que é excessivamente reservado? Não são essas as características que costumam ser associadas ao sucesso. Dinamismo, capacidade de se impor, até com uma certa agressividade – hoje em dia são esses os sinais de uma pessoa bem-sucedida na profissão e na comunicação com os demais.

O psicólogo social Hans Dieter Mummendey descreve as formas grotescas que a obrigação da auto-representação otimizada podem assumir: "Não é um dado interessante que na República Federal da Alemanha um número crescente de motoristas, justamente no momento em que se preparam para uma ultrapassagem, estendem a mão para pegar o telefone instalado no carro? E não é notável que existam fabricantes desses telefones móveis que oferecem simulacros dos aparelhos, e que muitas pessoas já ganham seu dinheiro instalando nos veículos antenas de telefones móveis em combinação com os simulacros?"

A obrigação de aparentar segurança e mostrar que se é o máximo leva a esses absurdos. Quem aparece em público ostentando um telefone móvel, telefone celular ou um *laptop*, simplesmente não pode ser inseguro nem mal-sucedido! Incrementar o sentimento de valor próprio com atributos técnicos parece ser um "truque" masculino. É notável – por exemplo, em aeroportos – que são sobretudo os homens, em viagens a negócios, vestidos de cinza, que nas salas de espera sacam seu telefone celular para comunicar a sua secretária (que certamente reservou aquele vôo e provavelmente lembra do horário de chegada) que chegarão ao escritório a tal hora, conforme planejado.

A obrigação da auto-representação transforma muitos de nós em atores. Tentamos demonstrar autoconfiança e força em todas as situações da vida, para evitar a suspeita de que talvez não estejamos à altura de uma tarefa ou situação. Fazemos o papel do "homem de negócios de auto-estima elevada", assumimos o papel da "mulher forte", representamos os "lutadores" e os "poderosos", e despendemos muita força e energia na tentativa de esconder nosso verdadeiro ser. Quem percebe a si mesmo como inseguro e tímido, sente vergonha e faz tudo que for possível para que os outros não percebam sua "fraqueza". Apenas os muito corajosos (como David Letterman) confessam sua falta de segurança social. A grande maioria, no entanto, luta dia após dia para não ser "desmascarado" pelos outros.

A timidez não combina com o nosso tempo. Além do mais, a pessoa se torna suspeita, pois hoje em dia todos sabem que a timidez tem remédio. Quem não se trabalha para superá-la, pode parecer que não precisa disso. Ou será que tem medo? Não fazer nada para curar essa falha comportamental é quase pior do que a própria timidez. Isso explica por que tantas pessoas tímidas esperam obter ajuda por meio de terapias e treinamentos psicológicos.

É com sentimentos ambíguos, entretanto, que observo o renascimento do treinamento de autoconfiança ao lado de outros métodos terapêuticos para o fortalecimento do sentimento de auto-estima. Sei dos meus tempos de estudante universitária – naquela época esses treinamentos eram muito populares – que esses seminários levam algumas pessoas a mudar de maneira estranha. Lembro-me bem de uma amiga que era muito tímida e cujo desejo mais ardente era o de se tornar mais comunicativa e menos complicada. Naquela época participava de um treinamento de auto-estima, dentro do qual ela encenava as situações mais diversas e treinava comportamentos não-tímidos (fazia parte do treinamento um exercício de entrar num bonde e, sem justificativa alguma, pedir que uma pessoa lhe cedesse seu lugar para sentar...). Algumas semanas após o fim do curso, marcamos um almoço em nosso restaurante italiano predileto. Quando o garçom trouxe a comida, minha amiga notou que seu garfo estava ligeiramente sujo. É evidente que ela queria um garfo limpo. Nada evidente, todavia, na minha opinião, foi a maneira pela qual ela expressou sua exigência justificada. Ficou de pé, o garfo na mão levantada, gritando em voz alta pelo restaurante: "Este garfo aqui está sujo. Exijo imediatamente um outro, limpo." E acrescentou em voz igualmente alta: "Isso é um escândalo." Além de ter uma idéia diferente do que seja um escândalo, eu, na minha maneira "discreta" de ser, senti vergonha por causa da celeuma que ela havia provocado. "Realmente precisava de tudo isso?", perguntei, levemente irritada. "É claro que sim", ela respondeu, aborrecida. "Não admito uma coisa dessas!" No decorrer da nossa conversa fiquei sabendo que ela havia treinado uma cena semelhante em sua terapia de auto-estima e a havia solucionado exatamente dessa maneira.

Admito que esse é um exemplo banal. Naquela época, no entanto, comecei a duvidar se realmente era tão sensato querer transformar uma pessoa tímida em "arroz de festa". Senti minha amiga, que de repente estava tão "segura de si", como em desacordo consigo mesma, para não mencionar o fato de que eu gostava mais dela quando era "tímida".

Nesses últimos anos pude observar mudanças como a de minha amiga ocorrendo com uma freqüência cada vez maior. Um número crescente de pessoas à minha volta descobriu que sua paciência estava esgotada e começou a treinar sua auto-estima supostamente atrofiada.

Depois de um seminário de fim de semana, uma de minhas colegas deu-se conta de que estava na hora de tomar uma atitude contra as exigências exageradas das pessoas com as quais convivia. Em encenações, treinou a melhor maneira de "confrontar" os outros. Ela passou a aplicar no dia-a-dia o que aprendeu: "confrontou" a vizinha com a queixa de que seus filhos eram barulhentos demais nas suas brincadeiras; "confrontou" o colega dizendo que ele a irritava quando sorvia o café; "confrontou" a vendedora, reclamando que falava num tom pouco gentil... Vivia confrontando a todos, vendo-se como pessoa corajosa e de grande auto-estima – porém, os outros não gostavam nem um pouco disso. Nessa sua exibição pública de auto-estima, ela parecia egoísta, intransigente e mesquinha.

Uma de minhas conhecidas perdeu a paciência com seu parceiro depois de participar de um seminário de autoconhecimento. Por causa de questões de tutela conjunta do filho, a ex-mulher tinha de manter um contato constante com o ex-marido. A nova parceira deste sentia que essa situação invadia sua privacidade, mas não sabia como abordar o assunto com ele. Num seminário de autoconhecimento aprendeu qual era o obstáculo para a solução do problema. Sua paciência e sua falta de auto-estima. Em encenações, aprendeu como resolver esse conflito. E em casa aplicou o que havia aprendido. Quando a ex-mulher ligou mais uma vez, ela atendeu o telefone, contrariamente a seu costume de deixar que seu parceiro o fizesse, pois se sentia "tímida e envergonhada". Respirou profundamente e explicou à outra mulher que "eu não admito mais esses telefonemas constantes e espero que daqui em diante você se comunique com ele apenas por escrito". Ficou orgulhosa de si mesma, mas o problema havia se agravado: seu parceiro ficou muito aborrecido pois nada sabia sobre seu problema e viu seu comportamento ao telefone como simplesmente "mal-educado".

Ninguém ousaria negar a importância da auto-estima. Não há dúvida de que durante muito tempo sobretudo as mulheres foram por demais pacientes. Por causa de sua socialização e do fato de que até hoje não estão em situação de igualdade social com os homens, para elas freqüentemente é muito mais difícil articular suas necessidades e direitos, e fazer com que sejam implementados. Entre as mulheres há uma grande ocorrência de determinados padrões negativos de pensamento que a longo prazo são prejudiciais a uma auto-estima estável.

É claro que os homens também conhecem pensamentos do tipo "Eu não valho nada", "Eu não sirvo para nada", "Não sou atraente". Mas as mulheres sofrem mais freqüentemente desse tipo de problema, e umas poucas aprenderam mecanismos para proteger sua auto-estima.

É por isso que a mulher ficou toda ouvidos quando, no decorrer das últimas duas décadas, a psicologia reconheceu e propagou cada vez mais a importância da auto-estima para a saúde psíquica. Sua falta de valor próprio as torna mais receptivas para as publicações de encorajamento e os seminários de auto-estima, e elas realmente tiraram proveito de alguns. Aprenderam a analisar melhor o próprio valor, foram treinadas para superar barreiras limitadoras e para sair de sua eterna aceitação de tudo.

No entanto, nem tudo era positivo nessa evolução, e trouxe sofrimento sobretudo àquelas pessoas que, com ajuda terapêutica, tentam combater características que fazem parte de sua personalidade e não podem ser modificadas. Tímidos – tanto mulheres quanto homens – despendem muito esforço para aprender a se comportar com segurança, mas o resultado é pouco animador. O comportamento se torna artificial e forçado, eles próprios não se sentem à vontade, e mais cedo ou mais tarde abandonam aquilo que aprenderam durante o treinamento, a despeito da sua consciência negativa. Usando uma expressão exagerada, pode-se dizer que eles foram "violentados" pelo movimento da auto-estima e suas promessas de mudança. Em vez de ajudá-los a viver melhor com as características que lhes são próprias, eles foram induzidos a acreditar que sua felicidade depende exclusivamente da capacidade de se impor.

"Eu sou o maior!"
O excesso de auto-estima pode ser prejudicial

Na base desse desenvolvimento negativo está uma idéia errônea do que seria uma auto-estima "forte". O problema é que todos falam da importância da auto-estima, mas, na verdade, ninguém sabe realmente o que significa. Nos últimos anos, essa falta de compreensão levou a uma interpretação bastante parcial do conceito e a equívocos consideráveis.

Nathaniel Branden define a "auto-estima" da seguinte maneira:

"Num sentido bem amplo – a auto-estima é a sensação de estar à altura da vida e de todos os seus desafios. Mais concretamente: A auto-estima é 1) a confiança em nossa capacidade de pensar, a confiança em nossa capacidade de saber lidar com os desafios básicos da vida, e 2) a confiança em nosso direito de ser bem-sucedido e feliz, a confiança em nosso próprio valor, no sentimento de merecer e ter o direito de fazer valer nossas necessidades e desejos, de realizar nossos valores e de usufruir os frutos de nossos esforços."

Na mesma medida em que crescia a evidência de que a auto-estima é extremamente importante para a saúde psíquica, a psicologia popular se apropriou desse conceito. Raras são as psicoterapias, os seminários, os cursos que não tratam também e sobretudo do fortalecimento da auto-estima, do autorespeito e da capacidade de se impor. Descobriu-se que a auto-estima, ou melhor, a falta dela, é a causa de todos os males psíquicos. Daquela definição feita por Branden divulgou-se sobretudo a segunda parte, segundo a qual temos o direito "de ser bem-sucedidos e felizes", que "merecemos", que temos "o direito" de fazer valer nossas necessidades e desejos. Dessa interpretação resultou que a idéia da reivindicação, já tão forte em nossa sociedade, fosse estendida para os assuntos psíquicos.

O sentimento de que os outros nos devem algo, que ainda não recebemos tudo a que temos direito, foi reforçado pelo movimento em favor da auto-estima. Agora recebemos a permissão de nos apropriar daquilo que achamos ser do nosso direito: o direito à felicidade, ao sucesso, à satisfação de nossas necessidades. Se os outros não quiserem nos dar tudo isso de livre e espontânea vontade, temos de ser suficientemente firmes e desenvolver a capacidade de nos impor, para que nós mesmos possamos nos proporcionar aquilo a que temos direito. Quem não nasceu com uma forte auto-estima ainda pode aprender o *know-how* necessário, prometem os organizadores de seminários e os autores de livros de auto-ajuda do tipo *Aumente sua auto-estima em 10 dias*.

Mas para muitos, o esforço intenso em prol de uma forte auto-estima transformou-se num bumerangue. Os efeitos positivos, supostamente decorrentes dessa auto-estima forte, deixaram de aparecer.

"Quando respeito a mim mesmo e também exijo dos outros que me respeitem, os sinais que emito e a maneira como me comporto automaticamente aumentam a probabilidade de que os outros possam reagir de maneira correspondente", promete Nathaniel Branden. Isso significa que deveríamos ter mais facilidade na vida quando somos sustentados pela nossa auto-estima. Mas não é bem assim que as coisas acontecem, como demonstram as pessoas que, à primeira vista, têm uma auto-estima muito grande – e mesmo assim enfrentam obstáculos onde quer que se encontrem.

Algo está errado, portanto, quando se afirma que a auto-estima e um forte sentimento de valor próprio seriam imprescindíveis para o sucesso pessoal e a estabilidade psíquica. Novas pesquisas confirmam essas dúvidas e comprovam que a importância da auto-estima foi supervalorizada. Não é tão importante quanto pensamos e pode até mesmo ter efeitos prejudiciais, principalmente nos casos a seguir:

- Quando nos consideramos melhores do que realmente somos.
- Quando negamos nosso verdadeiro temperamento.

☞ Quando os outros nos vêem como mais fortes e mais seguros do que realmente somos.

Exageramos em nossos esforços para aumentar a auto-estima, diz David Funder da Universidade da Califórnia, em Riverside, um dos críticos da moda da auto-estima. Funder pediu a mais de 100 estudantes universitários que se auto-avaliassem a respeito das características de alegria, calor, inteligência. Ao mesmo tempo, um grupo de observadores fez suas próprias avaliações. Os estudantes cuja auto-avaliação era parecida com aquela feita pelos outros, eram respeitados e populares. Aqueles, entretanto, cuja auto-imagem era melhor do que a avaliação externa, eram considerados hostis, desonestos e arrogantes.

Roy Baumeister, professor de psicologia na Universidade Case Western Reserve em Ohio, também acha que o excesso de auto-estima pode ser prejudicial. "Perigosos são aqueles que se superestimam", diz Baumeister, concordando com seu colega Funder. Pessoas que têm uma opinião exageradamente elevada de si mesmos, sem nenhuma dúvida a seu respeito, tendem a agir com agressividade e, em casos extremos, até com violência. Isso ocorre exatamente nos momentos em que sua auto-imagem positiva é posta em xeque pelos outros. Quando são criticados, ridicularizados ou contrariados – mesmo que isso ocorra em situações sem muita importância ou que seja feito com boas intenções – consideram-no como ataques pessoais. Por meio de defesas veementes tentam rechaçar o ataque e proteger sua auto-imagem positiva contra possíveis arranhões.

O psicólogo social norte-americano encontrou provas para sua tese nas pesquisas que mostram que pessoas que cometem atos criminosos quase sempre têm um sentimento de superioridade, uma enorme vaidade e uma forte auto-estima. Quando se sentem atacados ou questionados na sua grandiosidade, reagem com agressividade e violência. Sabe-se que nos casos de homens que comentem atos de violência contra mulheres, sua agressão quase sempre é precedida pela impressão de serem menosprezados ou ridicularizados pela mulher. Quando esses homens sentem que sua presunção é ameaçada pela mulher, defendem-se com violência.

Na opinião de Roy Baumeister, a avaliação exclusivamente positiva da auto-estima deve ser repensada e é importante que seu lado obscuro não seja ignorado. A auto-estima em excesso pode transformar-se em um perigoso desejo de notoriedade, em egoísmo e vaidade.

William B. Swann, professor de psicologia da Universidade de Texas, Austin, também assume uma postura crítica. Teme que a divulgação da importância da auto-estima tenha despertado "falsas esperanças. Minhas pesquisas mostram que aumentar a auto-estima não é tão fácil como se faz crer, nem é uma panacéia para todos os problemas da nossa sociedade". Para algumas pessoas, a procura da auto-estima transformou-se num tipo de procura pelo "Santo Graal", diz Swann. Muitos acreditam em coisas do tipo: se eu tivesse maior auto-estima, eu seria mais popular, progrediria mais na minha profissão, encontraria finalmente um companheiro, teria menos receio de enfrentar eventos sociais. Quanto mais desesperadas essas pessoas ficam para fazer treinamentos que elevem sua auto-estima, mais inseguras se tornam. Pois, segundo Swann: "Muitas medidas que visam aumentar a auto-estima têm efeito oposto. Deixam a auto-estima ainda mais baixa." A moda da auto-estima transforma as pessoas em vítimas ainda maiores, critica o professor de psicologia. "As ofertas de ajuda rápida não ajudam, mas reforçam ainda mais a sensação de não saber fazer nada, de não ter valor nenhum."

Pessoas tímidas conhecem esse fenômeno. Não conseguiram progredir apesar de todos os esforços que fizeram para se transformar numa pessoa diferente e mais segura. Ou a timidez sempre reaparecia, ou elas não se sentiam à vontade quando aplicavam em situações concretas aquilo que haviam aprendido. Swann explica que isso acontece porque todos nós temos uma determinada imagem de nós mesmos, uma imagem que dificilmente pode ser mudada. Quem se reconhece como reservado, tímido e inseguro quer manter sua auto-imagem, por mais absurdo que isso possa parecer à primeira vista. E não é só isso: tentativas de mudança não só não fortalecem a auto-estima, mas, ao contrário, ainda a diminuem. Uma pessoa tímida pode sofrer muito por causa de sua insegurança, mas, apesar disso, essa característica é uma marca essencial de sua identidade.

Por isso, todos nós procuramos a confirmação da imagem que temos de nós mesmos. Se somos "arroz de festa", queremos ser confirmados nesse papel. Se somos tímidos, reagimos com irritação a descrições que divergem desta nossa imagem.

Entre os terapeutas norte-americanos circula a seguinte piada: Um homem tímido, consumido por dúvidas a respeito de si mesmo, casa com uma mulher que tem uma admiração ilimitada por ele. Ela não pára de lhe dizer que o considera inteligente e bonito, entusiasma-se com seu sucesso profissional e sua popularidade entre os amigos. Um dia, esse homem tão elogiado declara à mulher que vai abandoná-la. Ela não entende mais o mundo. Consternada e desesperada pergunta: " Mas por quê?" Ele responde: "Sou bom demais para você!"

Como todas as piadas, essa também contém um fundo de verdade. É claro que todos nós queremos ser amados, sobretudo, é claro, pelas pessoas do nosso convívio mais próximo. Mas isso não significa que queremos ser admirados ilimitadamente; ao contrário, é muito mais importante para nós que nossa auto-imagem seja confirmada. A opinião de nosso parceiro a nosso respeito que divirja excessivamente dessa auto-imagem pode levar ao fracasso do relacionamento. Isso acontece também nos casos em que a auto-imagem é negativa.

De fato, quando a auto-imagem e a imagem do parceiro a nosso respeito não coincidem, o relacionamento pode ficar ameaçado. Um grupo de cientistas sociais da Universidade de Texas, em Austin, escolheu aleatoriamente 95 casais na faixa etária entre 29 e 78 anos, casados no mínimo há seis anos, para participar de uma pesquisa. Sem consultar o outro, cada um dos parceiros devia fazer uma avaliação de si mesmo e das características do companheiro. Ao mesmo tempo era pesquisado o grau de união entre eles. As perguntas diziam respeito ao desejo de manter o relacionamento, às intenções de separação, à satisfação conjugal, quanto tempo os dois passavam juntos, quanto conversavam um com outro, se compartilhavam os problemas entre si e muito mais.

A união mais forte, segundo as constatações dos sociólogos, existia entre aqueles parceiros que se confirmavam mutuamente na sua auto-imagem – e nisso não importava se a auto-avaliação era positiva ou negativa. Surpreendidos, os pesquisadores constataram: "O resultado mais provocador do nosso estudo foi que pessoas com uma auto-imagem negativa ficavam mais felizes se o seu parceiro tinha a mesma idéia a seu respeito."

Para esse resultado paradoxal os psicólogos encontraram a seguinte explicação: Quanto mais uma pessoa tem a impressão de ser avaliada corretamente por seu parceiro, mais convencida está de que o outro a conhece de verdade. Isso lhe dá segurança. Os psicólogos tentam ilustrar seu resultado com a ajuda do seguinte exemplo: "Imagine uma mulher que avalia suas habilidades sociais como muito ruins. O que sente essa mulher se fica sabendo que seu marido diante de outras pessoas elogia suas habilidades sociais? Se levar a declaração dele a sério, ficará totalmente confusa, pois vê sua auto-imagem questionada. Ela duvidará da visão que tem de si mesma, questionará se ela realmente se conhece. Se a resposta for negativa, o que é que ela sabe? Quem é ela na verdade?"

Procuramos pela estabilidade, mesmo que ela esteja ligada a algo negativo. O desejo de manter o controle sobre o próprio comportamento e experiências e de ficar protegido de surpresas indesejáveis é mais forte do que o desejo de ser uma personalidade inteiramente positiva e com auto-estima elevada. A exigência de um treinamento otimizado da auto-imagem colide aqui com o desejo fundamental das pessoas de ver sua auto-imagem confirmada. A obrigação de mudar opõe-se ao desejo por estabilidade e constância. Ou, em outras palavras: acreditamos ter de mudar, mas na verdade não queremos fazê-lo. Esse fato se reflete não só nos relacionamentos, mas também nas psicoterapias, como explica William Swann: "O terapeuta que elogia seu cliente excessivamente, que diz 'você é fantástico', 'isso é maravilhoso', pode piorar as coisas." O cliente não consegue fazer com que os elogios do terapeuta coincidam com sua auto-imagem negativa.

Tímido, mas querido
Os lados positivos de uma característica supostamente "negativa"

O que faz com que seja tão difícil mudar a auto-estima, entre outros motivos, é o fato de nossa auto-imagem aparentemente ser gerada na infância e dificilmente poder ser influenciada mais tarde. Segundo o psicólogo infantil Thomas W. Phelan, já na idade de oito anos temos uma idéia clara de quem somos e do que pensamos sobre nós mesmos. Sabemos se somos um "valente" ou um "tímido", conhecemos nossas forças e fraquezas. Quanto mais velhos ficamos, mais difícil se torna a mudança da auto-imagem.

É claro que os pais têm um papel essencial na formação de nossa auto-imagem positiva ou negativa. Nos primeiros anos é criado o fundamento que determina se cresceremos com autoconfiança, com uma sensação de segurança e aconchego. "O objetivo da educação paterna deveria ser [...], num primeiro momento, o de dar raízes à criança (para que ela possa crescer) e, em seguida, asas (para que possa voar)", assim é que Nathaniel Branden descreve a responsabilidade dos pais. Mas o clima educacional e as primeiras experiências da infância são apenas *uma* das pedras do mosaico do qual se compõe nossa auto-imagem. Uma outra pedra, de igual importância, é o temperamento da pessoa. A timidez, por exemplo, resulta em grande parte do temperamento. E isso explica por que uma posterior tentativa de incentivar a autoconfiança e a auto-estima em geral tem pouca chance de sucesso. A timidez é uma característica que se opõe com especial tenacidade ao treinamento da auto-estima, porque não pode ser simplesmente eliminada por meio dele. Em muitos casos é inata.

O pesquisador do temperamento Jerome Kagan, da Universidade de Harvard, relata que algumas pessoas já nascem tímidas. Num estudo feito com 500 bebês de quatro meses de idade, Kagan observou que cerca de 20% dessas crianças tiveram reações motoras mais impetuosas dos que outras a objetos, sons e cheiros. Também choravam mais quando se encontravam num ambiente estranho. Kagan chamou essas crianças de "altamente reativas". Medições fisiológicas mostraram que elas possuem um sistema nervoso simpático facilmente estimulado. Já no útero, seus batimentos cardíacos são nitidamente mais rápidos do que de outros fetos. Na idade de 14 meses, esse ritmo acelerado de batimentos cardíacos ainda se manifestava sempre que as crianças eram confrontadas com uma situação nova.

Ao lado das rápidas batidas cardíacas, os pesquisadores constataram um outro fenômeno entre os altamente reativos: o eletroencefalograma mostrava uma atividade nitidamente mais elevada no lado direito do cérebro assim que as crianças eram confrontadas com algo desconhecido.

A atividade acelerada do sistema nervoso simpático e do hemisfério direito do cérebro tem como fundamento possível um mecanismo que indica um baixo limiar de reação de uma área do cérebro que é responsável pelo processamento de informações e emoções. Quando uma criança altamente reativa tem de lidar com uma situação nova, essa área cerebral, chamada de amígdala, reage muito mais intensamente do que se justificaria nessa situação. Emite, então, mensagens de advertência ao sistema nervoso simpático e causa as reações típicas de medo: pressão arterial elevada, batimentos cardíacos mais rápidos. Para a criança envolvida trata-se de uma experiência extremamente desagradável. Ela sente medo, insegurança e *stress*. Bebês expressam seu mal-estar por meio do choro e da inquietação física. Crianças maiores evitam situações novas e se retraem.

Estudos de longa duração mostraram que, na maioria das crianças altamente reativas, as características fisiológicas também podem ser observadas mais tarde na vida. Há uma grande probabilidade de se tornarem adultos tímidos. Assim, uma pesquisa norte-americana, que, durante várias décadas, estudou 133 crianças nova-iorquinas de classe média, mostrou o seguinte: há crianças que são tímidas de nascença. Os pesquisadores puderam distinguir três temperamentos: crianças de temperamento "fácil", de temperamento "que se abria paulatinamente", e de temperamento "difícil". Crianças de temperamento fácil são abertas, relaxadas, têm facilidade de se adaptar. Crianças tímidas "que se abrem paulatinamente", quando enfrentam situações novas e pouco familiares, reagem com retração e hesitam em se adaptar à nova situação. Crianças "difíceis" são desequilibradas, possuem pouca capacidade de adaptação, e têm sono inquieto.

Nem todas as pessoas tímidas nasceram assim. É claro que ao lado da educação nos primeiros anos de vida, as experiências no decorrer dos anos também desempenham um papel importante. Acontecimentos traumáticos como divórcio, desemprego, mudança para uma outra cidade, podem reforçar o problema da timidez ou fazer com que se manifeste pela primeira vez. As descobertas das recentes pesquisas sobre os temperamentos, no entanto, nos ensinam que uma parte de nossas características é inata, e mudá-las seria muito difícil ou até impossível.

Pessoas tímidas, portanto, deveriam se conformar com o fato de que provavelmente não é possível mudar. É uma idéia terrível, se continuamos vendo a timidez como uma característica exclusivamente negativa e incômoda. Mas dessa forma cometeríamos uma grande injustiça com as pessoas tímidas. O que se perdeu no *boom* da auto-segurança é o fato de que a timidez e o recato – a despeito de todas as tendências modernas – podem ser características positivas. Quando se procura conhecer melhor as pessoas tímidas, nota-se que elas podem ser extremamente agradáveis. São consideradas boas ouvintes, atenciosas e compreensivas. Como amigo ou amiga, são muito leais e fiéis.

Também os parceiros(as) de pessoas tímidas podem se considerar felizes. Esposos(as) de tímidos falam com entusiasmo sobre os efeitos positivos dessa característica. Descrevem seu parceiro tímido como modesto, compreensivo, discreto e meigo. Os casamentos de tímidos são considerados mais firmes, satisfatórios e estáveis do que os demais.

Como apresentam um comportamento reservado em sociedade, à primeira vista os tímidos parecem tediosos e, como mostra um estudo norte-americano, também menos inteligentes. Essa avaliação muda assim que as pessoas os conhecem melhor.

Num estudo realizado pelo psicólogo norte-americano Jonathan Cheek, 190 participantes foram divididos em grupos que se encontravam uma vez por semana durante sete semanas. Depois do segundo encontro, todos os grupos avaliaram os participantes tímidos como menos inteligentes. Não participavam das conversas e pareciam pouco motivados. Depois do sétimo encontro, todavia, a avaliação havia mudado em favor dos tímidos: agora eram considerados mais inteligentes e simpáticos do que os membros não tímidos do grupo. "Quando se conhece mais profundamente a pessoa tímida ela passa a ser apreciada pelos outros", diz Jonathan Cheek. "Só que isso infelizmente leva tempo. E muitos não estão dispostos a investir este tempo." Em vez disso, esperam que as pessoas tímidas se adaptem ao espírito do tempo, que namora os "arroz de festa" com energia abundante, os quais parecem não sentir nenhuma dúvida a respeito de si mesmos.

Quem não faz parte de um grupo de extrovertidos, e apesar de intensos esforços não consegue ser igual a eles, não precisa mais se desesperar, como mostra uma pesquisa psicológica recente. É libertador o reconhecimento de que a auto-estima e a capacidade de se impor, em si mesmas, não são positivas, mas que essas características, em primeiro lugar, têm de combinar com a pessoa e, em segundo, no passado foram claramente superestimadas em sua importância em relação à saúde psíquica e à felicidade pessoal.

E há mais um aspecto. Os tímidos talvez possam fazer as pazes com essa sua característica e no futuro talvez abdicar mais facilmente dos esforços compulsivos de mudança quando reconhecem que não estão em minoria no mundo. Só não percebemos as pessoas tímidas porque elas escondem e ocultam essa característica. A obrigação de sempre estar bem-humorado leva muitas pessoas a usar uma máscara e impede que se perceba que a pessoa ao lado talvez sofra tanto quanto nós.

Neste contexto há uma notícia que deveria nos fazer pensar. Na Alemanha Oriental, os psicoterapeutas constataram um nítido crescimento dos medos sociais e da timidez depois da reunificação. O médico Jürgen Mehl analisou cem requerimentos dirigidos à seguradora médica estatal pedindo tratamento psicoterápico, vindos dos novos Estados da União: cerca de 40% eram justificados "com um diagnóstico situado no âmbito dos distúrbios de competência social". Entrevistas com os pacientes revelaram que estes viam uma relação direta entre suas queixas e as mudanças ocorridas depois da reunificação.

Alemães orientais freqüentemente se sentem inferiores aos alemães ocidentais, que parecem tão seguros. Eles carecem das habilidades sociais – supostamente – necessárias para a luta pela sobrevivência no capitalismo: autoconfiança, capacidade de se impor, mentalidade do direito do mais forte.

Os alemães orientais não reconhecem que muitas vezes nossa autoconfiança e nossa valentia são apenas máscaras. Também, como poderiam vê-lo, se muitas vezes nem nós mesmos enxergamos através do nosso jogo de esconde-esconde? Se as pessoas tímidas, que supostamente não se encaixam na paisagem do sucesso, pudessem admitir essa sua característica, se não fossem atraídas pelas promessas de mudança e em vez disso fossem apoiadas em sua singularidade, poderia haver uma mudança do ambiente em nossa sociedade. No momento ainda vivemos sob o domínio dos tipos escorregadios, dinâmicos, clamorosos, ruidosos. É possível que em uma ou outra situação a vida seja mais fácil para eles – mas não são mais felizes nem mais queridos.

"Você é neurótico!" – "Quem não é?"
Atenção: psicoterapia em excesso pode ser prejudicial à saúde

"Você conhece um bom terapeuta?" Uma amiga telefona para fazer essa pergunta, acrescentando, à guisa de explicação: "Acho que finalmente tenho de trabalhar minha infância." Quero saber como ela, de repente, chegou a essa idéia e fico sabendo que ela tem constantes discussões extremamente destrutivas com seu parceiro que a acusa de ser "totalmente neurótica". Agora ela chegou ao ponto de concordar com a constatação de que precisa de uma terapia. Deve haver um motivo para suas tendências violentas e o ódio profundo que de vez em quando a domina completamente. Como ela mesma não encontra explicação nenhuma, o motivo certamente deve estar no seu passado mais remoto; sem ajuda terapêutica certamente não conseguirá descobri-lo. "Possivelmente, isso tem algo a ver com meu pai. Talvez eu tenha reprimido alguma coisa."

Há muito tempo uma estudante universitária da minha vizinhança está pensando em abandonar os estudos de economia e, em vez disso, fazer uma faculdade de arte. Ela gostaria muito de fazê-lo, mas acredita que teria problemas com os pais, que custeiam seus estudos. Na verdade, trata-se de uma situação inequívoca, mas a estudante acredita que há algo mais por trás de sua indecisão. E quer descobrir essa "coisa a mais" com a ajuda de uma psicoterapia.

Hans também decidiu recorrer à ajuda psicoterápica. Ele notou que seus relacionamentos fracassam sempre pelo mesmo motivo: sua infidelidade. Depois de acreditar durante muitos anos que isso não era problema dele, mas da falta de tolerância de suas parceiras, agora que se aproxima da idade mágica dos 40 anos ele começou a refletir mais. Uma psicoterapeuta, com formação em terapia de grupos, terá de ajudá-lo a ser um companheiro melhor no futuro.

Contemplando casos como esses, tem-se a impressão de que hoje não confiamos mais em nós mesmos. Assim que tivermos de decidir algo mais do que a questão "biscoito ou chocolate", assim que um conflito, um problema ou uma decisão ultrapasse o cotidiano, ficamos inseguros e acreditamos precisar da ajuda de um especialista. Como escrevi no início, hoje nos faltam orientadores externos como, por exemplo, uma forte união familiar ou uma comunidade religiosa. O que é certo e errado, qual é a decisão adequada ou não, temos de decidi-lo sozinhos. Questões existenciais como : "Quem sou eu?" "Como me tornei o que eu sou?", "Qual é o sentido da vida?", temos de respondê-las sozinhos do mesmo modo como questões mais banais do tipo "Por que me comporto desta maneira e não de outra?", "Por que tenho problemas nos meus relacionamentos, no trabalho, com meus filhos?" Todos nós fazemos esse tipo de perguntas. Temos de fazê-las, pois as respostas que damos são importantes para a definição de nossa identidade.

Que respostas encontramos depende de *onde* procuramos. As gerações do passado costumavam dirigir-se à teologia ou à filosofia, enquanto hoje estamos voltados para o autoconhecimento. Na nossa psique, no nosso desenvolvimento, nosso passado remoto, é ali que acreditamos poder encontrar a chave de nossas inseguranças: iluminando a escuridão da nossa alma, podemos compreender por que hoje estamos tão infelizes, tão "neuróticos".

Deve ser o sintoma de uma *neurose* se nenhum relacionamento amoroso dura mais de três meses; é *realmente neurótico* se temos ciúme do parceiro; o colega que às vezes se esconde no seu escritório durante dias a fio é um *verdadeiro neurótico*; se a amiga não fosse reagir sempre daquele modo *neurótico*, ela certamente seria mais querida; a mulher que acredita poder seduzir o vizinho com a ajuda de copos brilhantes, saindo limpíssimos da máquina de lavar louça, é uma *tola neurótica*; e a filha do vizinho ter quebrado o braço duas vezes seguidas, será que não seria também o sinal de um *distúrbio neurótico*?

O conceito da "neurose" é usado de modo completamente indiferenciado para fenômenos que nos parecem estranhos, inexplicáveis e anormais, ou que simplesmente sentimos como incômodos. A maioria das pessoas nem sabe o significado exato da palavra neurose.

Originalmente chamava-se de neurose aos distúrbios e limitações do sistema nervoso para os quais não havia nenhum motivo orgânico visível. Sigmund Freud emprestou esse conceito da medicina e o usou para descrever reações a conflitos e distúrbios da vida instintiva e emocional. Segundo a definição psicanalítica, o cerne de muitas neuroses é um medo exagerado que a pessoa quer controlar a qualquer custo para não ser dominada por ele. O medo é "irreal", ou seja, não há nenhuma ameaça concreta. O "neurótico" sabe disso e esforça-se para continuar vivendo do modo mais normal possível apesar de seus medos. Isso pode levar a comportamentos às vezes bizarros, muito chamativos, aparentemente "loucos". Neuróticos compulsivos têm de lavar as mãos constantemente ou verificar se todas as luzes estão apagadas, hipocondríacos sofrem de uma nova doença a cada dia que passa, e ataques repentinos de medo ou pânico e depressão também pertencem ao quadro neurótico.

É um fato triste que a ocorrência de medos e também de depressões neuróticas venha crescendo consideravelmente nas últimas décadas. Muitas pessoas não conseguem mais lidar com as exigências de nossa sociedade. Temem por seu emprego, temem pelo futuro dos filhos, ou têm medo de que possam passar a vida inteira sem sentir que realmente estão vinculadas a uma outra pessoa. Estes medos não são absolutamente irreais; são antes o resultado de um processo social que atribui uma responsabilidade excessiva ao indivíduo, sem que este seja simultaneamente acolhido em comunidades de apoio. Quem não agüenta o peso dessa pressão e desenvolve medos ou depressões, nem sempre apresenta um quadro neurótico. É possível que esteja reagindo de modo saudável a uma situação pouco saudável. Seus medos nascem de um fundamento real.

Psicoterapia: a arma milagrosa contra as "neuroses"

Se no caso de doenças psíquicas reais é preciso ser cauteloso com o uso do conceito da "neurose", isso vale mais ainda para desvios da norma absolutamente "normais". Nem todos os que têm crises, falam sozinhos ou de qualquer outro modo se comportam de maneira estranha ou incômoda, são neuróticos.

Quando o apóstolo da mudança Robert Hoffmann, o fundador do Processo de Quadrinidade, afirma: "Vivemos numa sociedade totalmente neurótica", ele usa uma palavra que traz insegurança. Quem quer ser neurótico? Ser chamado de "neurótico" significa receber o rótulo de não saudável, não adulto, não maduro; só poderemos nos livrar desse rótulo quando nos submetermos a uma terapia, sugerem os especialistas em psicologia. "Você é neurótico" é uma atribuição de culpa que nos traz novamente à disciplina e serve para chamar os outros de volta à ordem. Mas também é usado para se livrar da culpa. Quando não sabemos lidar com algo ou alguém na nossa vida, acreditamos conhecer a causa disso: somos neuróticos. E sabemos o que fazer contra isso. Não é que Herbert também fez terapia e ficou entusiasmado dizendo que agora não é mais o mesmo? Não lemos em inúmeros livros e artigos que a psicoterapia pode fazer verdadeiros milagres? Se não somos nós mesmos a pensar nisso, freqüentemente as pessoas à nossa volta nos aconselham "Faça uma terapia", e assim colaboram para que acreditemos que somos profundamente "perturbados" e que somente com a ajuda de um especialista podemos encontrar o caminho para nós mesmos.

Psicoterapeutas oferecem não apenas o tratamento para distúrbios psíquicos sérios, como depressão, medos, distúrbios alimentares, distúrbios da auto-estima, problemas de relacionamento, mas – quando se trata de terapeutas com consultório próprio – estão especialmente interessados em nossas "neuroses" do dia-a-dia. Eles se especializaram nessa área, sabem que podem lidar com isso. A miséria neurótica normal é a profissão deles; eles preferem deixar para as clínicas ou os médicos as doenças graves como o alcoolismo e as psicoses.

Por mais que esses psicoterapeutas valorizem suas ofertas, poucos oferecem informações concretas sobre o efeito do seu tratamento. Os limites da arte psicoterápica apenas raramente constituem assunto para a corporação dos terapeutas. Em vez disso costumam delongar-se em declarações enigmáticas a respeito dos resultados que com a ajuda de psicoterapias podem supostamente ser obtidos nos casos de neuroses cotidianas. Encontrei o seguinte texto numa brochura de propaganda de uma psicoterapeuta de Munique:

"No processo do tratamento, o paciente aprende a entrar em contato mais profundo com ele mesmo. Isso quer dizer que ele aprende a perceber e expressar de modo adequado suas emoções, necessidades e desejos. Numa psicoterapia bem-sucedida, o paciente começa a se ver e observar de maneira mais consciente e aprende a se aceitar, freqüentemente passando por uma decepção dolorosa. Por meio de uma auto-aceitação bem-sucedida, grandes quantidades de energia são liberadas. Energia esta que durante anos foi usada em mecanismos de defesas e repressão.

Padrões negativos e destrutivos, na sua maioria vindos da infância, podem ser trazidos à consciência com a ajuda de determinadas técnicas, e trabalhados e transformados emocionalmente quando o paciente possui a força psíquica necessária para tal. Somente quando chega o momento certo e o paciente é capaz de suportar e sustentar a verdade, esses padrões comportamentais podem se tornar conscientes e, paulatinamente, ser dissolvidos, levando então a uma ampliação da consciência. Pela energia liberada e pela consciência ampliada, a pessoa poderá então resolver seus problemas de modo criativo ou conviver pacificamente com eles. O paciente passa a levar uma vida de sua inteira responsabilidade e decisão. O objetivo maior do tratamento psicoterápico sempre deve ser a auto-realização."

Aceitar a si mesmo, resolver problemas de maneira criativa, dissolver padrões negativos oriundos da infância, desenvolver um ego forte. A linguagem da psicologia já nos é tão familiar que nem notamos mais que na maioria dos casos se trata de fórmulas vazias. Em vez disso, balançamos a cabeça de modo afirmativo e esperamos que chegue a hora em que nós também possamos moldar nossa psique de forma tão perfeita. Acreditamos que os psicoterapeutas possuam um tipo de conhecimento secreto que podem transmitir a nós, se tivermos a sorte de encontrar um bom profissional.

Os terapeutas Ron Kurtz e Greg Johanson também contribuem para essa esperança com o exemplo de um caso descrito em seu livro *Forças suaves*:

"No decorrer de sua formação em psicoterapia, Gerd participou de um grupo de treinamento. No início de uma das seções diárias, chegou sua vez de expor seus problemas em relação a autoridades. Ele falou durante cinco minutos aproximadamente de modo bastante emocionado [...]. Enquanto Gerd falava, ouvia-se o canto de pássaros vindo de fora. A treinadora pensou que podia ajudá-lo a reconhecer a riqueza maravilhosa que ele estava perdendo enquanto permanecia preso em seus próprios pensamentos. Mas Gerd continuava falando, e ela achou que seria inoportuno fazer uma intervenção. Pacientemente esperou um momento adequado. De certo modo, Gerd havia dito tudo o que havia para dizer e estava começando a se repetir. Uma gaivota gritou e, depois de alguns segundos, a treinadora perguntou gentilmente: 'Você ouviu a gaivota?' Gerd parou, levou a mão ao peito e começou a chorar. Mais tarde, explicou que, quando ouviu a pergunta, havia sentido uma forte dor emocional no coração; sentia-se perdido, isolado e sem contato com o mundo à sua volta. Ao mesmo tempo, essa dor era quase alegre; a partir de então, ele poderia unir-se novamente aos sons, à visão e aos cheiros da natureza e nutrir-se deles. Bastava tornar-se receptivo a eles."

"Você ouviu a gaivota?" Uma única frase, e Gerd é uma nova pessoa. Impressionante. Quando temos a idéia de começar uma terapia, também alimentamos a esperança de ouvir tais frases milagrosas que podem desencadear uma metamorfose dentro de nós. Nós achamos que o terapeuta possui habilidades especiais por meio das quais consegue descobrir a nossa verdade absolutamente pessoal, invisível a nós mesmos. Estamos convencidos de que, na psicoterapia, ficaremos sabendo quem realmente somos. Os psicoterapeutas que reforçam essa esperança, que estão dispostos a nos fornecer conselhos de vida bastante adequados, e, além disso, se envolvem numa aura de onisciência, facilmente adquirem o *status* de gurus.

É claro que a psicoterapia também traz resultados positivos. Psicoterapeutas com boa formação podem proporcionar uma ajuda importante a seus clientes. Quem sofre de ataques de pânico, quem é torturado por uma grave depressão ou quem não vê mais nenhum sentido na vida, com a ajuda da psicoterapia pode aprender a dar pequenos passos em direção a uma solução de seus problemas. Mas não mais do que isso. No passado, as possibilidades da psicoterapia foram enormemente superestimadas, também porque aqueles vendedores de psicoterapias muito hábeis nos fascinaram com frases de efeito e promessas grandiosas.

Nós, os insatisfeitos, com nossos anseios profundos de perfeição e felicidade, adoramos ser seduzidos por essas promessas. Sempre que acreditamos estar sofrendo de uma neurose, sempre que temos a impressão de que algo não está transcorrendo de modo "normal", esperamos que os especialistas da alma nos dêem a explicação libertadora.

Uma das explicações mais freqüentes e mais populares é a seguinte: Os motivos para sua infelicidade estão no seu passado. Se analisar sua infância e trabalhar essas questões, você tem a possibilidade de tornar-se feliz. Os psicoterapeutas que divulgam essa mensagem, apóiam-se na teoria dos traumas, formulada há cem anos por Sigmund Freud, que hoje está completamente popularizada e mais conhecida do que nunca. Essa teoria diz que experiências terríveis da infância são reprimidas pela criança porque ela não suporta os conflitos e medos ligados a elas. Enquanto não for relembrado e trabalhado, o material reprimido continua exercendo um efeito funesto.

Hoje em dia não temos apenas a psicanálise para o "trabalho com a primeira infância"; uma grande gama de psicoterapias dos mais variados tipos acabou se juntando a ela. Terapeutas primários, analistas transacionais, hipnoterapeutas, *rebirthers* e muitos outros cuidam das aflições da "criança interior" e prometem curar as feridas da infância. Mesmo em cursos para o grande público, traumas da primeira infância e sua superação constam entre os assuntos favoritos, para não falar dos livros de auto-ajuda que inundam o mercado editorial. Todos eles nos fazem acreditar que podemos ser uma pessoa melhor depois de trabalhar as questões de nossa infância, e que, além disso, temos direito a recuperar aquilo que perdemos. Tudo que deu errado "naquele tempo" pode ser curado hoje, dizem as promessas.

Estamos dispostos a remeter muito daquilo que nos incomoda, que nos faz sofrer, ou que consideramos "neurótico" dentro de nós, às nossas primeiras experiências, aos erros de nossos pais e sua falta de amor, a vivências traumáticas. Essa explicação nos traz alívio e consolo, pois finalmente sabemos a quem culpar por nossa miséria psíquica. Se tivéssemos tido outros pais, se nossa infância tivesse sido mais feliz, haveria mais alegria em nossa vida atual.

"Se você tivesse tido uma outra infância, o que seria diferente hoje?" Fiz essa pergunta a participantes de um seminário e pedi que respondessem por escrito e de modo anônimo. As respostas foram reveladoras:

"Se a minha infância tivesse sido diferente,

- eu não seria tão dependente de afeição, não seria tão ciumento, suportaria melhor ficar sozinho, teria menos medos e maior auto-estima;
- eu não teria sido tão solitário e teria aprendido um comportamento social melhor;
- minha vida teria sido totalmente diferente, eu teria maior auto-estima, menos depressão, e sobretudo teria tido um casamento melhor;
- eu teria mais capacidade de me impor, poderia compreender melhor o meu filho;
- eu teria mais prazer no sexo;
- eu poderia viver com menos medo;
- talvez eu tivesse maior auto-estima;
- eu não sentiria mais necessidade de comprar o amor das pessoas com a minha competência."

Dos 57 participantes do seminário que responderam à minha pergunta, 43 descreveram sua infância como negativa e a responsabilizavam por muitos aspectos negativos de sua vida; 11 respostas não se encaixavam em nenhuma categoria definida, e apenas três eram inequivocamente positivas.

"Onde está a modéstia?"
O que a psicoterapia pode fazer

Apoiados em relatos impressionantes sobre trabalhos terapêuticos, não duvidamos da enorme influência dos primeiros anos de vida. E por isso também não duvidamos das chances de cura por meio da psicoterapia. Acreditamos que pode ser de grande utilidade para a nossa felicidade que trabalhemos nossa infância, que saibamos o que aconteceu naquela época, que revivamos nosso nascimento e talvez até avancemos a uma época anterior a esta. Se soubermos que nossa mãe teve de suportar muito *stress* durante a gravidez, se ficarmos sabendo que nos primeiros anos da nossa vida ficamos muito sozinhos, se reconhecermos quais tarefas tácitas recebemos dos nossos pais, conquistaremos a liberdade. Será que realmente é assim?

Hoje em dia há dúvidas bem fundamentadas sobre a necessidade e utilidade de trabalhar a primeira infância em prol da saúde psíquica. Uma nova geração de cientistas – incluindo psicólogos do desenvolvimento, pesquisadores da memória e sociólogos – pesquisou a suposta relação entre a primeira infância e a vida adulta. Seus resultados mostram que no passado fomos vítimas de dois mitos:

Primeiro mito, "O papel determinante da infância": Uma infância terrível não precisa ser destino.

Segundo mito, "Compreensão": Quem sabe tudo sobre a própria infância nem por isso está livre de problemas.

Até que ponto a primeira infância realmente é determinante? A maneira como uma pessoa se desenvolve não depende exclusivamente de suas experiências na primeira infância. Estudos de longa duração comprovam que experiências negativas durante a infância, não importa quão pesadas possam ter sido, não levam necessariamente a um desenvolvimento desequilibrado da personalidade. Ao contrário, a constituição biológica, o temperamento inato, as capacidades intelectuais e o apoio social recebido fora da casa paterna podem fazer com que uma criança desenvolva tanta resistência que é capaz de sobreviver psiquicamente mesmo se teve uma infância extremamente desfavorável. Os críticos da teoria do trauma são inequívocos em sua conclusão de que a primeira infância não determina os caminhos para toda a vida futura. Não há nada que comprove a verdade da conclusão causal "trauma na infância – distúrbio na vida adulta".

A compreensão dos acontecimentos do passado é o primeiro passo para a cura psíquica, afirmam os terapeutas que trabalham com o conceito do trauma. Mas essa suposição central também já foi refutada. Não importa a extensão do conhecimento acerca dos acontecimentos do passado, ele não traz a solução dos problemas do presente. O conhecido psicoterapeuta Paul Watzlawick confirma essa idéia, dizendo: "Nem na minha própria vida nem na vida dos outros pude constatar esse fenômeno." E o psicoterapeuta norte-americano William Glasser pergunta: "De que adianta a uma pessoa saber que não consegue se impor porque teve um pai dominador? Paciente e terapeuta podem discutir durante anos esses acontecimentos passados em todos os seus detalhes, mas esse conhecimento não contribuirá em nada para a capacidade de se impor." Terapias infinitas mostram que o mero trabalho de se aprofundar no passado não traz nenhuma mudança. Ao contrário: quanto maior a duração de uma tal terapia, maior se torna o perigo de desenvolver uma dependência em relação ao terapeuta.

Baseados nos resultados dessa e de muitas outras pesquisas, psicoterapeutas críticos ficaram muito mais modestos em sua visão das possibilidades de sua profissão e advertem contra qualquer expectativa exagerada. A descrição sóbria dada pelo psicoterapeuta e pesquisador de terapias Hans H. Strupp nos mostra que, na maioria dos casos, nossas idéias a respeito da psicoterapia não correspondem à realidade. "Na minha opinião, o que a terapia consegue é o seguinte: paciente e terapeuta entram em relação mútua, o paciente desenvolve confiança no terapeuta, este se esforça por ajudar o paciente, o terapeuta é simpático e compreensivo e sabe ouvir. Nessas circunstâncias, o paciente tem uma nova experiência de relacionamento com uma outra pessoa. O essencial é o seguinte: a terapia não é tanto um tratamento, mas antes uma experiência." Aqui não há mais nenhuma pretensão de cura. "Isso, aliás, foi mais um engano dos psicanalistas –, que a psicanálise devesse curar definitivamente. Isso é bobagem. A maioria dos tratamentos médicos não visa à cura completa, mas tem como objetivo ajudar o paciente a viver com seus achaques. O mesmo vale para a terapia." Strupp acrescenta que "há ainda o fato de que existe um grande número de pessoas às quais não podemos prestar nenhuma ajuda real, nem com terapias curtas nem com a terapia de longa duração".

Jürg Willi também defende uma avaliação mais realista da psicoterapia: "Nós, psicoterapeutas, precisamos ser mais humildes. Temos de aprender a formular objetivos terapêuticos muito menores. Até agora, a psicoterapia tinha objetivos muito amplos: autonomia, independência, expressão das emoções, auto-realização. Freqüentemente esses objetivos não são atingidos conforme se esperava, o que desencoraja o paciente e decepciona o terapeuta."

O grande número de psicoterapias fracassadas, mas também o fenômeno das infindáveis psicoterapias de longa duração fizeram com que os críticos passassem a refletir se, e em que medida, as características pessoais realmente podem ser influenciadas por medidas psicoterapêuticas — não importa se aplicadas com curta ou longa duração. Com base nos seus trabalhos de pesquisa, Hans H. Strupp está convencido do seguinte: "É incorreta a idéia de que uma personalidade pode ser mudada profundamente. Todos nós somos o que somos. Temos nosso passado e nossos problemas, temos nossos pais e as circunstâncias determinadas nas quais crescemos. Como se diz: pau que nasce torto, morre torto."

Em sua discussão sobre a questão "A personalidade pode ser mudada?" os psicólogos norte-americanos Paul T. Costa e Robert R. McCrae chegam à conclusão de que William James, um dos fundadores da psicologia científica, possivelmente já sabia a resposta. Em 1890 escreveu em sua obra normativa *The Principles of Psychology*:

"*In most of us, by the age of thirty, the character has set like plaster and will never soften again.*" (A maioria das pessoas ao chegar aos 30 anos, terá seu caráter endurecido como gesso e jamais voltará a ficar macio.)

Os sucessores modernos de William James nos Estados Unidos pensam que ele podia ter razão. Analisando o conhecimento que temos atualmente, eles chegam à seguinte conclusão: "Hoje sabemos que, em inúmeras áreas, pessoas adultas passam muitos anos sem mudar, e que sua capacidade de adaptação é determinada essencialmente pela sua personalidade. É claro que as pessoas crescem e mudam, mas sempre sobre uma base de disposições fixas."

Entre essas "disposições" há as características herdadas: características tão evidentes como sexo, a cor dos olhos e dos cabelos, a altura; mas também são inatas, em grande parte, o temperamento, os ritmos fisiológicos, possivelmente até mesmo a disposição emocional básica e, por isso, mudá-las é muito difícil ou até impossível. Essas "disposições" limitam as possibilidades de mudança.

Não podemos mudar em qualquer época ou em qualquer aspecto, frisa também Robert Ornstein, professor de biologia humana na famosa Universidade de Stanford. Em algumas áreas, nossa vida é predeterminada. Segundo Ornstein, seria importante "descobrir onde vale uma coisa ou outra, e parar de querer mudar aspectos que não podem ser mudados, e mudar aquilo que realmente é possível mudar. Em outras palavras: *Precisamos aprender a pensar de modo diferente sobre nos mesmos*".

O psicólogo social norte-americano Martin E. P. Seligman compartilha dessa opinião. Também considera urgente aprender a diferenciar entre as coisas que podemos mudar e aquilo com o qual temos de nos conformar e aceitar. O conhecimento da diferença entre o mutável e o não-mutável cria a possibilidade, segundo Seligman, "de utilizar nosso tempo valioso para mudanças úteis e possíveis. Podemos levar uma vida com menos auto-acusações e menor consciência negativa. Podemos viver com maior autoconfiança. Esse conhecimento nos proporciona uma nova compreensão de nós mesmos e de nossas possibilidades de desenvolvimento".

Infelizmente, os psicoterapeutas raramente nos explicam quais mudanças podemos esperar de um tratamento psicoterapêutico e quais não. Muitos deles continuam sucumbindo à admiração cega de seus pacientes, que deles esperam a cura de todas as feridas psíquicas. Esses psicoterapeutas não se entendem como "prestadores de serviço" que servem a seus clientes com o máximo de seriedade, mas se comprazem no papel de curadores oniscientes. Defendem-se contra a crítica supostamente pouco objetiva que se levanta dentro de suas próprias fileiras, e temem a perda de sua imagem com o conseqüente prejuízo aos negócios.

"Um número demasiadamente grande deles está narcisisticamente entretido no jogo psicológico no qual se trata predominantemente das experiências próprias dos sentidos, de sentimentos de bem-estar e também de interesses materiais bem concretos. Embora o benefício dos pacientes seja invocado solenemente por todos eles, em caso de dúvida é sacrificado em nome da própria experiência dos sentidos. O que falta é uma postura verdadeiramente profissional, o esforço de proporcionar uma prestação de serviço máxima com vistas a uma dada tarefa social; falta verificar e melhorar regularmente sua qualidade." É com essas palavras que o pesquisador de psicoterapias Klaus Grawe critica os colegas que não querem reconhecer os avanços científicos e continuam a transmitir uma falsa imagem da psicoterapia com suas promessas exageradas.

Aos "psicólogos narcisistas" devemos nossas idéias exageradas e errôneas a respeito das possibilidades da psicoterapia. Se soubéssemos o que os psicoterapeutas efetivamente podem fazer, muitos talvez nem pensariam em se colocar nas mãos de um terapeuta. Muito daquilo que esperamos dos psicoterapeutas não pode ser realizado.

Resta a questão: por que acreditamos tanto nos especialistas e temos tanta esperança de que eles possam nos ajudar no auto-aprimoramento? Por que continuamos a permitir que nos enganem, vez por outra, com suas promessas de salvação?

É a velha ladainha: somos obcecados pelo desejo de ser uma pessoa melhor e mais feliz. Quando notamos em nós algo de "neurótico" ou algo que de algum modo chama a nossa atenção e nos incomoda, colocamos nossa esperança no *know-how* psicoterapêutico. Estamos tão obcecados em nosso objetivo de mudança que desligamos grande parte de nosso juízo. "A menoridade é a incapacidade de usar o juízo sem ser dirigido por outra pessoa", escreveu Immanuel Kant no ano de 1784 no seu famoso texto *O que é o esclarecimento?*. Considerou esta menoridade como sendo *de responsabilidade própria* "quando a sua causa não está numa falta da razão, mas na falta de determinação e de coragem para usá-la sem que seja orientada por outra pessoa".

Nós nos colocamos numa menoridade provocada por nós mesmos. Não nos falta a razão; faltam-nos a coragem e a determinação para confiar na nossa própria razão e para usá-la "sem sermos orientados por outra pessoa". Não temos a confiança de que podemos encontrar sozinhos ou com nossos amigos as respostas para as perguntas que tanto nos deixam inseguros, como "O que está certo, o que está errado?" – "Por que não sou como gostaria de ser?" –

"Por que não sei lidar com a vida?" – "Qual decisão devo tomar?". Não importa se a questão que nos ocupa seja profunda ou banal: a resposta nos satisfaz apenas se ela for "corroborada" por um especialista.

"Temos de aprender a pensar de modo diferente sobre nós mesmos", pede Robert Ornstein. Pode-se acrescentar que, neste caso, pensaremos de modo diferente também a respeito dos supostos especialistas. Quando confiamos que ninguém nos conhece tão bem quanto nós mesmos, quando sabemos que não existe ninguém que esteja totalmente sem "neuroses", e quando nos damos conta de que os psicoterapeutas são apenas representantes de uma profissão absolutamente normal, com uma formação às vezes bastante precária, então pensaremos em nos entregar à orientação de uma outra pessoa apenas em casos de real necessidade.

Na próxima vez em que alguém disser: "Você deveria fazer uma terapia", ou quando você mesmo acreditar que não está bem com você mesmo, faça uma verificação minuciosa antes de consultar um especialista. Quem diz que eu não estou bem? Eu mesmo ou outra pessoa? Qual é a gravidade do problema? Até que ponto ele me limita? Eu acho que a situação não tem solução? O que fiz até agora para me ajudar? Existe um amigo, uma amiga, um parente, com quem eu poderia falar a respeito?

Apenas quando todas as possibilidades estão esgotadas e o problema fica completamente fora de seu controle, um apoio terapêutico pode ser indicado. Mas mesmo nesse caso, você não deve esquecer que a terapia é uma prestação de serviço. Você é o cliente. Você determina o que acontece. Resista à tentação de conceder um poder excessivo ao psicoterapeuta. Se tiver sorte, você encontrará um bom "artesão" e uma pessoa compreensiva, mas mesmo ele não possui nenhum conhecimento secreto.

Muitas das nossas características que incomodam a nós (ou aos outros), não podem ser eliminadas pela terapia. Se tentarmos fazê-lo, a luta contra nós mesmos transforma-se rapidamente numa luta inútil contra moinhos de vento. Poupemo-nos desse desperdício de energia. É melhor continuar a ser um pouco "neurótico". De qualquer forma é mais interessante do que ter uma psique totalmente "terapizada".

"Cada um cria sua própria felicidade"

Descanse um pouco

A felicidade é uma mulher da vida.
Não gosta de ficar parada;
Afasta o cabelo da testa
Beija-o rapidamente e sai voando.

Como Heinrich Heine, que comparou a felicidade a uma mulher da vida, outros poetas e pensadores também fizeram descrições quase sempre negativas em resposta à antiga pergunta sobre a natureza da felicidade. Schopenhauer disse que a felicidade pode não ser mais do que "a libertação da dor, de uma aflição". Goethe estava convencido de que "a verdadeira felicidade é a sobriedade". Friedrich Nietzsche acreditava que a felicidade só aparece quando a pessoa se priva de algo "persistentemente e por um tempo prolongado". A mesma opinião é defendida por Mahatma Gandhi: "O segredo de uma vida feliz está na renúncia." No fim, Sigmund Freud nos tira a última ilusão: "A idéia da felicidade do ser humano não está contida no plano da criação."

As discussões filosóficas da felicidade podem ser jóias líricas e literárias, mas hoje em dia não nos impressionam mais. Preferimos ouvir conselheiros com formulações pragmáticas que não se cansam de nos afirmar que podemos criar nossa própria felicidade. Atualmente existem no mercado mais de 600 livros que nos querem mostrar o caminho para a felicidade. Entre eles, títulos como *A arte de ser feliz, O treinamento para a vida, O que todos podem fazer para ser livres e felizes, Instruções para a felicidade, Caminhos para a felicidade, A coragem de ser feliz, Felicidade e sucesso, Precisamos de sorte, Felicidade e satisfação, Objetivo educacional: Felicidade, Encontrar nova felicidade*, e muitos outros. Psicólogos e psicoterapeutas reconheceram nossa avidez de nós sentirmos felizes e inventam técnicas sempre novas para nos ajudar nesse intento. O inglês Robert Holden, fundador de uma clínica para a superação do *stress* em Oxford, é um desses especialistas em felicidade. Ele organiza o que chama de *Happiness-Workshops*, nos quais os participantes podem aprender a ser felizes.

Para consegui-lo, segundo Holden, basta fazer no mínimo 30 minutos de exercícios físicos por dia e começar cada dia com um sorriso e fingir que se está feliz. Pois os psicólogos sociais dizem ter descoberto que a torção da musculatura facial para formar o sorriso tem um efeito positivo sobre o nosso humor. Chamaram a esse fenômeno de *facial feedback*, segundo o qual o humor é influenciado pelo movimento dos músculos; Holden recomenda ainda colocar pontos azuis em lugares estratégicos da casa. Vendo esses pontos, a pessoa lembra de ter pensamentos positivos a respeito de si mesma, de dormir bem e de iniciar um passatempo novo.

"O que lhe falta para ser feliz?", pergunta a suas leitoras uma revista feminina de grande tiragem e lhes faz o seguinte convite: "Descubra onde se encontra o seu déficit de felicidade, depois transforme o negativo em positivo. Você precisa de coragem para fazê-lo. Pois a felicidade não acontece por si. Precisamos trabalhar para conquistá-la." Por exemplo, preencher um teste de felicidade, por sorte concebido por um "psicólogo". Apresenta-nos 20 questões para serem comentadas, entre outras a seguinte: "Se a minha vida daqui a 20 anos estiver igual à minha vida atual, eu ficarei muito insatisfeito", "Só se pode confiar em si mesmo" ou "Há muito tempo que não me sinto realmente feliz". Se concordamos com 15 dessas sentenças, temos de empreender mudanças "urgentes", afirma o psicólogo. "Dentro de você há talentos e esperanças. Não permita que continuem atrofiados. A responsabilidade pela sua vida é sua, e de mais ninguém." Se marcamos "certo" apenas dez vezes, significa que precisaríamos de uma "dose extra de felicidade".

Paul Watzlawick, autor de *Instruções para a infelicidade*, um dos livros da lista dos mais vendidos, teme que possamos ficar sufocados pela "enxurrada de instruções para ser feliz". A oferta de caminhos para a felicidade cresceu imensamente. Há os caminhos através das novas religiões, outros nos levam ao mundo esotérico, outros, mais perigosos, atraem aqueles que buscam a felicidade para os braços dos pregadores de seitas religiosas.

A felicidade comprada tem um prazo de validade bastante limitado

A questão "Como posso ser feliz?" ocupa um lugar central na nossa sociedade. Tudo o que fazemos para melhorar, embelezar, mudar, na verdade serve exclusivamente a este objetivo: queremos ser felizes. O corpo mais magro, o sucesso profissional, a paixão no relacionamento amoroso, a postura positiva diante do mundo – queremos conquistar isso e muito mais para finalmente chegar à nossa meta: o estado de bem-aventurança.

Ao contrário das gerações do passado acreditamos ter o direito de ser felizes: felizes na profissão, no amor, no tempo livre, no jogo. Ao contrário da geração do passado, acreditamos também que a felicidade depende de nós mesmos: cada um gera sua própria felicidade. Seja o que for que desejamos para ser felizes, tudo é possível. Basta que nos esforcemos para reconhecer nossas possibilidades e usá-las da melhor maneira possível. Quem não está feliz é responsável por essa situação, não se esforçou o suficiente ou tomou o caminho errado para a felicidade.

Se todos esses caminhos realmente levassem à felicidade, nós não deveríamos ser felizes há muito tempo? Com todas essas mensagens de felicidade, como é possível que um número crescente de pessoas, e cada vez mais jovens, sofram de depressão? Como se explica que as síndromes de medo, vícios e distúrbios alimentares tenham se alastrado muito mais em comparação com épocas menos "felizes"?

A vida na prosperidade, com suas muitas possibilidades de escolha, não traz felicidade. Isto é confirmado não só pela experiência do dia-a-dia, mas também por uma pesquisa de opinião feita nos Estados Unidos em 1957 e repetida em 1990. Nas duas pesquisas, apenas uma em cada cinco pessoas se descreveu como "feliz". Psicólogo social e pesquisador da felicidade, o norte-americano David G. Myers tira as seguintes conclusões: "Em todos esses anos dobramos nosso nível de riqueza, mas nem por isso ficamos mais felizes." Ao contrário: juntamente com o aumento da prosperidade material aumentou o número das pessoas que sofrem com o vazio de sua vida.

A velha sabedoria popular que diz que dinheiro não traz felicidade, é confirmada também pela comparação internacional que mostrou entre outras coisas que, embora os alemães ocidentais ganhem o dobro em relação aos irlandeses, por exemplo, estes últimos se descrevem nas pesquisas como muito mais felizes do que os alemães.

Uma característica essencial de nosso estilo de vida é investir tempo, dinheiro e energia em coisas e atividades que deveriam trazer felicidade. Nesta categoria há, por exemplo, a compra, o armazenamento e a manutenção de bens materiais dos quais no fundo não precisamos. Estamos convencidos de fazer bem a nós mesmos quando nos recompensamos com objetos bonitos, acreditamos poder comprar a felicidade. Na verdade, porém, o ato de consumir constantemente nos torna mais infelizes ainda. O efeito de recompensa é quase sempre efêmero, e o desejo de uma nova recompensa reaparece rapidamente.

Um vizinho meu, executivo de uma grande fábrica de papel, é um típico representante desse estilo de vida. Vive enterrado no trabalho, quase não tem tempo livre para si mesmo e para a família, tira apenas duas semanas de férias por ano e, mesmo nessa época, sua secretária pode entrar em contato com ele a qualquer momento. Na maior parte do tempo, está desanimado e exausto, mas três ou quatro vezes por ano observa-se uma mudança maravilhosa. Seus olhos brilham, ele perde aquela postura abatida e anda ereto, e o homem, normalmente bastante reservado, de repente fica mais comunicativo. Isso sempre acontece quando ele acaba de comprar um carro novo. Nada consegue lhe dar tanta alegria e felicidade como um carro novo. Fala dele com um entusiasmo como se fosse um novo amor e, de certo modo, seu relacionamento com o carro é semelhante a um relacionamento amoroso entre duas pessoas. Mas a euforia nunca é duradoura. Rapidamente, perde o interesse pelo carrão, e dentro de pouco tempo o *stress* diário volta a se sobrepor à alegria da nova aquisição. Quando sua bateria de felicidade está vazia, cresce novamente a atenção que despende aos vendedores de automóveis. E alguns meses mais tarde meu vizinho volta a ter um veículo novo na garagem.

Bens materiais não podem proporcionar nenhuma realização verdadeira. E apesar disso é muito comum a compulsão de constantemente comprar coisas novas, porque acreditamos na indústria dos bens de consumo que nos ilude com promessas como: se você comprar este café de aroma especial, sua família ficará feliz. Se você levar estas balas do tempo da vovó, se sentirá seguro. Se espalhar esta margarina *light* no pão, ficará satisfeito com seu corpo.

Dados do instituto de pesquisas sobre o tempo livre B.A.T. de Hamburgo comprovam que 74% dos alemães ocidentais e mais de 60% dos orientais sucumbem regularmente a orgias de compras. Um em cada dois alemães mais jovens estaria disposto a trabalhar mais – apenas para imediatamente gastar o dinheiro ganho em bens de consumo. Somos compradores compulsivos, porque confundimos os bens materiais com bens imateriais. Muitas vezes esperamos de um objeto de consumo que nos traga valores não materiais como "relaxamento", "dedicação", "segurança" ou "felicidade". Mas os bens materiais podem nos dar uma satisfação apenas efêmera; depois da "dose extra de felicidade" voltamos rapidamente a nos sentir vazios e sucumbimos à tentação de encher esse vazio com novos produtos.

Os bens de consumo têm poder sobre nós porque se oferecem como fazedores de felicidade. A maior parte das pessoas se reconhecerá, portanto, nesta descrição feita pelo escritor Bernd Müllender: "Mesmo que o armário já esteja cheio, continuamos comprando até que esteja lotado. E aí chega a hora em que não dá mais e temos de comprar um novo armário. Há coisas espalhadas em todos os lugares. As pilhas ficam cada vez mais altas. Tudo se acumula. O porão está transbordando, as estantes chiam com o peso. Podemos calçar apenas um par de sapatos por vez – mas conte os seus: você também possui 20 pares? Ou mais ainda? Umas 30 camisas, camisetas ou blusas? Mais? Três aparelhos de televisão ou apenas dois? Umas 40 fitas de vídeo que ainda não assistiu? Ou cem CDs ainda intactos?" A abundância dos artigos de consumo que acumulamos no decorrer do tempo é uma indicação do vazio interior que sentimos. Cada compra que realizamos está ligada à esperança de que a nova aquisição nos traga felicidade. Mas isso é um engano, explica Gerhard Scherhorn, professor de teoria do consumo e política do consumidor na Universidade de Hohenheim. "Sempre que desejamos um novo bem, uma mercadoria ou uma viagem de férias, estamos convencidos de que nosso bem-estar aumentará consideravelmente. Quando então é comprado e consumido o próximo bem e mais um, e quando todas essas aquisições individuais são colocadas umas sobre as outras, elas murcham como algodão doce. Nesse caso, o todo é menos do que a soma de suas partes, porque é uma ilusão esperar um acréscimo de felicidade e bem-estar de um crescimento material adicional acima de um nível mínimo de necessidade (que ultrapassamos há muito tempo)."

A verdadeira felicidade não pode ser comprada

A prosperidade, portanto, não traz a felicidade. E agora?

Pesquisadores da felicidade, psicólogos e sociólogos tentaram descobrir o que há de especial naquelas pessoas que se dizem felizes, e constataram que têm os seguintes traços em comum: as pessoas felizes são saudáveis física e psiquicamente, têm objetivos e expectativas realistas, muito respeito próprio; são otimistas, abertas e imparciais diante de outras pessoas, têm amigos confiáveis e estão convencidas de que exercem o controle sobre a própria vida. Além do mais, de vez em quando experimentam momentos de felicidade que se destacam na vida cotidiana: um trabalho é concluído com sucesso, um amor se realiza, uma criança nasce. Segundo essas descobertas, felicidade é satisfação com raros momentos de êxtase.

Será que esse esforço dos cientistas nos ajuda? Não sabemos há muito tempo que quando procuramos a felicidade estamos procurando exatamente por estes elementos: otimismo, amigos, amor, respeito próprio? Qual é o valor de saber que almejamos pelas coisas certas, se – a despeito de todos os bons conselhos – a felicidade sempre nos escapa? A felicidade realmente é possível? O psicólogo norte-americano John Reich afirma: "Eu acredito firmemente que nós mesmos temos um papel importante em fazer com que coisas positivas aconteçam ou não na nossa vida." Os escritores e escritoras dos numerosos livros de aconselhamento a respeito da felicidade certamente concordam com ele. "Por que ser infeliz quando se pode ser feliz?", pergunta, por exemplo, o pensador positivo Joseph Murphy aos seus seguidores que se encontram sintonizados com o otimismo nos "Círculos de conversas com o dr. Joseph Murphy", oferecidos em muitas cidades. O fundador de um desses círculos de conversas enviou o seguinte convite "a todos os interessados":

"Prezados Senhores e Senhoras,
Nossos círculos de conversas têm por objetivo implementar o pensamento e a ação positivos. Motivação e exemplo para isso encontramos nos livros do dr. Joseph Murphy e de outros pensadores positivos [...]. Os temas do segundo semestre de 1996 são os seguintes: 'Rir faz bem à saúde', 'Você pode conseguir tudo', 'O poder da auto-sugestão', 'A força do pensamento positivo'[...]."

As mais recentes pesquisas psicológicas fazem uma declaração de guerra a esses cavalheiros da felicidade. A felicidade não pode ser realizada por meio da vontade, objeta, por exemplo, David T. Lykken da Universidade de Minnesota. Ele descobriu que existe um *Set Point* para a felicidade. Esse conceito é conhecido da ciência da nutrição: o corpo possui um *set point*, um limite de peso que apenas a mais rigorosa disciplina é capaz de baixar ou apenas uma gula desmedida pode elevar, e só por um curto período de tempo. Lykken afirma ter descoberto um *set point* semelhante para as sensações de felicidade. "Nosso bem-estar depende em 50% de nosso *set point* genético, e nos outros 50%, das coisas tristes ou alegres que vivenciamos nas últimas horas, dias ou semanas." Esse s*et point* seria responsável pelo fato de ficarmos infelizes apenas por um curto período de tempo em conseqüência dos graves golpes do destino ("O tempo cura todas as feridas"), mas que, por outro lado, o efeito positivo das experiências boas também é limitado. Depois de algum tempo, nosso humor se equilibra no nível normal individual.

A teoria do *set point* da felicidade poderia explicar alguns resultados das pesquisas psicológicas da felicidade. Por exemplo, o fato de que dinheiro e prosperidade não trazem felicidade, que os ricos não são mais felizes do que os pobres e que mesmo as maiores experiências de sucesso proporcionam apenas momentos efêmeros de felicidade.

"Descobrimos que acontecimentos importantes como, por exemplo, uma promoção ou a perda de um amante, afetam as pessoas atingidas apenas durante um certo período de tempo", relata o psicólogo Edward Diener da Universidade de Illinois. "Três meses depois, a maior parte do efeito sobre o humor já desapareceu, e depois de seis meses não se encontra mais nenhum vestígio dele." Também pessoas que ganharam somas elevadas na loteria não eram mais felizes um ano depois de sua sorte grande do que antes dela.

Para provar sua teoria do *set point*, David T. Lykken cita seu estudo realizado com 1.500 gêmeos homozigóticos. Esses pares de gêmeos cresceram separados um do outro, portanto, expostos a influências completamente diferentes. Não obstante, Lykken constatou entre eles diferenças mínimas quanto ao grau de bem-estar e ao "nível de felicidade". Acontecimentos da vida, rendimentos, educação e estado civil tiveram pouca influência sobre o estado emocional dos gêmeos. "Aqueles que tinham uma posição profissional de destaque não eram mais felizes do que aqueles que faziam trabalhos braçais. Aqueles que possuíam um título acadêmico não eram mais felizes do que aqueles sem qualquer diploma escolar." O grau de felicidade de uma pessoa não pode ser determinado a partir de tais fatores externos, diz Lykken. É muito mais fácil vaticinar o estado de felicidade quando se conhece o nível de felicidade do outro gêmeo.

Será que desse modo corremos o risco de ser infelizes por toda a vida só porque nossa programação genética não decorreu da melhor maneira possível? Além do fato de que a teoria de Lykken é muito controvertida nos círculos científicos e está longe de ser comprovada definitivamente, o *set point* da felicidade também pode ser enganado. Pré-requisito, todavia, é que verifiquemos nossas idéias acerca da felicidade. As promessas exageradas dos apóstolos da felicidade só atrapalham neste processo, levando para o caminho errado. O conselho que Lykken dá a todos que talvez tenham recebido um número pequeno demais de genes da felicidade é o seguinte: "Descubra as pequenas alegrias da vida – uma boa comida, jardinagem, tempo para os amigos. A longo prazo, você ficará mais feliz com esses pequenos momentos de felicidade do que com os grandes acontecimentos que no máximo trazem uma melhora temporária do humor."

É possível que a felicidade realmente possa ser criada. Mas é uma felicidade diferente daquela que as promessas sedutoras dos apóstolos da mudança nos fazem imaginar. São essencialmente três pensamentos aos quais deveríamos nos abrir, em prol da nossa própria felicidade:

Felicidade é entrega

Não ficamos felizes se nos forçamos constantemente a ter desempenhos máximos e corremos atrás dos sucessos externos. Chegar a um degrau mais alto na carreira traz uma satisfação apenas temporária. Podemos descartar como incorreta a famosa frase do marechal Helmuth, Conde de Moltke, "Apenas o capacitado possui uma felicidade permanente". Capacidade pura e simples não traz felicidade.

O que, no entanto, pode dar uma chance à felicidade é nos propormos a realizar uma tarefa que exige toda a nossa atenção, à qual conseguimos nos entregar, esquecendo-nos de nós mesmos. Mihaly Csikszentmihalyi fala em "experiência de fluxo" que acontece quando nos dedicamos de corpo e alma a alguma coisa. Não importa o que estejamos fazendo. Se estamos totalmente concentrados na preparação de uma comida gostosa, se tiramos ervas daninhas, escalamos uma montanha ou resolvemos uma questão matemática – ficamos felizes quando permitimos que uma tarefa prenda nossa atenção e faça com que esqueçamos do mundo a nossa volta. Experiências de fluxo podem ser vividas por qualquer pessoa, contanto que ela descubra o que realmente a interessa.

A mim, por exemplo, interessa escrever. Sentar diante do computador durante horas, enchendo página após página, para mim é uma ocupação inteiramente agradável e satisfatória. No final de um dia inteiro escrevendo, fico totalmente exausta, a cabeça está vazia, mas me sinto feliz. Esta experiência dificilmente pode ser transmitida a outras pessoas que me perguntam com uma mistura de surpresa e compaixão: Por que é que você escreve livros? Pois é, por isso.

A felicidade necessita de outras pessoas

Só podemos ser realmente felizes se não só nos perguntamos: "Como posso ser feliz?", mas também, "O que posso fazer para que outras pessoas sejam (mais) felizes?" Nossa felicidade depende essencialmente das outras pessoas. Na comunhão com os outros, na rede de apoio social que concedemos ou recebemos dos outros, na responsabilidade e no interesse para com as pessoas a nossa volta encontra-se uma fonte essencial para nossa felicidade pessoal. O cientista Allan Luks cunhou o conceito de *Helper's high*, que expressa o fato de que ajudar pode aumentar nosso bem-estar e ter efeitos favoráveis sobre a saúde. Pessoas que colaboram em instituições sociais, que fornecem apoio a doentes de AIDS, a desabrigados, jovens problemáticos, doentes e outros necessitados, relataram a Luks sensações de calor, energia e euforia quando ajudam os outros. Dizem que estão mais satisfeitos, equilibrados e felizes, e que se sentem menos impotentes e depressivos do que na época anterior ao seu trabalho assistencial. Perderam também sintomas físicos como doenças do estômago, enxaqueca ou resfriados crônicos.

A felicidade está nas pequenas coisas

Muitas pessoas têm uma idéia bem-definida da maneira como se expressam os sentimentos de felicidade. Quando presenciam emoções barulhentas deduzem que há felicidade. Feliz está o ganhador de um jogo no *show* de televisão que parece estar explodindo de entusiasmo, feliz está o esportista que depois da competição solta suas emoções no microfone diante dele.

A dramaticidade desses curtos momentos de felicidade esconde a visão da felicidade do dia-a-dia, que se apresenta de maneira bem mais calma e modesta. "Partículas momentâneas de felicidade e bem-aventurança existem em abundância", escreveu Ludwig Marcuse na sua *Filosofia da felicidade*. "O homem precisa aprender a se tornar mais modesto."

No século XVII, um filósofo chinês colecionou os momentos mais felizes de sua vida e os publicou com o título *Os 33 momentos mais felizes do senhor Chin Shength'an*. Entre eles encontramos o seguinte: "Numa caixa encontrei, totalmente por acaso, uma carta manuscrita de um velho amigo. Isso não é felicidade?" Ou: "Um homem volta para casa depois de uma longa viagem; vê o antigo portal da cidade e ouve as mulheres e crianças nas duas margens do rio falar em seu dialeto. Isso não é felicidade?"

Terminemos portanto nossa caça à felicidade. Não ouçamos mais a "Lenda da felicidade sem fim" (Ulrich Plenzdorf), mas demos uma chance à pequena felicidade. "Se você quiser ser feliz para sempre, seja jardineiro", aconselha um ditado chinês. Podemos utilizar essa sabedoria para a nossa vida mesmo que não disponhamos nem sequer de um pequeno terraço. Podemos procurar tarefas que realmente nos interessam. Podemos treinar nossa paciência e serenidade. Podemos cuidar das outras pessoas, exatamente como um bom jardineiro cuida de suas plantas.

Se fizermos isso, sentimentos de felicidade – pequenos, modestos, esporádicos – aparecerão. Devemos conceder uma pausa à realização da grande felicidade, ou até mesmo desistir dela para sempre.

Capítulo 4

"Se eu pudesse escolher, gostaria de ser – eu!"

"**S**e eu pudesse escolher, gostaria de ser – eu!" Fiquei impressionada com essa resposta anônima à minha pergunta aos participantes do seminário sobre quais mudanças gostariam de realizar neles mesmos. Fiquei impressionada não só porque era uma das poucas respostas positivas, mas também porque expressava exatamente o que todos nós almejamos tanto: a satisfação com nós mesmos. Muitas vezes, para atingir esse objetivo fazemos esforços consideráveis. Tentei descrever neste livro como esses atos forçados são penosos e inúteis ao mesmo tempo. O desejo de um corpo mais bonito e mais magro pode ser realizado apenas dentro de certos limites, almejar equilíbrio e constante bom humor tem um sucesso não mais do que efêmero, e nosso temperamento é algo que faz parte do nosso ser como a cor de nossos olhos. Os desejos de mudança esbarram nesses limites.

Este é um reconhecimento difícil de ser digerido, pois afinal vivemos na "época do auto-aprimoramento", no qual apóstolos de todos os tipos incansavelmente repetem o mesmo refrão: "Você não precisa continuar do jeito como você é!" Quem está satisfeito consigo mesmo torna-se suspeito. Suspeito de ser preguiçoso, acomodado, ignorante. Nos dias de hoje, não querer fazer o melhor de si mesmo aparece como uma negligência incompreensível.

Mas na verdade é o oposto. Quem consegue ficar longe da pressão do auto-aprimoramento, quem tem suficiente auto-estima para dizer "Sou quem sou", realmente desperta o melhor dentro de si mesmo, sem fazer nenhum esforço especial ou sem recorrer à ajuda de especialistas. Cria para si mesmo

uma identidade própria, inconfundível, que faz dele um ser único com um charme todo especial.
Como isso é possível?
Antes de tentar responder a essa pergunta, quero convidá-lo a participar de um pequeno teste. Apresento-lhe pares de características e você deve assinalar quais delas se aplicam melhor a você. Mais tarde esclarecerei o sentido deste exercício.
Então, como você é?

sensível	O	rude	O
determinado	O	condescendente	O
medroso	O	corajoso	O
com muito humor	O	sério	O
distanciado	O	aberto	O
confiante	O	cauteloso	O
independente	O	dependente	O
impulsivo	O	controlado	O
orgulhoso	O	humilde	O
egoísta	O	abnegado	O
preguiçoso	O	diligente	O
calmo	O	explosivo	O
otimista	O	pessimista	O
tímido	O	autoconfiante	O

Se bem que eu nunca vou saber como você se descreveu, estou certa de que você tem uma imagem mais ou menos fixa de si mesmo. Você se conhece e sabe quais são as suas características, talvez até já tenha participado de um ou outro teste psicológico que desenhou o seu perfil. Agora quero abalar um pouco sua opinião fixa a respeito de si mesmo: você realmente tem certeza de que é do jeito que se descreveu?

"Temos de aprender a pensar de um modo diferente a respeito de nós mesmos." Quero retomar esta frase do psicólogo norte-americano Robert Ornstein, pois a considero uma frase-chave para nos ajudar a nos tratarmos de modo menos severo no futuro. Há sobretudo duas armadilhas de pensamento que podem nos atrapalhar no caminho para um autoconfiante "Sou como sou":

Armadilha número 1: ou isto – ou aquilo

Quando se trata de nós mesmos, costumamos pensar em termos de ou isto – ou aquilo.

- Ou eu faço regime, ou fico gordo.
- Ou pratico esporte regularmente, ou sou preguiçoso.
- Ou gostam de mim ou não gostam.
- Ou sou independente ou sou dependente.
- Ou tenho vontade de fazer sexo, ou estou sem libido.
- Ou sou feliz, ou sou infeliz.
- Ou sou controlado, ou sou descontrolado.

Podemos escapar desta armadilha, colocando no lugar do "ou isto – ou aquilo" um "tanto isto – quanto aquilo":
- Faço regime, mas também me regalo com comida.
- Pratico esporte, mas também sou preguiçoso.
- Sou tanto querido quanto não-querido.
- Sinto-me independente em muitas áreas, mas às vezes também sou muito dependente.
- Às vezes estou feliz, mas outras vezes sinto-me infeliz.
- Tenho vontade de fazer sexo, mas acontece também de não ter vontade nenhuma.
- Sou uma pessoa controlada, mas às vezes perco a paciência.

À primeira vista, esse parafrasear dos pensamentos pode parecer banal. Mas quando você reflete um pouco mais sobre isso, concordará comigo: temos uma tendência a pensar em termos de preto e branco, e – seduzidos por promessas de mudança – também tendemos a ignorar nossos lados ditos "escuros". Queremos eliminá-los, queremos ser inteiramente positivos – sempre.

Não é à toa que os apóstolos da mudança nos seduzem com frases como "Magro para sempre", "O fim definitivo da celulite", "Como se livrar dos aborrecimentos (ou, se preferir, do *stress*)", "Vencer as depressões" etc. Sempre há uma mensagem anunciando que podemos eliminar definitivamente qualquer característica malquista. Nem imaginamos que muito daquilo que nos incomoda não pode ser modificado e nem precisa sê-lo.

Mas vamos abandonar os pensamentos do tipo "ou isto – ou aquilo" e, em vez disso, permitir-nos um firme, "tanto isto – quanto aquilo", dando-nos, assim, a permissão de ser uma pessoa multifacetada, flexível, não-uniforme: às vezes tímida, às vezes corajosa, às vezes bem-humorada, às vezes mal-humorada, às vezes mais gorda, às vezes mais magra.

Armadilha número 2: rotulação e generalização exagerada

Para poder lidar mais facilmente com outras pessoas, nós as colocamos em gavetas pré-fabricadas ou fixamos nelas rótulos descritivos. Uma é otimista, a outra pessimista. Esta é liberal, aquela conservadora. Esta é travada, aquela, aberta. Este homem é alcoólatra, sua mulher é co-dependente. Também não poupamos a nós mesmos com essa mania de organização e somos ainda mais implacáveis conosco do que com as demais pessoas. Somos "pessimistas", "remoedores", "tímidos", "pés-frios". Com essas descrições parciais e estereotipadas da personalidade cometemos uma grande injustiça com nós mesmos (e com os outros). Dirigimos a atenção para algumas poucas características e, a partir delas, deduzimos toda a personalidade. É essa parcialidade que nos torna tão receptivos às promessas de mudança. Se tivéssemos uma imagem diferente de nós mesmos, uma imagem composta de inúmeras pedras diferentes, então não fixaríamos, como hipnotizados, apenas uma das características, ignorando todas as demais.

Quando descrevemos a nós mesmos e aos outros com adjetivos de julgamento nada objetivos, ou até mesmo rotulantes, nosso mundo fica mais simples, mas também mais tedioso e, ao mesmo tempo, mais pesado. Essa generalização exagerada impede a compreensão da singularidade individual de cada pessoa – portanto, também de nós mesmos.

Psicólogos norte-americanos constataram que as pessoas que possuem um grande número de características diferentes têm mais facilidade na vida e também sabem lidar melhor com os golpes do destino. Em estudos realizados com pessoas que conseguiram passar por acontecimentos difíceis e traumáticos, mantendo sua saúde física e psíquica, os psicólogos constataram que essas pessoas não podiam ser descritas inequivocamente com algumas poucas características. Eram sérias *e* tinham muito humor, diligentes *e* preguiçosas, cheias de auto-estima *e* muito autocríticas. Não eram assim *ou* assado, eram os dois: assim *e* assado.

Irrita-nos a idéia de que – dependendo da situação e do nosso humor – podemos ser às vezes Dr. Jekyll e outras, Mr. Hyde. Nas últimas décadas tivemos um treinamento muito intenso para pensar em termos de preto e branco, de modo que é difícil nos acostumarmos rapidamente com essa idéia nova. Não é sem razão que adoramos tipologias. As revistas estão cheias de testes que nos ajudam a descobrir a qual tipo nós, ou nosso parceiro, pertencemos, quais os tipos que combinam e quais não. A ciência também descreve as pessoas como "tipos"; por exemplo, aqueles que são especialmente vulneráveis a doenças cardíacas como personalidades "Tipo A" ou "Tipo B". As tipologias nos dão segurança. Afinal, queremos saber o que pensar sobre nós e sobre os outros.

O terapeuta familiar norte-americano Richard C. Schwartz critica a imagem popular de uma personalidade uniforme: "A maioria das pessoas teve uma educação social que nos faz acreditar que uma pessoa tenha apenas uma psique. Aprendemos que, embora o ser humano tenha pensamentos e emoções inconciliáveis, estes se originariam todos de uma personalidade uniforme. [...] O resultado é que as pessoas acreditam que os inúmeros pensamentos e emoções que experimentam seriam a essência de seu ser." Schwartz continua explicando que essa visão leva as pessoas a crer que têm de combater comportamentos ou emoções desagradáveis ou incômodos. "Quando, por exemplo, a raiva de Bill sobrepõe-se ao amor a sua mulher Mary, ele entra em pânico, porque acredita que deixou de amá-la. Quando ele se sente incompetente e não sabe o que fazer, fica paralisado pela crença de que ele realmente seria isso. Quando Mary, no meio de uma briga, diz: "Eu te odeio", Bill acredita, a despeito das desculpas que ela apresenta mais tarde, que bem dentro dela, ela o odeia, porque "ela não o teria dito se não fosse verdade".

A idéia de uma personalidade uniforme, de tipologias e características fixas, no entanto, permite apenas uma visão extremamente limitada e fechada da realidade. Bloqueamos nossa visão e não enxergamos a personalidade que realmente somos, ou seja, uma personalidade muito mais flexível, adaptável, do que nossa auto-imagem negativa e limitada nos faz crer.

Nossos ancestrais não teriam sobrevivido se não tivessem possuído uma personalidade flexível do tipo "tanto isto – quanto aquilo". Eles tinham de se aproximar dos animais perigosos para poder abatê-los; mas também tinham de ser capazes de fugir rapidamente em caso de perigo. Hoje não temos mais tarefas tão difíceis a resolver. Mesmo assim, a flexibilidade continua sendo uma característica que facilita a vida: por um lado, porque podemos reagir de acordo com a situação; por outro, porque podemos ser mais generosos diante de nós mesmos quando aceitamos as características mais diversas dentro de nós.

Que isso é muito difícil para nós, talvez tenha ficado claro naquele pequeno teste. Provavelmente, você se decidiu em favor das respostas do tipo "ou isto – ou aquilo": tímido *ou* autoconfiante, sensível *ou* robusto, medroso *ou* rude. Provavelmente você ainda não se familiarizou com a idéia de ser uma "personalidade tanto isto – quanto aquilo". Se você fizer a tentativa de evitar as armadilhas descritas, rapidamente notará que quem você é, como você reage, depende totalmente da situação em que está e de quais pessoas estão com você. Você é menos "unilateral" do que pensava. Tem características positivas e negativas, características das quais gosta e outras que você acha que devem ser "trabalhadas", "eliminadas por meio da terapia", "reprimidas", "negadas". Se você fizer isso, provavelmente nunca pronunciará a frase: "Se eu pudesse escolher, eu gostaria de ser – eu!" Se fizer isso, dificultará sua vida desnecessariamente.

Talvez você queira repetir o teste? E antes de assinalar as respostas, talvez possa lembrar como se comporta em situações bem diversas e diante de pessoas diferentes. Faça-o e em seguida descreva-se uma segunda vez: "Sou"

sensível	O	rude	O
determinado	O	condescendente	O
medroso	O	corajoso	O
com muito humor	O	sério	O
distanciado	O	aberto	O
confiante	O	cauteloso	O

independente	○	dependente	○
impulsivo	○	controlado	○
orgulhoso	○	humilde	○
egoísta	○	abnegado	○
preguiçoso	○	diligente	○
calmo	○	explosivo	○
otimista	○	pessimista	○
tímido	○	autoconfiante	○

É uma pena que eu não possa saber se nesta segunda vez você se descreveu de modo diferente (menos rígido?). Suponho e espero, todavia, que agora você tenha enxergado uma auto-imagem mais multifacetada e colorida. Não importa o resultado desse pequeno exercício; a intenção era conscientizá-lo da inflexibilidade que aparece nas autodescrições da maioria das pessoas e da intensidade da nossa tendência a rotular. Essas armadilhas formam o fundamento sobre o qual os apóstolos da mudança agem de modo tão eficaz. Se tivéssemos consciência de que às vezes estamos felizes e outras, infelizes; que às vezes pesamos mais e outras, menos; que às vezes podemos ter explosões de raiva, mas também podemos ser pacientes e serenos; que passamos por fases depressivas, que por sua vez dão lugar a fases boas; que em algumas situações somos extremamente tímidos, em outras, transbordamos de auto-estima... se tivéssemos consciência da nossa diversidade, nunca nos passaria pela cabeça que precisamos mudar.

Não "trabalharíamos" para constantemente pensar de modo positivo, pois saberíamos que somos capazes de fazê-lo.

Não "trabalharíamos" para nos livrar de nossa timidez, pois saberíamos que não somos tímidos sempre e em todos os lugares, mas que às vezes temos uma auto-estima elevada.

Não nos criticaríamos como indisciplinados porque desistimos de mais um regime, mas saberíamos que em outros momentos somos capazes de ter disciplina.

Não ficaríamos preocupados com a nossa falta de libido, pois saberíamos que mais cedo ou mais tarde nossa vontade sexual voltará.

Se tivéssemos mais autoconfiança e mais consciência da diversidade brilhante e fascinante de nossas características, poderíamos suportar com muito mais serenidade os altos e baixos de nossa vida. Muitas pessoas infelizmente carecem dessa confiança e tentam amortizar sua própria insegurança com o conhecimento dos especialistas.

"Temos de aprender a pensar de modo diferente sobre nós mesmos." Eu espero que este livro o tenha ajudado a desenvolver mais autoconfiança e a encarar com mais reserva os apóstolos da mudança, não importa a roupa que vistam. Talvez você se enxergue agora com menos autocrítica, talvez você consiga fazer as pazes com as características que rejeitou até agora, talvez possa interromper alguma tentativa de mudança com a consciência tranqüila ou, pelo menos, afrouxar um pouco as rédeas que você mesmo se impôs. Se no futuro você puder dizer com uma freqüência cada vez maior: "Deixarei para amanhã os esforços de ficar mais bonito ou magro ou bem-sucedido ou sereno ou querido", você poderá parar de dar grandes alegrias aos apóstolos da mudança.

A última palavra
É de Puff, o urso

"O que você está escrevendo?", pergunta Puff, subindo na escrivaninha.
"O Tao de Puff", respondi.
"Que Puff é este?", admira-se Puff, e borra a palavra que acabei de escrever.
"O Tao de Puff", respondi, cutucando sua pata com o lápis.
"É mais parecido com o ai do Puff", disse Puff enquanto esfrega a pata.
"Mas não é", repliquei secamente.
"Fala sobre o quê?", continuam as perguntas de Puff, que se inclina para a frente, borrando mais uma palavra.
"Sobre como se consegue ficar calmo e bem-humorado em qualquer circunstância!", gritei.
"E você já leu?", perguntou Puff.

Agradecimentos

A todos os que souberam compreender que durante o trabalho neste livro eu nem sempre consegui me manter "calma e bem-humorada", mas às vezes me mostrei agitada e cheia de dúvidas, cansada e nervosa.
Sobretudo agradeço à minha editora, dra. Dörthe Binkert. Sem o seu apoio amigo e encorajador eu dificilmente teria começado – e continuado – a escrever.
Ao meu marido, Heiko Ernst, não preciso enumerar tudo que lhe devo: dedico a ele este livro.

Bibliografia

Altenburg, M. "Hier aufreissen!!!", in: *Zeitmagazin*, 7/2/1997.
Bandler, R. *Bitte verändern Sie sich jetzt!* Junfermann, Paderborn, 1991.
Barbach, L. *Für Einander. Das gemeinsame Erleben der Liebe.* Rowohlt, Reinbeck, 1985.
Baumeister, R. et. al. "Relation of Threatened Egotism to Violence and Agression: The Dark Side of High Self-Esteem", in: *Psychological Review*, 1/1996.
Baumeister, R. F., Leary, M. R. "The Need to Belong: Desire for Interpersonal Attachments as a Fundamental Human Motivation", in: *Psychological Bulletin*, 3/1995.
Beck, U., Beck-Gernsheim, E. *Das ganz normale Chaos der Liebe.* Suhrkamp, Frankfurt a. M., 1990.
Beck-Gernsheim, E. "Von der Liebe zur Beziehung", in: U. Beck/E. Beck-Gernsheim, op. cit., pp. 65-104.
Bodenmann, G. "Geschlechtsunterschiede bei Depression: Bahnen emotionale Reaktionen im Alltag depressive Reaktionstendenzen?", in: *ZKPPP*, ano 44, 1996.
Branden, N. *Die sechs Säulen des Selbstwertgefühls.* Kabel, Hamburgo, 1995.
Brecht, B. *Geschichten vom Herrn Keuner.* Suhrkamp, Frankfurt a. M., 1971.
Corssen, J., Schmidt, B. *Glück braucht Mut.* Falken, Munique, 1994.
Costa, P. T., McCrae, R. R. "Set Like Plaster? Evidence for the Stability of Adult Personality", in: Heatherton/Weinberger, op. cit.
Cramer, P. *Glück auf Rezept? Der Einfluss von Psychopharmaka auf die Persönlichkeit.* Kösel, Munique, 1995.
Csikszentmihaliyi, M. *Glücklichsein.* Klett-Cotta, Stuttgart, 1992.
Damkowski, Ch. "Lieber frei sein als schön", in: *Psychologie Heute* – Especial "Frauen". Thema: Schönheit, 4/1992.
Diagnostisches und Statistisches Manual Psychischer Störungen (DMS-III), Beltz, Weinheim, 1991.
Diamond, Jamie. "Secrets for Lifelong Weight Loss", in: *Self*, 6/1996.
Diamond, M., Schnell, D. B. *Fitonics fürs Leben.* Goldmann, Munique, 1997.
Dickens, Ch. *Weihnachtslied.* Diogenes, Zurique, 1982.
Elias, N. *Die Gesellschaft der Individuen.* Suhrkamp, Frankfurt a. M., 1991.
Feingold, A. *Gender Differences in Body Image and Physical Attractiveness.* Apresentada na 104ª Convenção Anual da Associação Americana de Psicologia em Toronto, Canadá, 9-13/8/1996.
Fletcher, A. *Eating Thin for Life.* Chapters Publishing, Shelburne, 1996.
Friedmann, D., Fritz, K. *Wie ändere ich meinen Mann?* dtv, Munique, 1997.
Glaeske, G. "Es gibt keine konsumierbare Gesundheit", in: *Psychologie Heute*, 2/1997.
Goldberg, J. *Schattenseiten der Liebe. Die heilsame Wirkung von Ärger, Hass und Eifersucht.* Knaur, Munique, 1996.
Goleman, D. *Emotionale Intelligenz.* Hanser, Munique, 1996.

Grawe, K. "Therapeuten: Unprofessionelle Psychospieler?" *in: Psychologie Heute*, 6/ 1992.
Hay, L. *Gesundheit für Körper und Seele*. Heyne, Munique, 1996.
Heatherton, T. F., Weinberger, J. L. (org.). *Can Personality Change?* APA, Washington, 1994.
Held, B. S. *The Importance of Kvetching in Theory, Research and Practice*. Apresentada na 104ª Convenção Anual da Associação Americana de Psicologia em Toronto, Canadá, 9-13/8/1996.
Hellinger, B. *Zweierlei Glück*. Carl Auer, Heidelberg, 1995.
Hessel, A. et. al. *Psychische Befindlichkeiten in Ost- und Westdeutschland im siebten Jahr nach der Wende*. Ergebnisse einer Untersuchung, Universität Leipzig, fevereiro de 1997.
Hillman, C. *Love Your Looks*. Simon & Schuster, Nova York, 1996.
Hoff, B. *Tao Te Puh*. Synthesis, Essen, 1984.
James, W. *The Principles of Psychology*. Vol. 1, Harvard University Press, Cambridge, 1991.
Japenga, A. "What Goes Up Must Come Down. Can Your Self-Esteem Rise Too High?", *in: Health*, 7/8, 1996.
Jellouschek, H. "Nette Kerle, getarnte Machos. Ein Gespräch," *in: Psychologie Heute*, 10/1996.
Jordan, P. "Get That Body? Don't Even Try", *in: Self*, 2/1997.
Kant, I. *Was ist Aufklärung?* Vandenhoeck & Ruprecht, Göttingen, 1985.
Kaplan, H. Singer. *Hemmungen der Lust*. Enke, Stuttgart, 1981.
Kirschner, J. *Das Lebenstraining. Was jeder selbst tun kann, um frei und glücklich zu sein*. Knaur, Munique, 1996.
Klotter, Ch. "Wer isst, sündigt nicht", *in: Psychologie Heute*, 5/1997.
Kluge, A. *Die Macht der Gefühle*. Zweitausendeins, Frankfurt a. M., 1984.
Kowalski, R. M. "Complaints and Complaining: Functions, Antecedents and Consequences", *in: Psychological Bulletin*, 2/1996.
Kurtz, R., Johanson, G. *Sanfte Stärke*. Kösel, Munique, 1995.
Lauter, P. *Lassen Sie der Seele Flügel wachsen. Wege aus der Lebensangst*. rororo, Reinbeck, 1995.
_____. *Wege zur Gelassenheit. Die Kunst, souverän zu werden*. Econ, Düsseldorf, 1995 (19ª edição).
Levis, M. *Scham. Annäherung an ein Tabu*. Kabel, Hamburgo, 1994.
Lykken, D., *in: International Herald Tribune*, 10/7/1996.
Margraf, J., Rudolf, K. (org.). *Training sozialer Kompetenz*. Röttger-Schneider, Baltmannweiler, 1995.
Marshall, J. R. *Social Phobia*. Basic Books/Harper Collins, Nova York, 1994.
Maslow, A. H. *Motivation und Persönlichkeit*. Rowohlt, Reinbeck, 1994.
_____. *Psychologie des Seins*. Fischer, Frankfurt a. M., 1992.
Meadow, R. M., Weiss, L. *Good Girls Don't Eat Dessert*. Harmony, Nova York, 1992.
Mehl, J. "Soziale Kompetenz als Therapieziel im Selbstsicherheitstraining", *in*: J. Markgraf/K. Rudolf, op. cit.
Meulenbelt, A. "Für manche Frauen ist die Emanzipation eine Bedrohung", *in: Psychologie Heute* — Especial "Frauen": War das wirklich alles?, Beltz, Weinheim, 1987.

Meyers, D. G. *The Pursuit of Happiness: Who is happy and why.* Morrow and Company, Nova York, 1992.
Miller, M. V. *Liebe Macht Angst.* Hanser, Munique, 1997.
Miller, R. W., C'deBaca, J. "Quantum Change: Toward a Psychology of Transformation", *in*: Heatherton/Weinberger, op. cit.
Mohl, A. *Der Zauberlehrling.* Junfermann, Paderborn, 1993.
Müllender, B. *Weg damit!* Herder, Freiburg, 1995.
Mummendey, H. D. *Psychologie der Selbstdarstellung.* Hogrefe, Göttingen, 1995.
Murray, S. L. et al. "The Self-Fulfilling Nature of Positive Illusions in Romantic Relationships: Love is Not Blind, but Prescient", *in*: *Journal of Personality and Social Psychology*, 6/1997.
Nolen-Hoeksema, S., Jackson, B. *Ruminative Coping and the Gender Difference in Depression.* Palestra proferida no 104º aniversário da Associação Americana de Psicologia, Toronto, 1996.
Nuber, U. *Depression. Die verkannte Krankheit.* Kreuz, Stuttgart, Zurique, 1991.
_____. (org.). "Frauen". Thema: Schönheit, *in*: *Psychologie Heute* – Caderno Especial, 4, 1992.
_____. *Die Egoismus-Falle. Warum Selbstverwirklichung oft so einsam macht.* Kreuz, Stuttgart, Zurique, 1993.
_____. *Der Mythos vom frühen Trauma. Über Macht und Einfluss der Kindheit.* S. Fischer, Frankfurt a. M., 1995.
Ornstein, R. *Die Wurzeln der Persönlichkeit.* Scherz, Berna, Munique, Viena, 1993.
Phelan, Th. *Self-Esteem Revolutions in Children: Understanding and Managing the Critical Transitions in Your Child's Life.* Child Management Inc., Geln Ellyn, 1996.
Poth, C. "Cartoon", *in*: *Psychologie Heute*, 2/1996.
Psychology Today: reportagem especial: "The Psychology Today 1997 Body Image Survey Results", janeiro/fevereiro de 1997.
Quadrinity-PTI (org.). *Der Quadrinity-Prozess. Acht Tage Crash-Kurs für die Seele.* Berlim, sem data.
Robbins, A. *Das Power Prinzip. Wie Sie Ihre persönlichen Schwächen in positive Energie verwandeln. Das NLP-Handbuch für jedermann.* Heyne, Munique, 1996.
Rodin/Brownell, *in*: *American Psychologist*, 9/1994.
Rückerl, Th. *NLP in Stichworten.* Junfermann, Paderborn, 1994.
Scherhorn, G. "Nur noch beim Kaufen fühlen sich die Menschen frei", *in*: *Psychologie Heute*, 1/1993.
Schmidbauer, W. *Einsame Freiheit. Therapiegespräche mit Frauen.* Rowohlt, Reinbeck, 1993.
Schmidt. G. *Das Verschwinden der Sexualmoral.* Ingrid Klein, Hamburgo, 1995.
_____. "Vorbemerkungen über Sexualität und Beziehung, *in*: G. Arentewicz., G. Schmidt (org.). *Sexuell gestörte Beziehungen.* Springer, Berlim, Heidelberg, Nova York, 1986.
Scholz, R. "Änderungsschneiderei", *in*: *Psychologie Heute* – Especial "Frauen". Thema: Schönheit, 4/1992.
Schwartz, R. C. *Systematische Therapie in der inneren Familie.* J. Pfeiffer, Munique, 1997.
Selbstsicherheitstraining: Probleme des Menschenbildes in einer Umbruchsituation, *in*: Margraf/Rudolf, op. cit.

Seligman, M. E. P. *What You Can Change and What You Can't.* Knopf, Nova York, 1994.
Sommer, B., Falstein, M. *Die neuen Techniken für ein starkes Selbst.* Ariston, Genebra, 1995.
Stolzenburg, E. "Teenies, Mädels, Girlies. Wie Mädchen im Fernsehen aussehen", *in*: *medien+erziehung*, 2/1997.
Strupp, H. "Die klassische Psychoanalyse ist ein Auslaufmodell", *Psychologie Heute*, 6/1992.
Swann, W. B. Jr. *Self-Traps. The Elusive Quest for Higher Self-Esteem.* Freeman, Nova York, 1996.
Sydow, K. v. "Die üblichen sexuellen Aktivitäten sind für Frauen oft unbefriedigend", *in*: *Psychologie Heute*, 5/1996.
Tschirhart, L. Sandford, M. E. Donovan. *Frauen und Selbstachtung. Ich bin ich, und ich bin o.k.* Kabel, Hamburgo, 1994.
Vaughan, D. *Uncoupling.* Oxford University Press, Nova York, 1986.
Wallerstein, J. et al. *The Good Marriage. How and Why Love Lasts.* Houghton Mifflin, Boston, Nova York, 1995.
Westheimer, R., Lieberman, L. *Sex und Moral.* Beltz, Weinheim, 1990.
Willi, J. *Die Zweierbeziehung.* Rowohlt, Reinbek, 1975.
_____. *Ko-Evolution.* Rowohlt, Reinbek, 1989.
_____. *Ökologische Psychotherapie.* Göttingen, Hogrefe, 1996.
_____. "Wir müssen die Umwelt für uns gewinnen", *in*: *Psychologie Heute*, 4/1997.
Williams, G. C. et al. "Motivational Predictors of Weight Loss and Weight-Loss Maintenance", *in*: *Journal of Personality and Social Psychology*, 1/1996.
Wurmser, L. *Die Masken der Scham.* Springer, Heidelberg, 1981.
Zimbardo, Ph. *Psychologie.* Springer, Berlim, Heidelberg, Nova York, 1992.

Fontes

Branden, Nathaniel: em "Die sechs Säulen des Selbstwertgefühls"; © 1995 Ernst Kabel Verlag, Hamburgo.
Bretécher, Claire: *Orangenhaut*, em "Die Frustrierten I"; © 1978 Rowohlt Verlag GmbH, Reinbek.
Hay, Louise: em "Gesundheit für Körper und Seele"; publicado pela Wilhelm Heyne Verlag GmbH & Co. KG, Munique, 1996.
Hoff, Benjamin: em "Tao Te Puh"; © Synthesis Verlag, Essen.
Kurtz, Ron/Johanson, Greg: em "Sanfte Stärke"; © Kösel Verlag, Munique, 1995.

SE VOCÊ QUER, VOCÊ PODE!

Eneida Lermen

Nós sempre queremos alguma coisa: saúde, felicidade, prosperidade, resolução de problemas, conhecimento ou crescimento pessoal. O importante é saber o quê. Querer é o ponto de partida, o primeiro passo para qualquer realização. Querer demonstra que estamos realmente interessados, empenhados no processo de viver.

O objetivo maior da existência humana é o despertar do Eu superior, é alcançar o "EU SOU". Muitas pessoas se perdem nessa trajetória por se enredarem em dificuldades criadas por elas próprias, ou por desconhecerem o seu próprio funcionamento mental.

Este livro é uma tentativa de sinalizar, de apontar um caminho. Ao lê-lo, você vai perceber que, para ser dono de si, para criar o próprio destino, para exercer o livre-arbítrio, é preciso entender o funcionamento da sua mente e aprender a usar esse conhecimento.

Comece a aceitar a verdade contida no título deste livro: *Se Você Quer, Você Pode!* A maior força do ser humano é o querer. É isso que impulsiona tudo. Se você quer, pode curar o seu corpo, pode ter alegria, sucesso, felicidade e tudo o mais que desejar.

* * *

Eneida Lermen é psicóloga formada pela Universidade Federal do Paraná com vários cursos de especialização. Desenvolve atualmente em Florianópolis, onde reside, um trabalho terapêutico que alia os conhecimentos da psicologia tradicional com os conceitos redescobertos pelo movimento holístico. Dentre os métodos que utiliza em psicoterapia estão: regressão a vidas passadas, hipnose, neurolingüística, etc. Além de sua atividade profissional, colabora em vários jornais e revistas.

EDITORA CULTRIX

COMO DESENVOLVER A AUTO-ESTIMA
Um Guia Prático para Reconhecer o seu Valor Pessoal

Lynda Field

Em síntese, os temas desenvolvidos por Lynda Field neste livro de cunho eminentemente prático são os seguintes:

- Desenvolva uma crença positiva e inalterável em você mesmo.
- Saiba o que quer e como consegui-lo.
- Assuma o controle da sua vida.
- Expresse sempre os seus verdadeiros sentimentos.

Quando a nossa auto-estima é alta, sentimo-nos bem, assumimos o controle de nossas vidas, somos criativos, cheios de recursos e capazes de fazer com que as coisas boas aconteçam. Infelizmente, com muita freqüência, a insegurança, a postura defensiva e o medo da derrota nos fazem retroceder.

Os métodos práticos apontados neste livro por Lynda Field nos mostram como desenvolver e aumentar a nossa percepção. Sua abordagem é holística: aprendemos a equilibrar todos os níveis do nosso ser — o espiritual, onde estabelecemos a conexão dos fatos; o mental, onde entendemos o que acontece; o emocional, onde sentimos; e o físico, onde temos de agir.

Este livro excepcional nos ajuda a redescobrir o nosso verdadeiro valor. Deixamos de ser vítimas das circunstâncias e conseguimos assumir o controle da nossa vida.

* * *

Lynda Field é formada em sociologia e psicologia social. Conselheira e psicoterapeuta experiente, mora na Cornwall, cidade do Canadá.

EDITORA CULTRIX